A-Z LE

CONTENTS

Key to Map Pages	2-3
Large Scale City Centre	4-5
Map Pages	6-59
Index to Streets, Towns, Villages and selected Places of Interest	60-96

REFERENCE

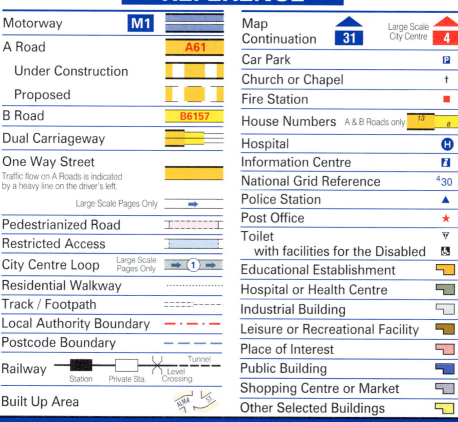

SCALE

Map Pages 6-59
1:15840 (4 inches to 1 mile) 6.31cm to 1km

Map Pages 4-5
1:7920 (8 inches to 1 mile) 12.63cm to 1km

Geographers' A-Z Map Company Ltd.

Head Office:
Fairfield Road, Borough Green, Sevenoaks, Kent, TN15 8PP
Telephone 01732 781000

Showrooms:
44 Gray's Inn Road, London, WC1X 8HX
Telephone 0171 440 9500

Based upon the Ordnance Survey mapping with the permission of the Controller of Her Majesty's Stationery Office.

© Crown Copyright (399000).

Edition 1 1999
Copyright © Geographers' A-Z Map Co. Ltd. 1999

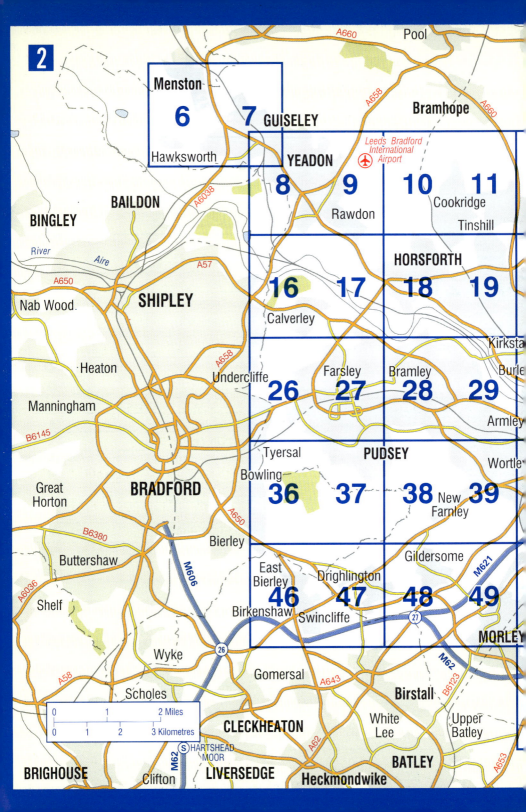

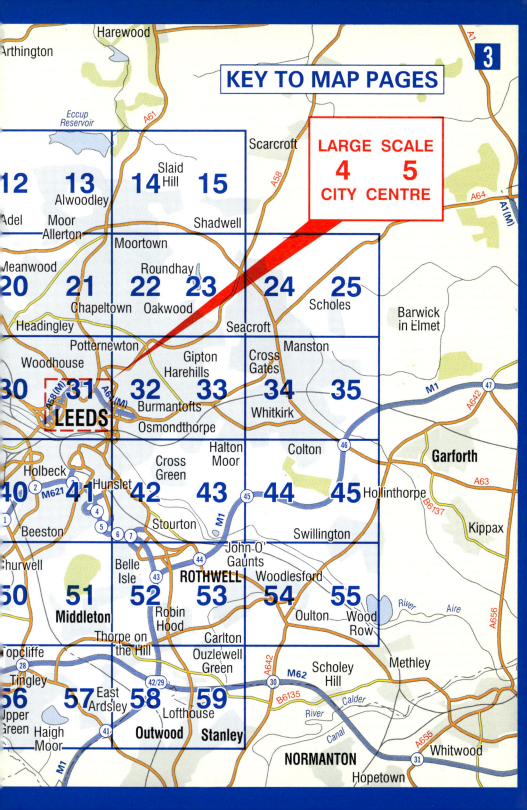

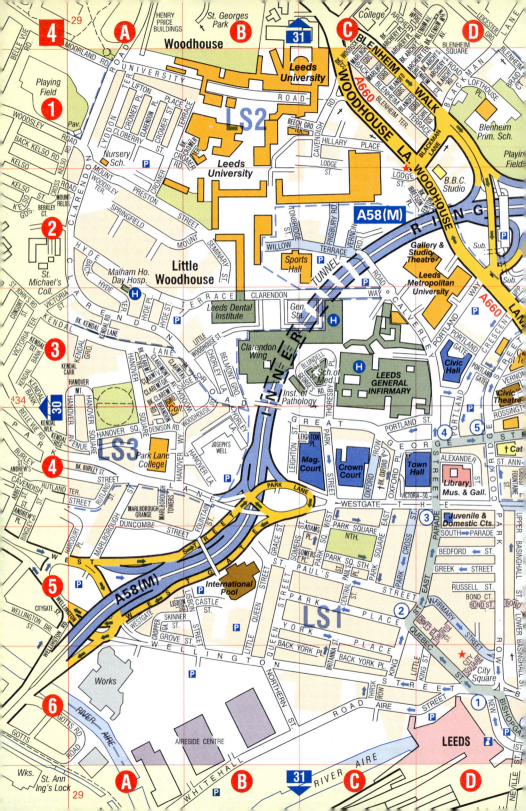

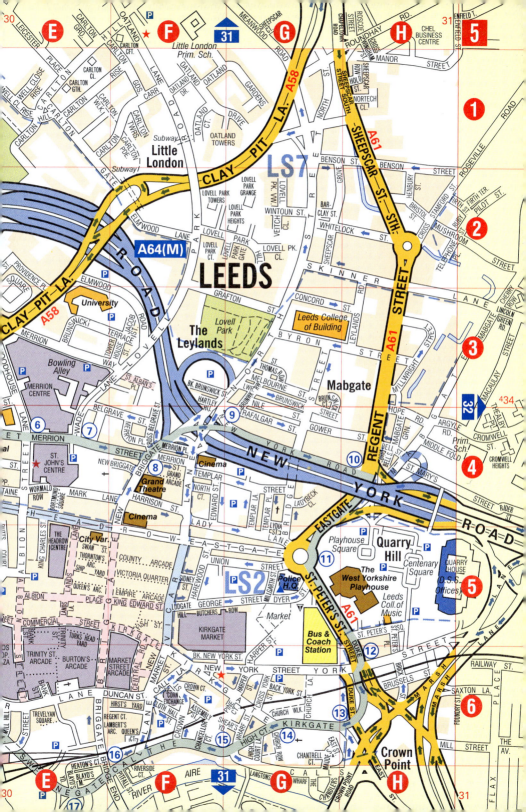

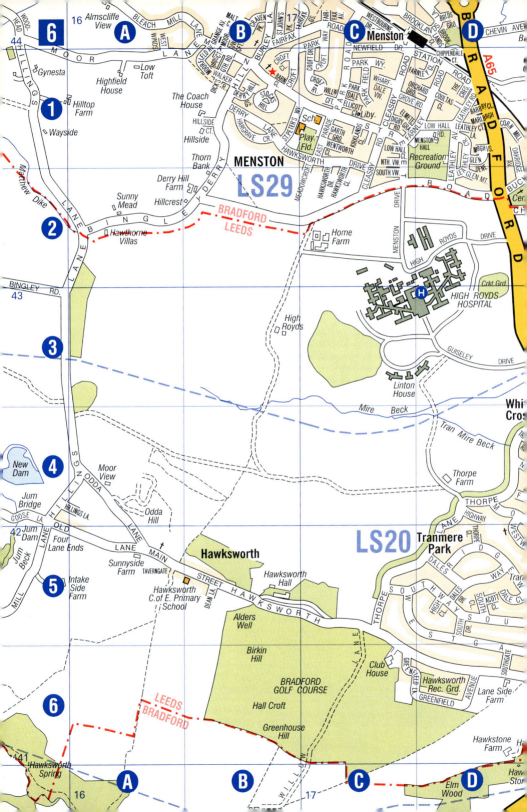

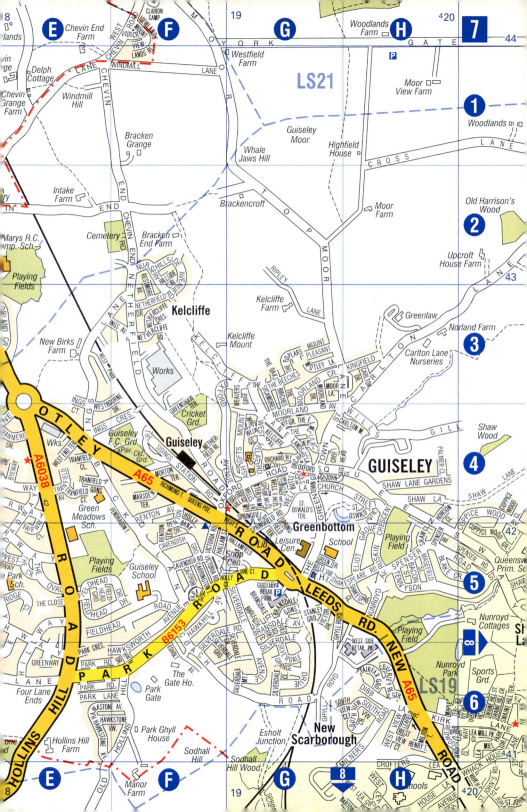

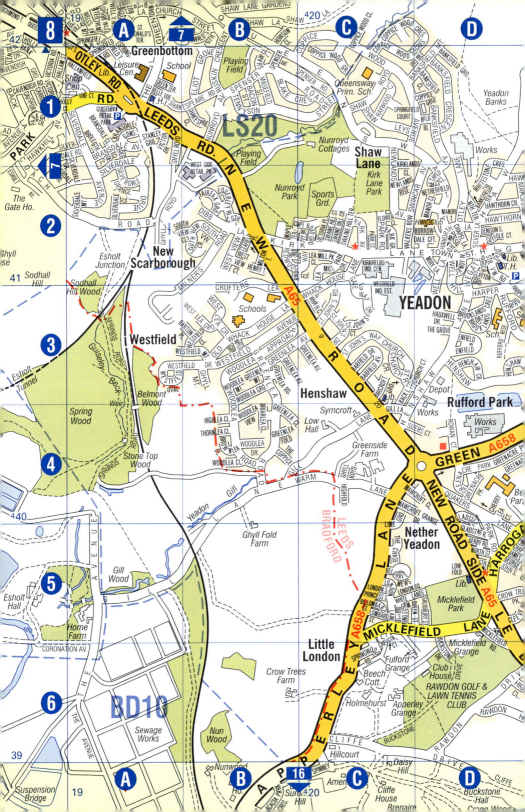

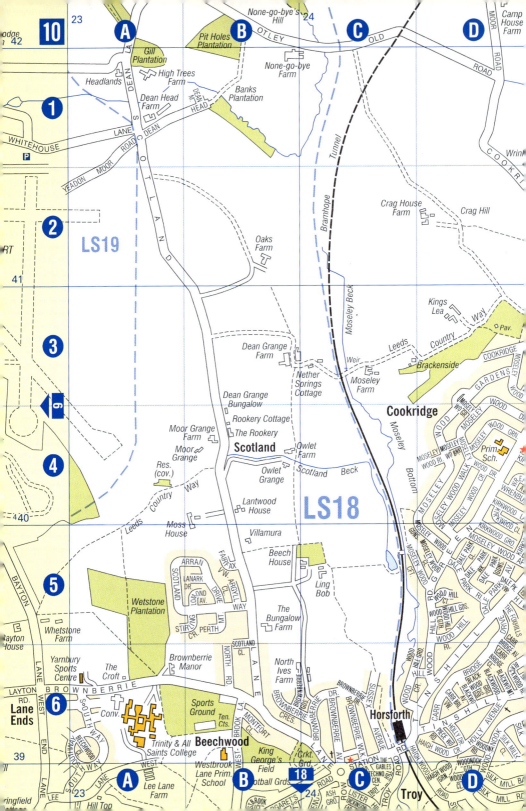

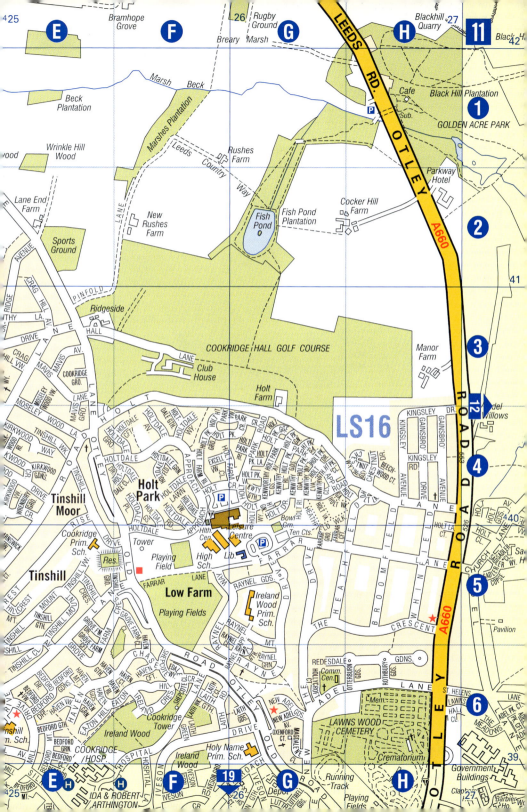

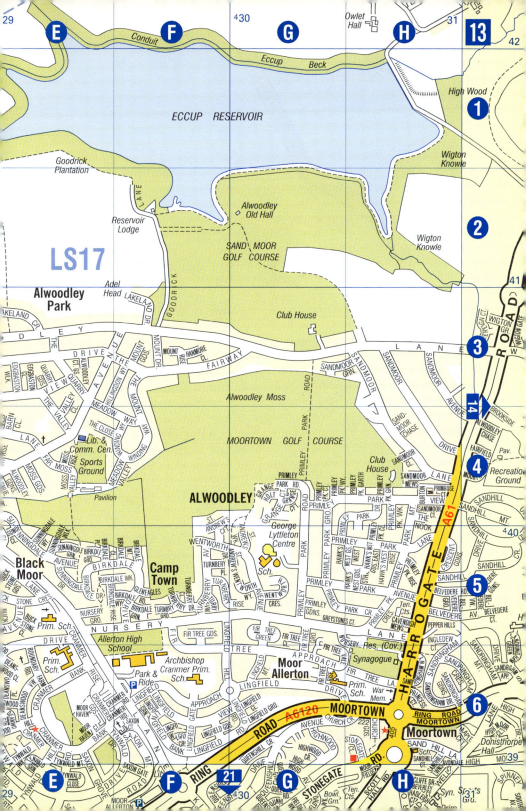

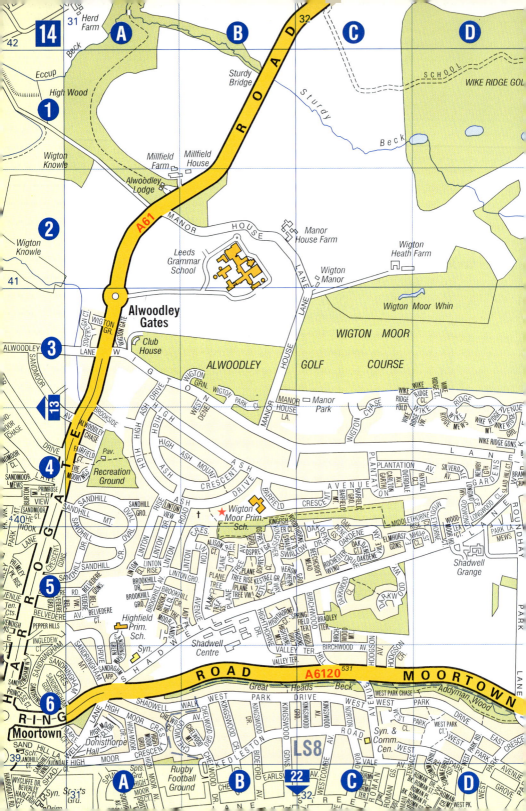

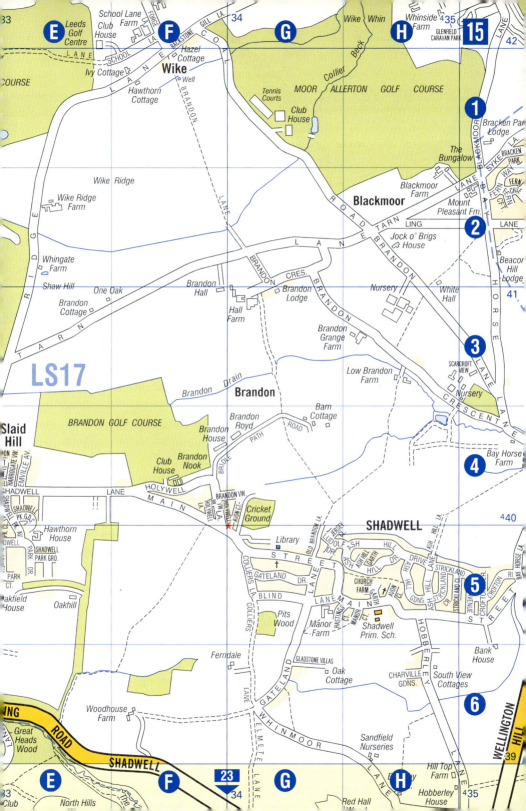

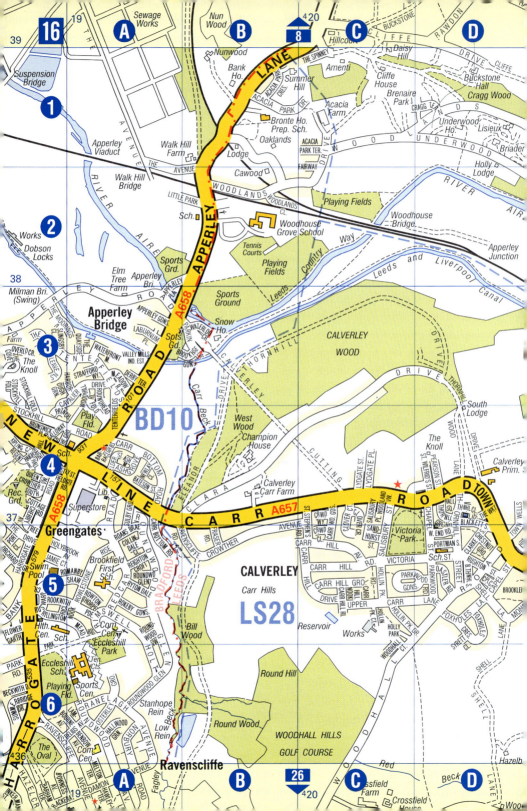

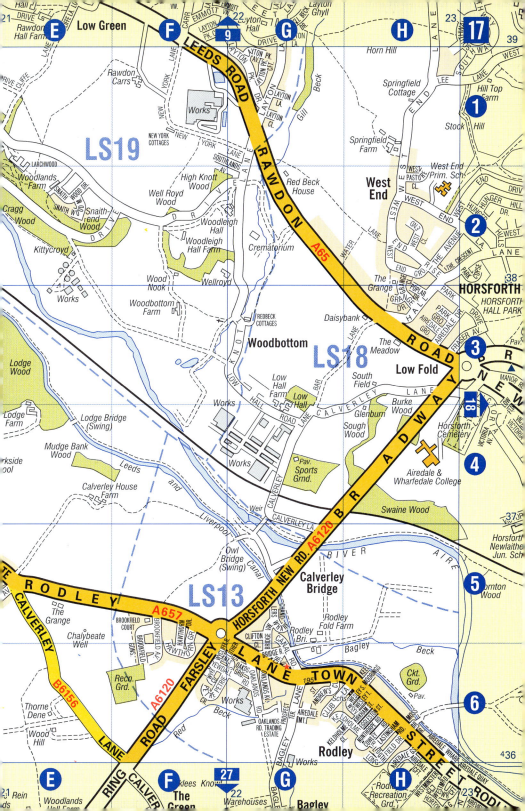

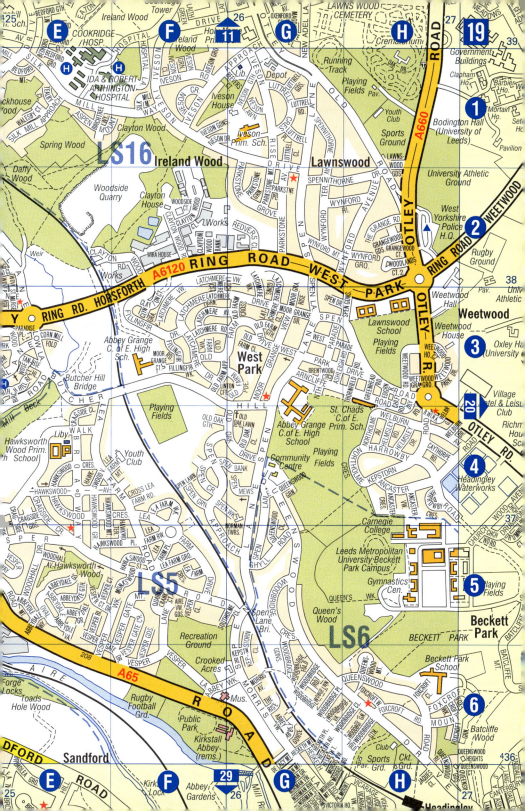

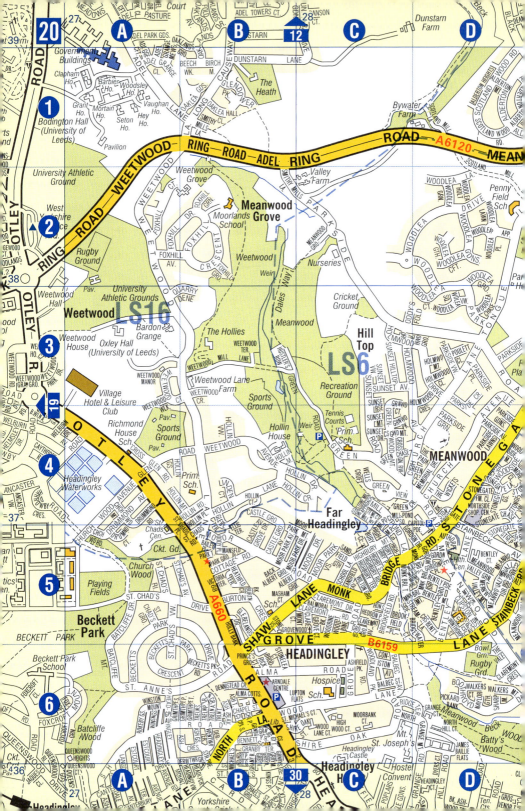

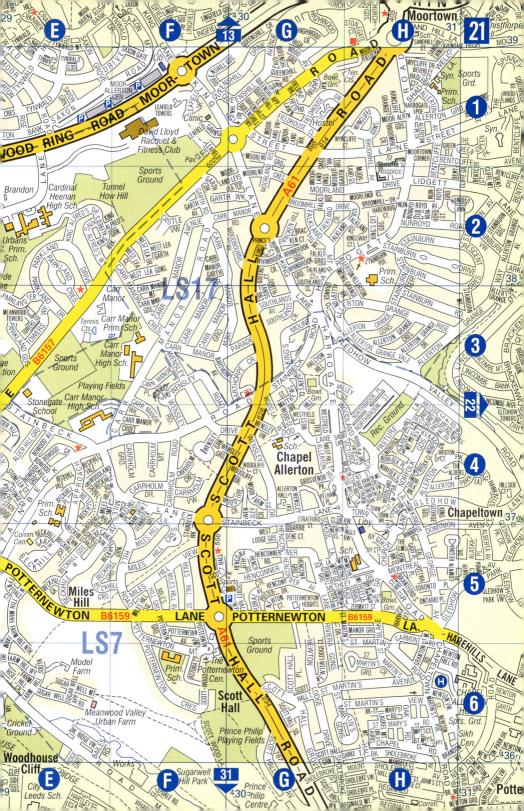

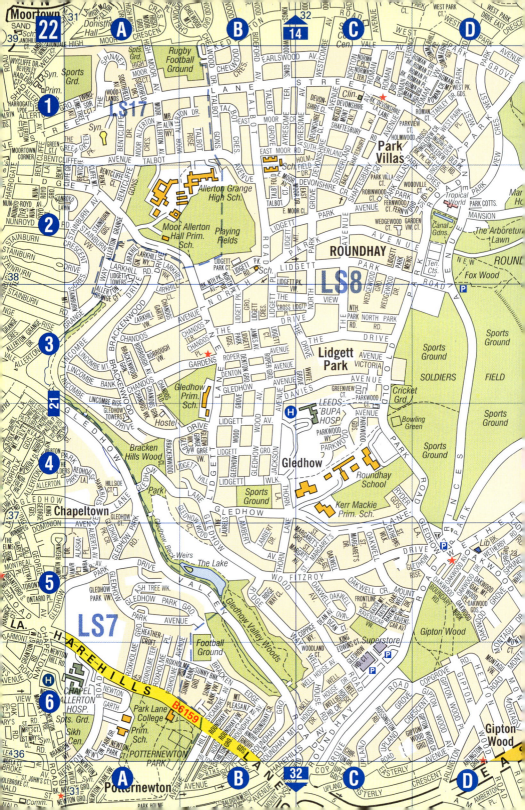

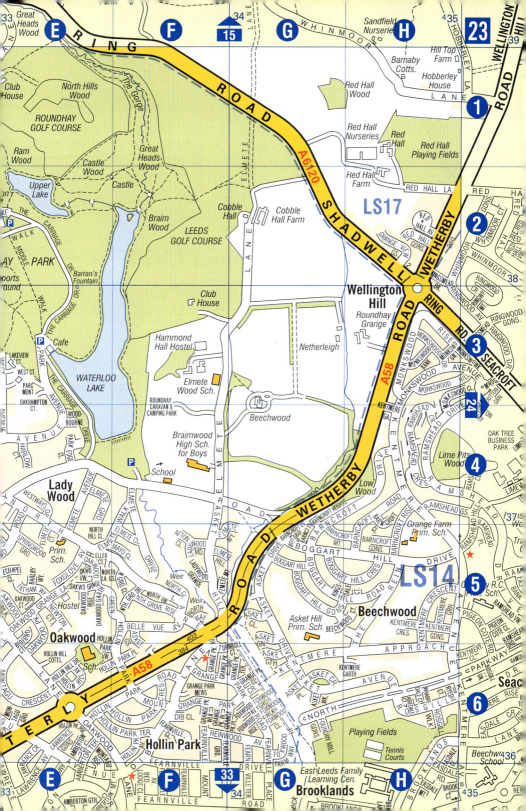

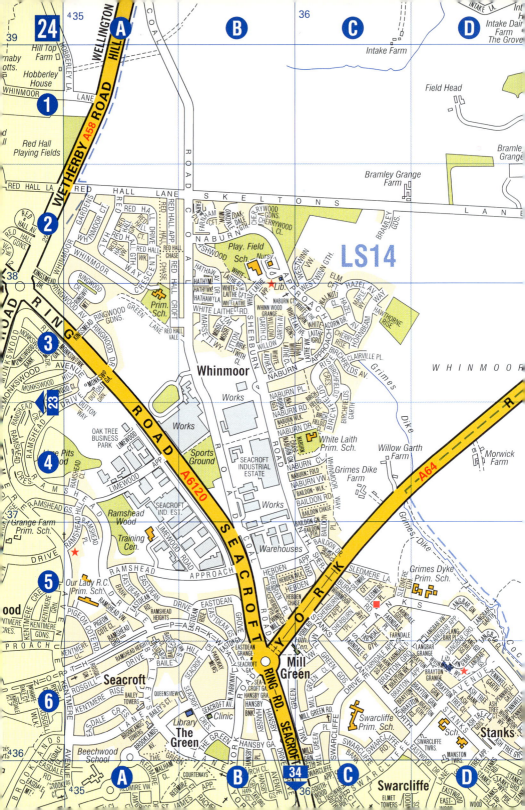

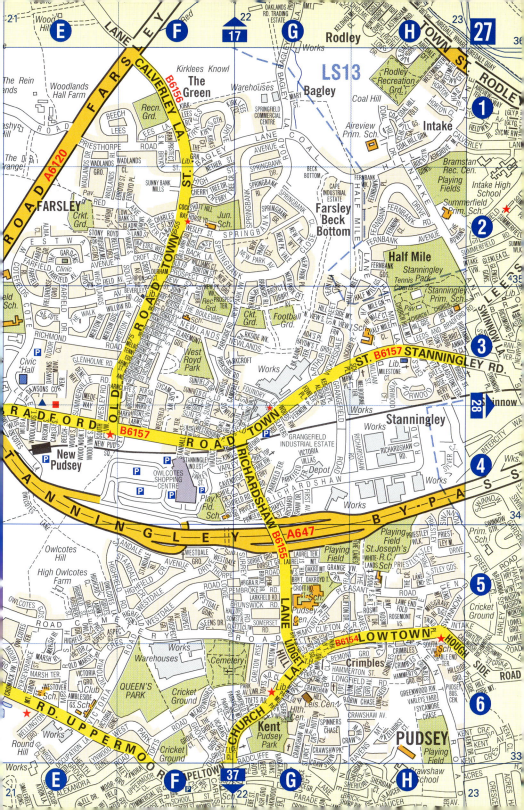

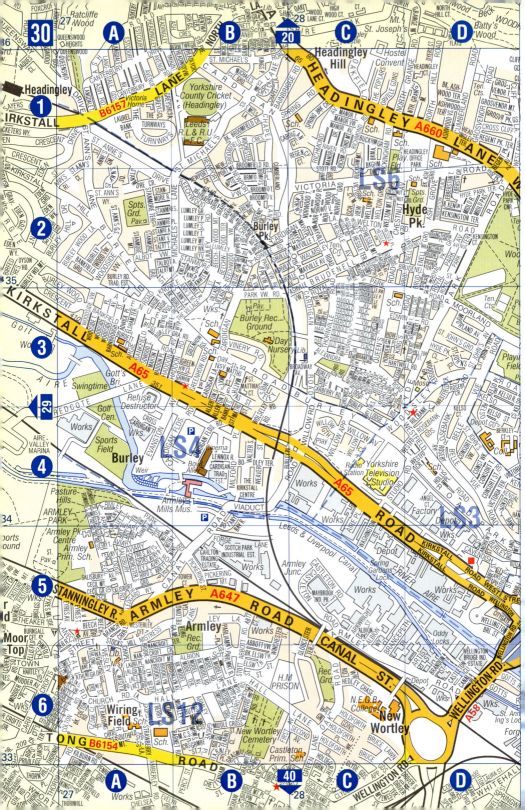

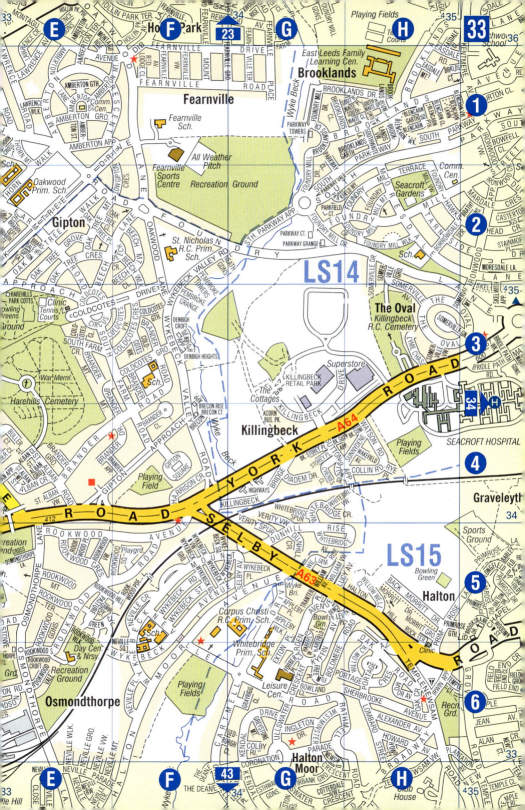

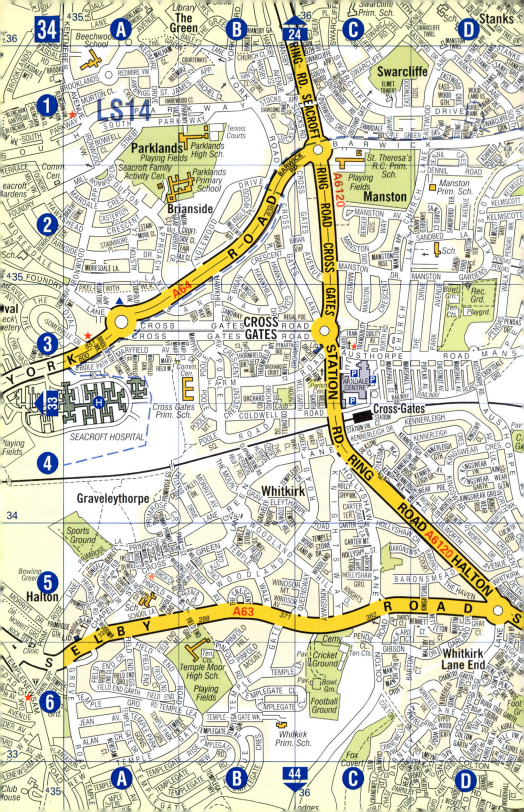

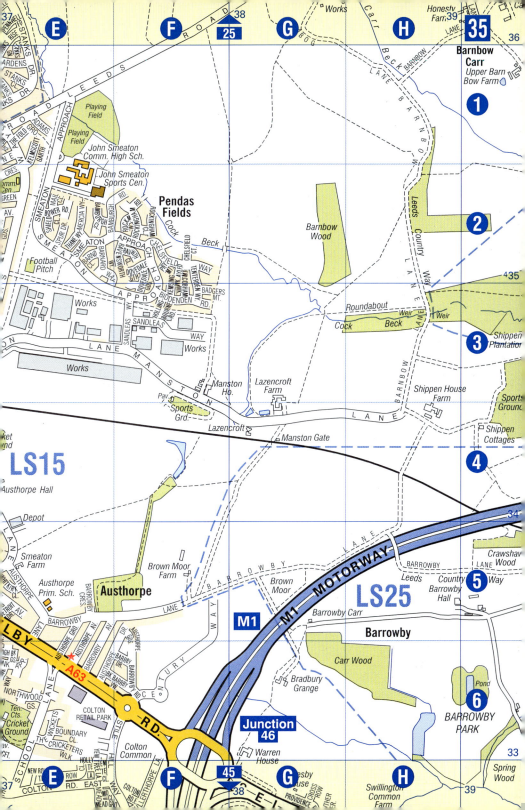

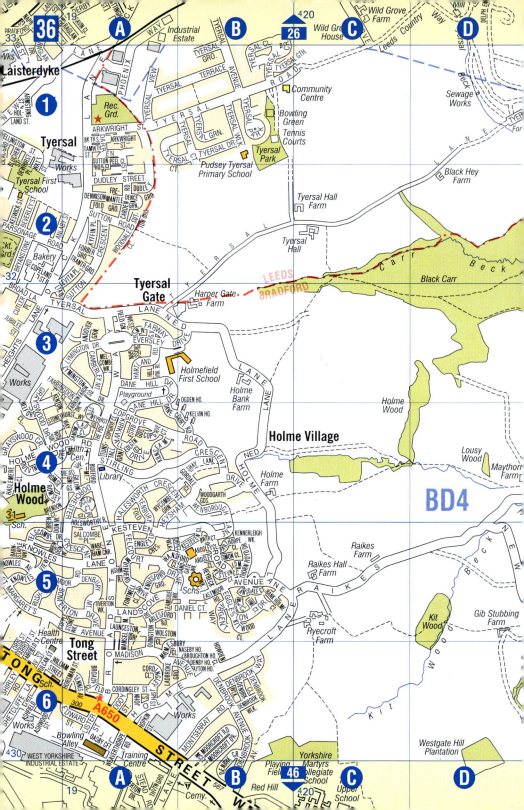

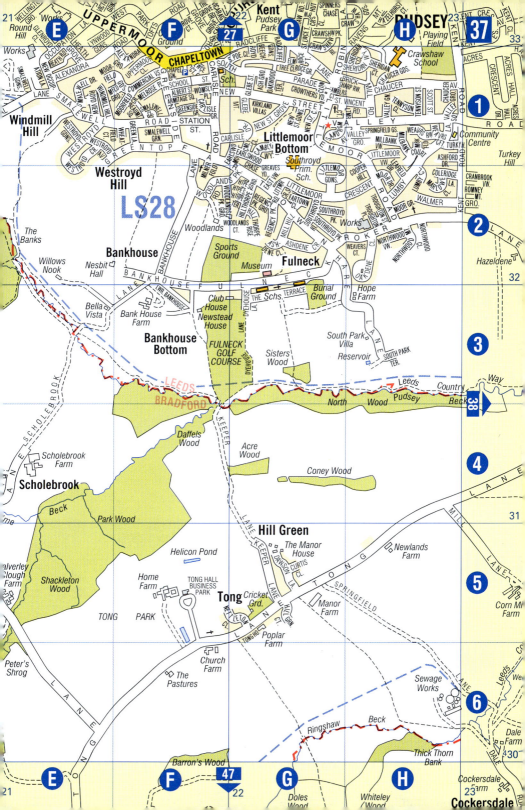

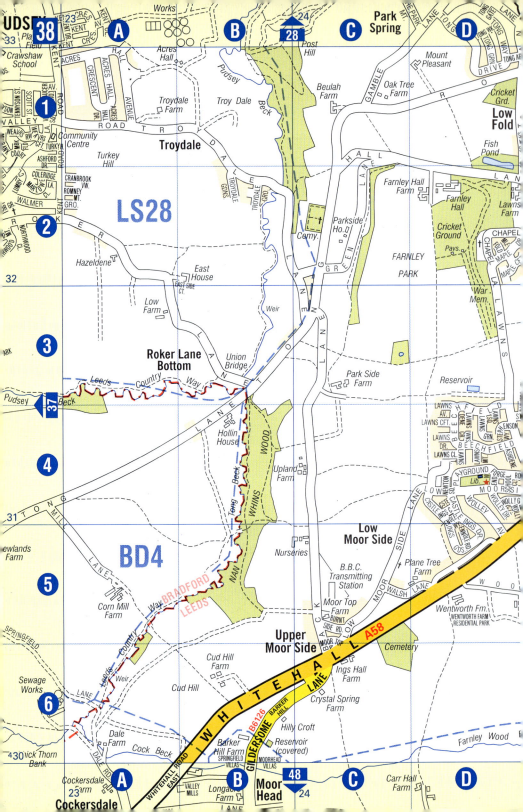

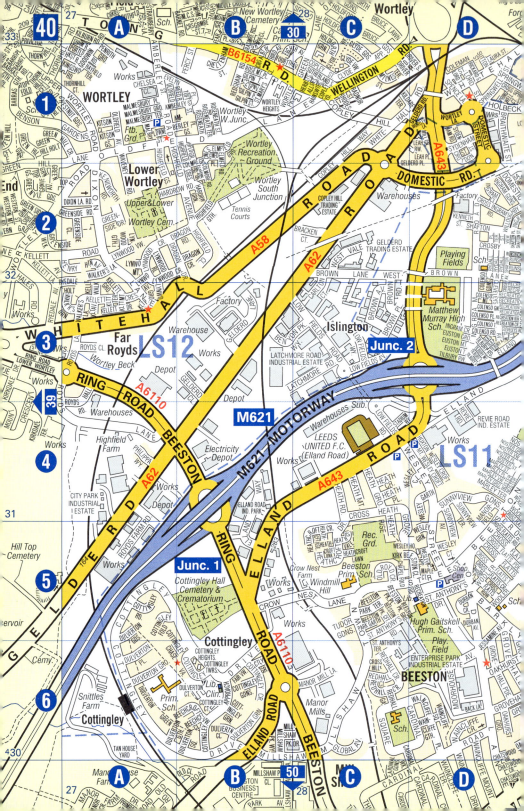

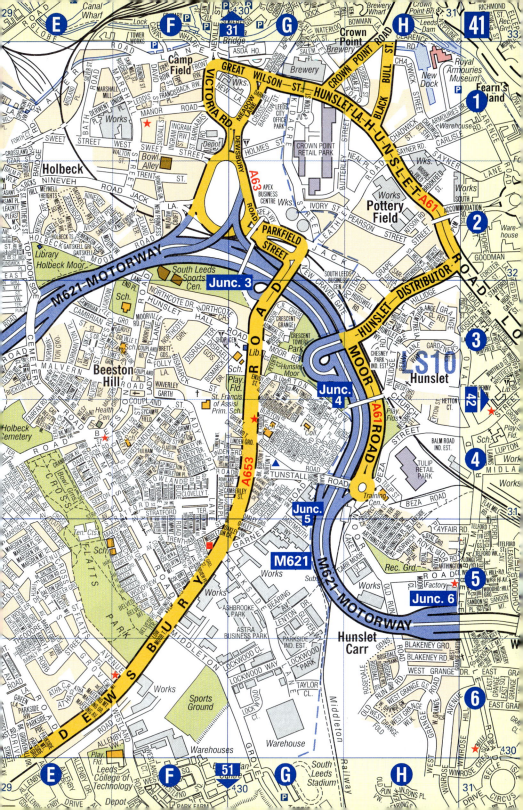

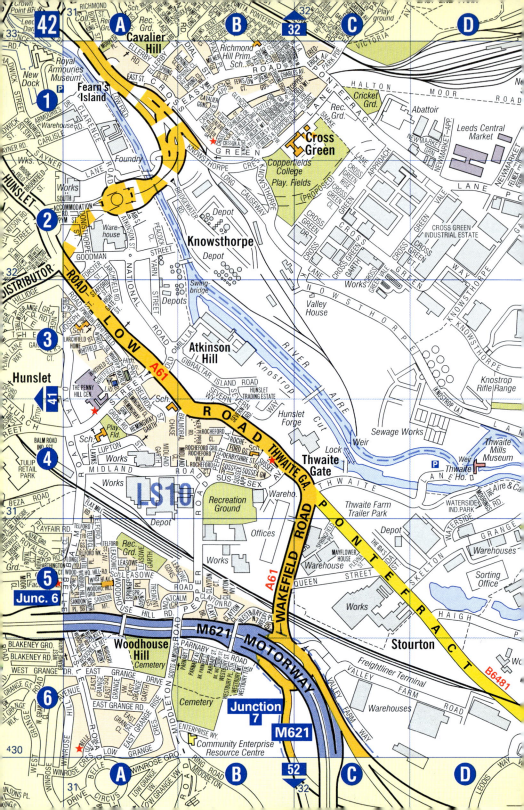

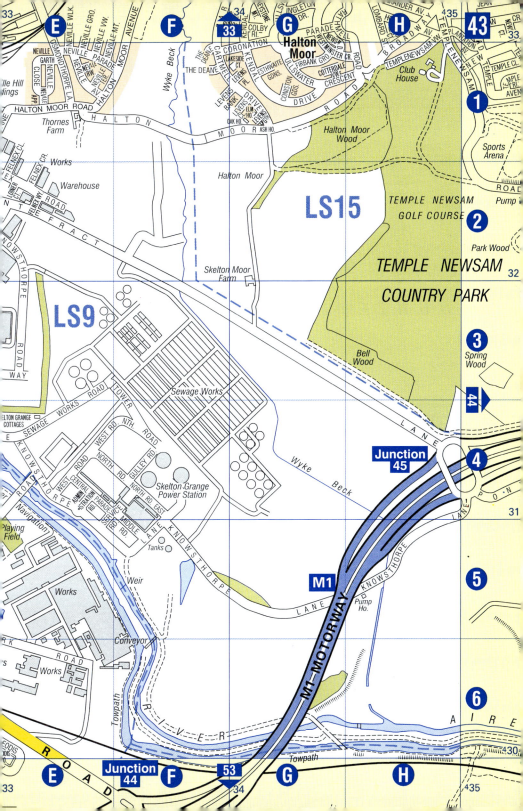

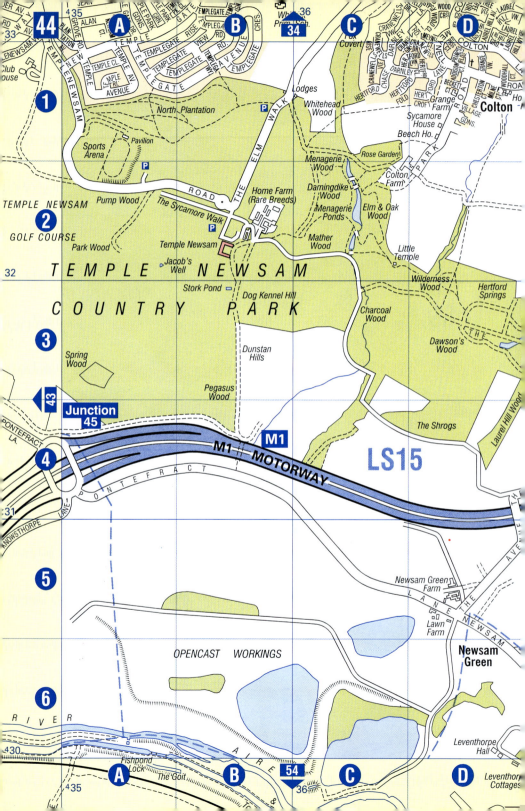

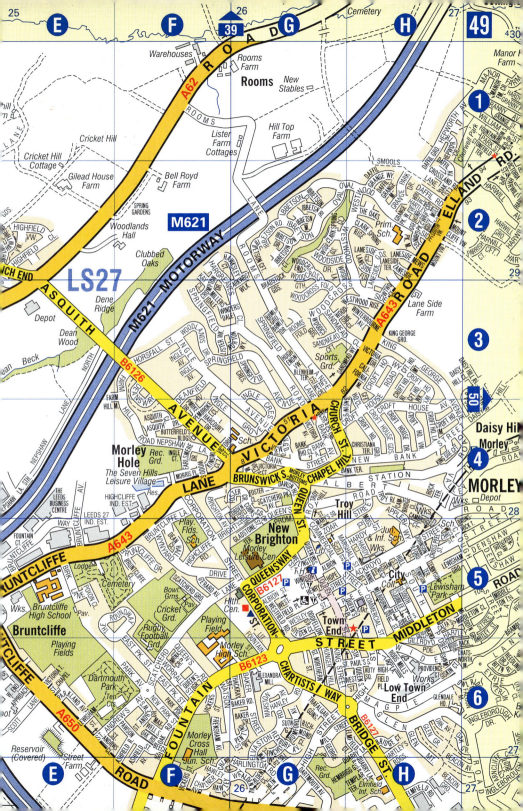

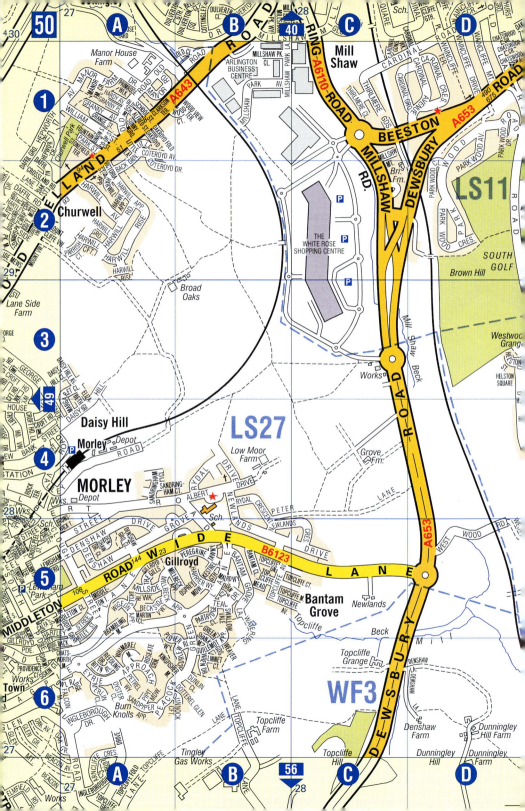

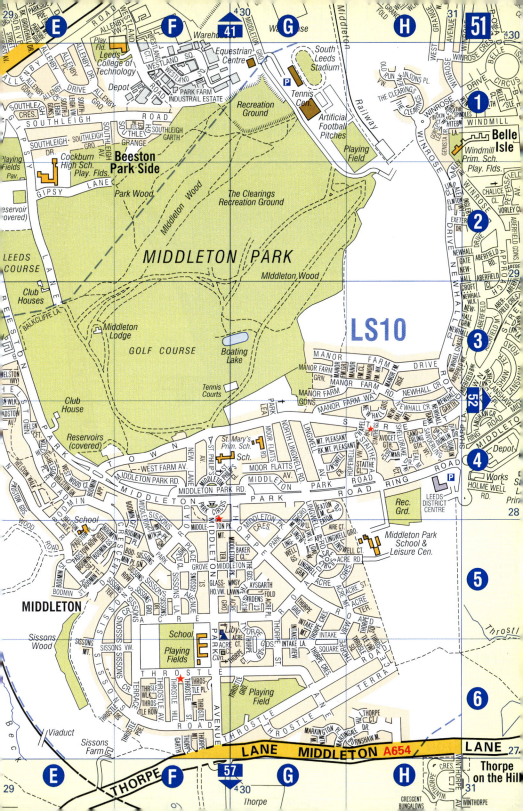

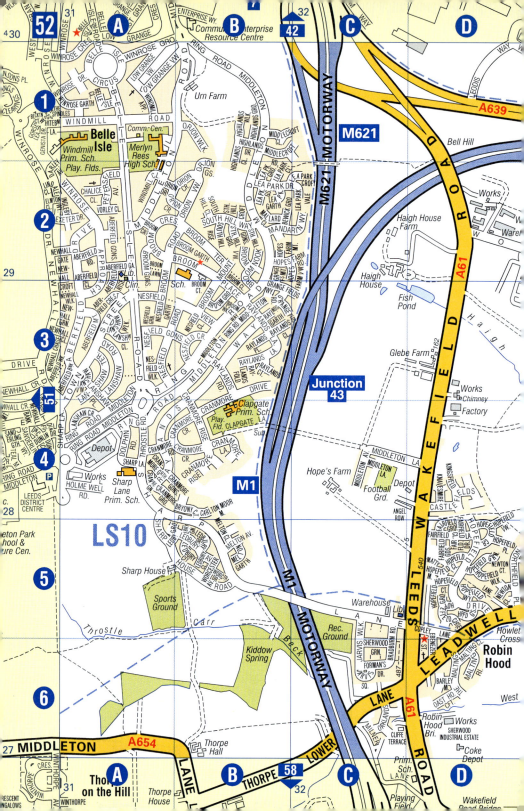

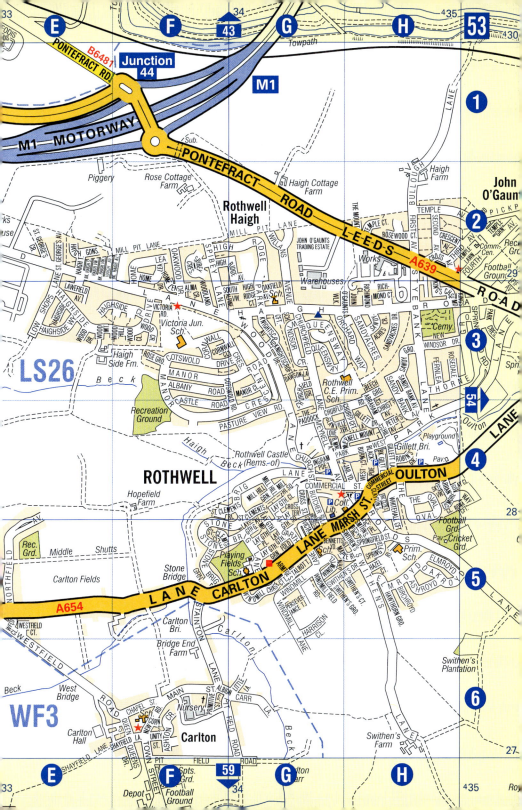

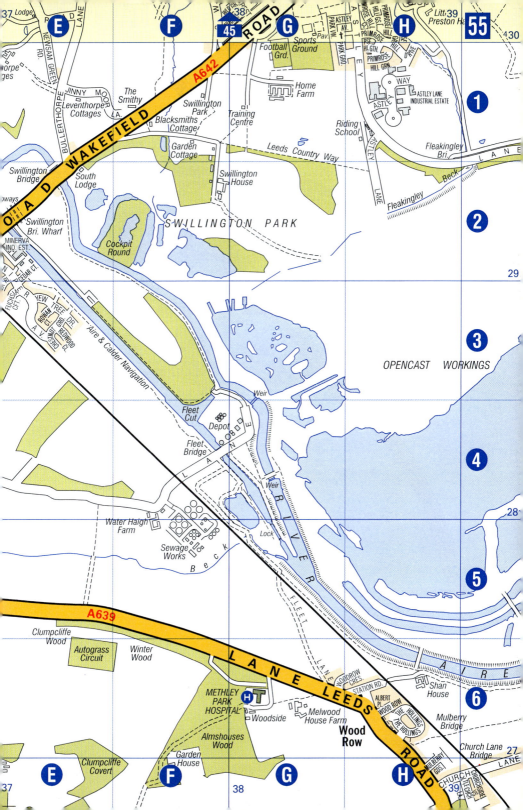

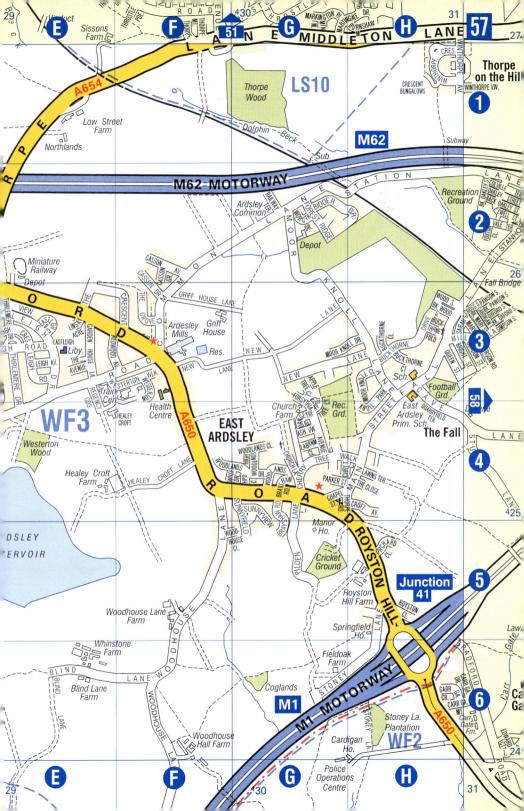

INDEX

Including Streets, Places & Areas, Industrial Estates, Selected Junction Names,
Selected Subsidiary Addresses and Selected Tourist Information.

HOW TO USE THIS INDEX

1. Each street name is followed by its Posttown or Postal Locality and then by its map reference; e.g. Abbeydale Oval. Leeds —5E **19** is in the Leeds Posttown and is to be found in square 5E on page **19**. The page number being shown in bold type.
   A strict alphabetical order is followed in which Av., Rd., St., etc. (though abbreviated) are read in full and as part of the street name; e.g. Aire Ct. appears after Airedale Ter. but before Airedale Cliff.

2. Streets and a selection of Subsidiary names not shown on the Maps, appear in the index in *Italics* with the thoroughfare to which it is connected shown in brackets; e.g. *Abbey Gth. Yead —3D **8** (off Well Hill)*

3. Places and areas are shown in the index in **bold type**, the map reference referring to the actual map square in which the town or area is located and not to the place name; e.g. **Adel. —6A 12**

4. Map references shown in brackets; e.g. Aireside Cen. Leeds —6E **31** (6B **4**) refer to entries that also appear on the large scale pages 4-5.

5. With the now general usage of Postcodes for addressing mail, it is not recommended that this index is used for such a purpose.

GENERAL ABBREVIATIONS

All : Alley
App : Approach
Arc : Arcade
Av : Avenue
Bk : Back
Boulevd : Boulevard
Bri : Bridge
B'way : Broadway
Bldgs : Buildings
Bus : Business
Cvn : Caravan
Cen : Centre
Chu : Church
Chyd : Churchyard
Circ : Circle
Cir : Circus
Clo : Close
Comn : Common
Cotts : Cottages
Ct : Court

Cres : Crescent
Cft : Croft
Dri : Drive
E : East
VIII : Eighth
Embkmt : Embankment
Est : Estate
Fld : Field
V : Fifth
I : First
IV : Fourth
Gdns : Gardens
Gth : Garth
Ga : Gate
Gt : Great
Grn : Green
Gro : Grove
Ho : House
Ind : Industrial
Junct : Junction

La : Lane
Lit : Little
Lwr : Lower
Mc : Mac
Mnr : Manor
Mans : Mansions
Mkt : Market
Mdw : Meadow
M : Mews
Mt : Mount
N : North
Pal : Palace
Pde : Parade
Pk : Park
Pas : Passage
Pl : Place
Quad : Quadrant
Res : Residential
Ri : Rise
Rd : Road

St : Saint
II : Second
VII : Seventh
Shop : Shopping
VI : Sixth
S : South
Sq : Square
Sta : Station
St : Street
Ter : Terrace
III : Third
Trad : Trading
Up : Upper
Va : Vale
Vw : View
Vs : Villas
Wlk : Walk
W : West
Yd : Yard

POSTTOWN AND POSTAL LOCALITY ABBREVIATIONS

Adel : Adel
Alw : Alwoodley
App B : Apperley Bridge
A'ley : Armley
Bard : Bardsey
Bar E : Barwick in Elmet
Bat : Batley
Bees : Beeston
B'shaw : Birkenshaw
Birs : Birstall
B'frd : Bradford
B'hpe : Bramhope
Bmly : Bramley
C'ley : Calverley
Carl : Carlton
Carr G : Carr Gate
Chap A : Chapel Allerton
Chap : Chapeltown
Chur : Churwell
Cleck : Cleckheaton
Colt : Colton
Cook : Cookridge
Ctly : Cottingley
C'gts : Crossgates
C Grn : Cross Green
Cut H : Cutler Heights

Dew : Dewsbury
Dlgtn : Drighlington
E Ard : East Ardsley
E Bier : East Bierley
F'ley : Farnley
Fars : Farsley
Far : Fartown
Gar : Garforth
Gild : Gildersome
Gom : Gomersal
Gre : Greengates
Guis : Guiseley
Haig : Haigh
Halt : Halton
Head : Headingley
H'bck : Holbeck
H Wd : Holme Wood
H'fth : Horsforth
H'let : Hunslet
Hun P : Hunslet Bus. Pk.
Hyde P : Hyde Park
Idle : Idle
Int : Intake
K'gte : Kirkhamgate
Kirks : Kirkstall
Lais : Laisterdyke

Leeds : Leeds
Loft : Lofthouse
Loft G : Lofthouse Gate
Lwr W : Lower Wortley
Lowt : Lowtown
Mean : Meanwood
Men : Menston
Meth : Methley
Midd : Middleton
Msde : Moorside
Moort : Moortown
Morl : Morley
N Farn : New Farnley
N Wort : New Wortley
Otley : Otley
Oult : Oulton
Out : Outwood
Pen I : Penraevon Ind. Est.
Pott : Potternewton
Pud : Pudsey
Rawd : Rawdon
Rob H : Robin Hood
Rod : Rodley
Rothw : Rothwell
Round : Roundhay
S'cft : Scarcroft

Scholes : Scholes
Seac : Seacroft
Shad : Shadwell
Stan : Stanley
S'ley : Stanningley
Swil : Swillington
Swil C : Swillington Common
Thornb : Thornbury
T'ner : Thorner
Thpe : Thorpe (nr. Ashbourne)
Thor : Thorpe (nr. Skipton)
Ting : Tingley
Tong : Tong
Tyer : Tyersal
Wake : Wakefield
Wake I : Wakefield 41 Ind. Est.
Weet : Weetwood
W Park : West Park
Whinm : Whinmoor
Wike : Wike
W'ford : Woodlesford
Wort : Wortley
Wren : Wrenthorpe
Wyth I : Wyther Park Ind. Est.
Yead : Yeadon

INDEX TO STREETS

Abbey Av. Leeds —2F **29**
Abbey Ct. H'fth —5B **18**
Abbeydale Gdns. Leeds —5E **19**
Abbeydale Gth. Leeds —5E **19**
Abbeydale Gro. Leeds —5E **19**
Abbeydale Mt. Leeds —5E **19**
Abbeydale Oval. Leeds —5E **19**
Abbeydale Va. Leeds —5E **19**
Abbeydale Way. Leeds —5E **19**
*Abbey Gth. Yead —3D **8***
  (off Well Hill)
Abbey Gorse. Leeds —6G **19**
Abbey House Museum. —6F **19**
Abbey Mt. Leeds —2F **29**
Abbey Rd. Leeds —5D **18**

Abbey St. Leeds —5D **30**
Abbey Ter. Kirks —2F **29**
Abbey Vw. Kirks —6G **19**
Abbey Wlk. Leeds —6F **19**
Abbott Ct. Leeds —5B **30**
Abbott Rd. Leeds —6B **30**
Abbott Vw. Leeds —5B **30**
Aberdeen Dri. Leeds —6G **29**
Aberdeen Gro. Leeds —6G **29**
Aberdeen Rd. Leeds —6G **29**
Aberdeen Wlk. Leeds —6G **29**
Aberfield Bank. Leeds —3A **52**
Aberfield Clo. Leeds —2A **52**
Aberfield Crest. Leeds —3A **52**
Aberfield Dri. Leeds —3A **52**

Aberfield Gdns. Leeds —2A **52**
Aberfield Ga. Leeds —2A **52**
Aberfield Mt. Leeds —3A **52**
Aberfield Ri. Leeds —3A **52**
Aberfield Rd. Leeds —2A **52**
Aberford Rd. Oult & W'ford —4C **54**
Aberford Rd. Stan —6H **59**
Abraham Hill. Rothw —4H **53**
Acacia Pk. Cres. B'frd —1B **16**
Acacia Pk. Dri. B'frd —1B **16**
Acacia Pk. Ter. B'frd —1C **16**
Accommodation Rd. Leeds —4A **32**
Ackroyd St. Morl —5H **49**
Ackworth Av. Yead —3E **9**

Ackworth Cres. Yead —3E **9**
Ackworth Dri. Yead —3E **9**
Acorn Bus. Pk. Leeds —4G **33**
Acorn Dri. Leeds —3C **24**
Acre Cir. Leeds —5G **51**
Acre Clo. Leeds —6F **51**
Acre Ct. Leeds —6G **51**
Acre Cres. Leeds —5G **51**
Acre Gro. Leeds —5G **51**
Acre Mt. Leeds —5G **51**
Acre Pl. Midd —5G **51**
Acre Rd. Leeds —5F **51**
Acres Hall Av. Pud —1A **38**
Acres Hall Cres. Pud —1A **38**
Acres Hall Dri. Pud —1A **38**

60 A-Z Leeds

Acres Rd.—Ashlea Ga.

Acres Rd. *Loft* —3E **59**
Acre St. *Leeds* —5H **51**
Acre Ter. *Leeds* —5H **51**
Adams All. *Rothw* —5D **52**
Adams Gro. *Leeds* —1E **35**
Ada's Pl. *S'ley* —3G **27**
Addingham Gdns. *Leeds* —6G **29**
Addison Av. *B'frd* —4A **26**
Addison Ct. *Colt* —1D **44**
Adel. —6A **12**
Adel East Moor. —6C 12
Adel Gth. *Leeds* —4B **12**
Adel Grange Clo. *Leeds* —1A **20**
Adel Grange Cft. *Leeds* —1A **20**
Adel Grange M. *Leeds* —1A **20**
 (in two parts)
Adel Grn. *Leeds* —5B **12**
Adel La. *Leeds* —5A **12**
Adel Mead. *Leeds* —5B **12**
Adel Mill. —3A 12
Adel Mill. *Leeds* —3B **12**
Adel Pk. Clo. *Leeds* —6A **12**
Adel Pk. Ct. *Leeds* —6A **12**
Adel Pk. Cft. *Leeds* —6A **12**
Adel Pk. Dri. *Leeds* —6A **12**
Adel Pk. Gdns. *Leeds* —6A **12**
Adel Pasture. *Leeds* —6A **12**
Adel Towers Clo. *Leeds* —6B **12**
Adel Towers Ct. *Leeds* —6B **12**
Adel Va. *Leeds* —5B **12**
Adel Wood Clo. *Leeds* —6B **12**
Adel Wood Dri. *Leeds* —6B **12**
Adel Wood Gdns. *Leeds* —6B **12**
Adel Wood Gro. *Leeds* —6B **12**
Adel Wood Pl. *Leeds* —6B **12**
Adel Wood Rd. *Leeds* —6B **12**
Administration Rd. *Leeds* —4E **43**
Admiral St. *Leeds* —3G **41**
Adwalton. —3A 48
Adwalton Clo. *Dlgtn* —4F **47**
Adwalton Grn. *Dlgtn* —4F **47**
Adwick Pl. *Leeds* —3A **30**
Airdale Ter. *Leeds* —6H **17**
 (off Airedale Cft.)
Aire Ct. *Leeds* —5G **51**
Airedale Cliff. *Leeds* —6C **18**
Airedale Ct. *Leeds* —6H **23**
Airedale Cft. *Leeds* —1H **27**
Airedale Dri. *H'fth* —1H **17**
Airedale Gdns. *Leeds* —1H **27**
Airedale Gro. *H'fth* —1H **17**
Airedale Gro. *W'ford* —3D **54**
Airedale Mt. *Leeds* —6G **17**
Airedale Quay. *Rod* —1A **28**
Airedale Rd. *Rothw* —3D **54**
 Airedale Ter. Morl —5H **49**
 (off South Pde.)
Airedale Ter. *W'ford* —3D **54**
Airedale Vw. *Rawd* —6F **9**
Airedale Vw. *W'ford* —3D **54**
Airedale Wharf. *Rod* —6H **17**
Aire Gro. *Yead* —3E **9**
Aire Pl. *Leeds* —4C **30**
Aireside Cen. *Leeds* —6E **31** (6B **4**)
Aire St. *Leeds* —6F **31** (6C **4**)
Aire Valley Marina. *Leeds* —4H **53**
Aire Vw. *Yead* —3E **9**
Aire Vw. Gdns. *Leeds* —5F **19**
Aireview Ter. *Leeds* —1A **28**
Airlie Av. *Leeds* —1B **32**
Airlie Pl. *Leeds* —1B **32**
Air St. *Leeds* —2A **42**
Alan Cres. *Leeds* —6A **34**
Alaska Pl. *Leeds* —5A **22**
Albany Rd. *Rothw* —3F **53**
Albany St. *Leeds* —6G **29**
Albany Ter. *Leeds* —6G **29**
Alberta Av. *Leeds* —5A **22**
Albert Cres. *B'shaw* —5D **46**
Albert Dri. *Morl* —4B **50**
Albert Pl. *Leeds* —5B **20**
Albert Pl. *B'frd* —5A **26**
Albert Pl. *H'fth* —2C **18**
Albert Pl. *Meth* —6H **55**
Albert Rd. *Morl* —4G **49**
Albert Rd. *Pud* —5D **54**
Albert Sq. *Yead* —2E **9**
Albert St. *Pud* —1F **37**
 Albert Ter. Yead —2E **9**
 (off Rockfield Ter.)
Albert Way. *B'shaw* —5D **46**
Albion Av. *Leeds* —6B **30**

Albion Pk. *Leeds* —5C **30**
Albion Pl. *Guis* —4G **7**
Albion Pl. *Leeds* —5G **31** (5E **5**)
Albion Rd. *S'ley* —3G **27**
Albion St. *Carl* —6F **53**
Albion St. *Leeds* —5G **31** (5E **5**)
 (in two parts)
Albion St. *Morl* —5G **49**
 (in two parts)
Albion Way. *Leeds* —5C **30**
Alcester Pl. *Leeds* —1B **32**
Alcester Rd. *Leeds* —1B **32**
Alcester Ter. *Leeds* —1B **32**
Alden Av. *Morl* —6G **49**
Alden Clo. *Morl* —6G **49**
Alder Dri. *Pud* —5C **26**
Alder Gth. *Pud* —5D **26**
Alder Hill Av. *Leeds* —4E **21**
Alder Hill Gro. *Leeds* —4E **21**
Aldersgate. Leeds —6A **30**
 (off Wesley Rd.)
Alders, The. *Leeds* —4H **21**
Alderton Bank. *Leeds* —1D **20**
Alderton Cres. *Leeds* —1D **20**
Alderton Heights. *Leeds* —1D **20**
Alderton Mt. *Leeds* —1D **20**
Alderton Pl. *Leeds* —1D **20**
Alderton Ri. *Leeds* —1E **21**
Alexander Av. *Leeds* —6H **33**
Alexander St. *Leeds* —5F **31** (4D **4**)
Alexandra Gro. *Leeds* —3C **30**
Alexandra Gro. *Pud* —1F **37**
Alexandra Mill. *Morl* —6G **49**
Alexandra Rd. *H'fth* —2C **18**
Alexandra Rd. *Leeds* —3C **30**
Alexandra Rd. *Pud* —1E **37**
Alexandra Ter. *Yead* —2E **9**
 (in two parts)
Alfred St. *Chur* —1A **50**
Allenby Cres. *Leeds* —1E **51**
Allenby Dri. *Leeds* —1E **51**
Allenby Gdns. *Leeds* —1E **51**
Allenby Gro. *Leeds* —1E **51**
Allenby Pl. *Leeds* —1E **51**
Allenby Rd. *Leeds* —1E **51**
Allenby Vw. *Leeds* —6F **41**
Allen Cft. *B'shaw* —4C **46**
Allerton Av. *Leeds* —1H **21**
 Allerton Ct. Leeds —1H **21**
 (off Harrogate Rd.)
Allerton Grange Av. *Leeds* —2A **22**
Allerton Grange Clo. *Leeds* —3G **21**
Allerton Grange Cres. *Leeds* —3H **21**
Allerton Grange Cft. *Leeds* —3A **22**
Allerton Grange Dri. *Leeds* —3H **21**
Allerton Grange Gdns. *Leeds* —3H **21**
Allerton Grange Ri. *Leeds* —3G **21**
Allerton Grange Va. *Leeds* —3H **21**
Allerton Grange Wlk. *Leeds* —3H **21**
Allerton Grange Way. *Leeds* —3H **21**
Allerton Gro. *Leeds* —1H **21**
Allerton Hall. *Leeds* —4G **21**
Allerton Hill. *Chap A* —4G **21**
Allerton M. *Leeds* —2H **21**
Allerton Pk. *Leeds* —4H **21**
Allerton Pl. *Leeds* —1H **21**
Allerton St. *Leeds* —3B **30**
Allerton Ter. *Leeds* —4B **30**
Allinson St. *Leeds* —1C **40**
All Saint's Circ. *W'ford* —3D **54**
All Saint's Dri. *W'ford* —3C **54**
All Saint's Rd. *W'ford* —2D **54**
All Saint's Vw. *W'ford* —2C **54**
Alma Clo. *Fars* —2E **27**
Alma Cotts. *Leeds* —6B **20**
Alma Rd. *Leeds* —6B **20**
Alma St. *Leeds* —4A **32**
Alma St. *W'ford* —2C **54**
Alma St. *Yead* —2E **9**
Alma Ter. *Rothw* —3F **53**
Alpine Ter. *Rothw* —3F **53**
Alston La. *Leeds* —2A **34**
Alwoodley. —4G 13
Alwoodley Chase. *Leeds* —4A **14**
Alwoodley Ct. *Leeds* —4D **12**
Alwoodley Ct. Gdns. *Leeds* —3E **13**
Alwoodley Gdns. *Leeds* —4E **13**
Alwoodley Gates. —3A 14
Alwoodley La. *Leeds* —3D **12**
Alwoodley Park. —3E 13
Amberley Gdns. *Leeds* —1B **40**

Amberley Rd. *Leeds* —1A **40**
Amberley St. *Leeds* —1A **40**
Amberton App. *Leeds* —1E **33**
Amberton Clo. *Leeds* —6E **23**
Amberton Cres. *Leeds* —1E **33**
Amberton Gdns. *Leeds* —1E **33**
Amberton Gth. *Leeds* —1E **33**
Amberton Gro. *Leeds* —1E **33**
Amberton La. *Leeds* —1E **33**
Amberton Mt. *Leeds* —1E **33**
Amberton Pl. *Leeds* —1D **32**
Amberton Rd. *Leeds* —1D **32**
Amberton St. *Leeds* —1E **33**
Amberton Ter. *Leeds* —1E **33**
Amblers Bldgs. Pud —1G **37**
 (off Amblers Ct.)
Amblers Ct. *Pud* —1G **37**
Amblerthorne. *B'shaw* —4D **46**
Ambleside Gdns. *Pud* —6E **27**
Ambleside Gro. *W'ford* —3C **54**
America Moor La. *Morl* —4B **20**
Anaheim Dri. *Out* —6F **59**
Ancaster Cres. *Leeds* —4H **19**
Ancaster Rd. *Leeds* —4H **19**
Ancaster Vw. *Leeds* —4H **19**
Anderson Av. *Leeds* —3A **32**
Anderson Mt. *Leeds* —3A **32**
Andover Grn. *B'frd* —3A **36**
Andrew Cres. *Wake* —6D **58**
 Andrews Mnr. Yead —2D **8**
 (off Manor Sq.)
Andrew Sq. *Far* —2F **27**
Andrew St. *Fars* —3F **27**
Angel Ct. *Leeds* —4D **30**
Angel Row. *Rothw* —4C **52**
Anlaby St. *B'frd* —2A **36**
Annie St. *Morl* —5H **49**
Antler Complex. *Morl* —5D **48**
Apex Bus. Cen. *Leeds* —2G **41**
Apex Way. *Leeds* —2G **41**
Apperley Bridge. —3A 16
Apperley Gdns. *B'frd* —3A **16**
Apperley La. *B'frd & Yead* —3A **16**
Appleby Pl. *Leeds* —5G **33**
Appleby Wlk. *Leeds* —5G **33**
Appleby Way. *Morl* —4H **49**
Applegarth. *W'ford* —2C **54**
Appleton Clo. *Leeds* —5B **32**
Appleton Ct. *Leeds* —5B **32**
Appleton Gro. *Leeds* —5D **32**
Appleton Sq. *Leeds* —5B **32**
Appleton Way. *Leeds* —5B **32**
Apple Tree Clo. *E Ard* —3G **57**
Apple Tree Ct. *E Ard* —4G **57**
Approach, The. *Scholes* —4F **25**
Archery Pl. *Leeds* —3F **31** (1C **4**)
Archery Rd. *Leeds* —3F **31** (1C **4**)
Archery St. *Leeds* —3F **31** (1D **4**)
Archery Ter. *Leeds* —3F **31** (1D **4**)
Archibald Ho. *Rothw* —5G **53**
Ardsley Clo. *B'frd* —5B **36**
 (in two parts)
Argent Way. *B'frd* —5B **36**
Argie Av. *Leeds* —2H **29**
Argie Gdns. *Leeds* —3A **30**
Argie Rd. *Leeds* —3A **30**
Argie Ter. *Leeds* —3A **30**
Argyle Rd. *Leeds* —4H **5**
Argyll Clo. *H'fth* —5B **10**
Arksey Pl. *Leeds* —5A **30**
Arksey Ter. *Leeds* —5A **30**
Arkwright St. *Leeds* —5C **30**
Arkwright St. *Tyer* —1A **36**
Arkwright Wlk. *Morl* —3G **49**
Arlesford Rd. *B'frd* —5A **36**
Arley Gro. *Leeds* —5A **30**
Arley Pl. *Leeds* —5A **30**
Arley St. *Leeds* —5A **30**
Arley Ter. *Leeds* —5A **30**
Arlington Bus. Cen. *Leeds* —1B **50**
Arlington Gro. *Leeds* —6D **22**
Arlington Rd. *Leeds* —1D **32**
Armitage Bldgs. *Dew* —5A **56**
Armitage Sq. *Pud* —1F **37**
Armitage St. *Rothw* —5G **53**
Armley Grange Av. *Leeds* —4F **29**
Armley Grange Cres. *Leeds* —5F **29**
Armley Grange Dri. *Leeds* —5F **29**
Armley Grange Mt. *Leeds* —5F **29**
Armley Grange Oval. *Leeds* —4F **29**
Armley Grange Ri. *Leeds* —5F **29**

Armley Grange Vw. *Leeds* —5G **29**
Armley Grange Wlk. *Leeds* —5G **29**
Armley Gro. Pl. *Leeds* —6B **30**
Armley Lodge Rd. *Leeds* —4A **30**
Armley Mills Museum. —4B **30**
 Armley Pk. Ct. Leeds —5A **30**
 (off Stanningley Rd.)
Armley Pk. Rd. *Leeds* —4A **30**
Armley Ridge Clo. *Leeds* —5G **29**
Armley Ridge Rd. *Leeds* —2F **29**
 (in two parts)
Armley Ridge Ter. *Leeds* —4G **29**
Armley Rd. *Leeds* —5A **30**
 (in two parts)
Armouries Dri. *Leeds* —1H **41**
Armstrong St. *B'frd* —1A **36**
Armstrong St. *Fars* —3F **27**
Arncliffe Cres. *Morl* —4E **21**
Arncliffe Gth. *S'ley* —4F **27**
Arncliffe Grange. *Leeds* —1H **21**
Arncliffe Rd. *Leeds* —3G **19**
Arncliffe St. *S'ley* —3F **27**
Arndale Cen. *Head* —6B **20**
Arndale Cen. *Leeds* —3C **34**
Arran Dri. *H'fth* —5B **10**
Arran Way. *Rothw* —4H **53**
Arthington Av. *Leeds* —5H **41**
Arthington Clo. *Ting* —4B **56**
Arthington Gro. *Leeds* —5H **41**
Arthington Pl. *Leeds* —5H **41**
Arthington Rd. *Leeds* —1A **12**
Arthington St. *Leeds* —5H **41**
Arthington Ter. *Leeds* —5H **41**
Arthington Vw. *Leeds* —5H **41**
Arthursdale. —4F 25
Arthursdale Clo. *Scholes* —4F **25**
Arthursdale Dri. *Scholes* —4F **25**
Arthursdale Grange. *Scholes* —4F **25**
Arthur St. *Far* —2F **27**
Arthur St. *S'ley* —3G **27**
 Arthur Ter. Fars —3F **27**
 (off Arthur St.)
Artist St. *A'ley* —6D **30**
Ascot Ter. *Leeds* —6B **32**
Ash Av. *Leeds* —6B **20**
Ashbrooke Pk. *Leeds* —5G **41**
Ashbury Chase. *Out* —6C **58**
Ashby Av. *Leeds* —3D **28**
Ashby Cres. *Leeds* —4D **28**
Ashby Mt. *Leeds* —3D **28**
Ashby Sq. *Leeds* —3D **28**
Ashby Ter. *Leeds* —3D **28**
Ashby Vw. *Leeds* —3D **28**
Ash Cres. *Leeds* —6B **20**
Ash Cres. *Stan* —6H **59**
Ashdene. *Leeds* —4D **38**
Ashdene Clo. *Pud* —2G **37**
Ashdene Cres. *Pud* —2G **37**
Ashdown St. *Leeds* —4C **28**
Ashfield. *B'frd* —6A **36**
Ashfield. *Leeds* —3G **39**
Ashfield Av. *Morl* —1E **31**
Ashfield Clo. *Leeds* —3F **39**
 (LS12)
Ashfield Clo. *Leeds* —1D **34**
 (LS15)
Ashfield Cres. *S'ley* —4F **27**
Ashfield Gro. *S'ley* —4F **27**
Ashfield Pk. *Leeds* —6C **20**
Ashfield Rd. *Morl* —1E **31**
Ashfield Rd. *S'ley* —4F **27**
Ashfield Ter. *Leeds* —1D **34**
Ashfield Ter. *Thpe* —1B **58**
Ashfield Way. *Leeds* —3F **39**
Ashford Dri. *Pud* —1H **37**
Ash Gdns. *Leeds* —6B **20**
Ash Gro. *B'shaw* —3D **46**
Ashgrove. *Gre* —4A **16**
Ash Gro. *H'fth* —1C **18**
Ash Gro. *Leeds* —2D **30**
Ash Gro. *Pud* —1G **37**
Ashgrove M. *Rod* —1H **27**
Ash Hill Dri. *Leeds* —5H **15**
Ash Hill Gdns. *Leeds* —5H **15**
Ash Hill Gth. *Leeds* —4H **15**
Ash Hill La. *Leeds* —5H **15**
Ash Ho. *Leeds* —1G **43**
Ashington Clo. *B'frd* —2A **26**
 Ashlea Ct. Leeds —2C **28**
 (off Ashlea Ga.)
Ashlea Ga. *Leeds* —2C **28**

Ashlea Grn.—Bk. Cowper Gro.

Ashlea Grn. *Leeds* —2C **28**
Ashleigh Gdns. *W'tord* —3C **54**
Ashleigh Rd. *Leeds* —3G **19**
Ashley Av. *Leeds* —3C **32**
Ashley Rd. *Leeds* —3B **32**
Ashley Rd. *Lwr W* —1H **39**
Ashley Ter. *Leeds* —3C **32**
Ash M. *B'frd* —4A **16**
Ash Rd. *Leeds* —1A **30**
Ashroyd. *Rothw* —5H **53**
Ash Ter. *Leeds* —6B **20**
Ashtofts Mt. *Guis* —4G **7**
Ashton Av. *Leeds* —3B **32**
Ashton Ct. *Leeds* —2C **32**
  (nr. Ashton Rd.)
Ashton Ct. Leeds —1B **32**
  (off Karnac Rd.)
Ashton Cres. *Carl* —6F **53**
Ashton Gro. *Leeds* —3B **32**
Ashton Mt. *Leeds* —3B **32**
Ashton Pl. *Leeds* —3B **32**
Ashton Rd. *Leeds* —2C **32**
Ashton Rd. Ind. Est. *Leeds*
  —2C **32**
Ashton St. *Leeds* —2B **32**
Ashton Ter. *Leeds* —3B **32**
Ashton Ter. Rothw —5D **52**
  (off Wakefield Rd.)
Ashton Vw. *Leeds* —3B **32**
Ash Tree App. *Leeds* —1D **34**
Ash Tree Bank. *Leeds* —6D **24**
Ash Tree Clo. *Leeds* —6D **24**
Ash Tree Ct. *Leeds* —6D **24**
Ash Tree Gdns. *Leeds* —6D **24**
Ash Tree Grange. Leeds —6D **24**
  (off Ash Tree Bank)
Ash Tree Gro. *Leeds* —6D **24**
Ash Tree Vw. Leeds —6D **24**
  (off Ash Tree Gdns.)
Ash Tree Wlk. *Chap* —5A **22**
Ash Tree Wlk. Leeds —6D **24**
  (off Ash Tree Clo.)
Ash Vw. *E Ard* —4G **57**
Ash Vw. *Leeds* —6B **20**
Ash Vs. *Leeds* —1D **34**
Ashville Av. *Leeds* —2B **30**
Ashville Gro. *Leeds* —2B **30**
Ashville Rd. *Leeds* —2B **30**
Ashville Ter. Fars —3F **27**
  (off New St.)
Ashville Ter. *Leeds* —2B **30**
Ashville Vw. *Leeds* —3C **30**
Ashwood. *Leeds* —2B **24**
Ashwood Dri. Gild —2B **48**
Ashwood Gdns. *Gild* —2B **48**
Ashwood Gro. *Gild* —2C **48**
Ashwood Pde. Gild —2B **48**
  (off Ashwood Gdns.)
Ashwood St. *B'frd* —6A **36**
Ashwood Ter. *Leeds* —1D **30**
Ashwood Vs. *Leeds* —1D **30**
Asket Av. *Leeds* —6G **23**
Asket Clo. *Leeds* —5G **23**
Asket Cres. *Leeds* —6G **23**
Asket Dri. *Leeds* —5G **23**
Asket Gdns. *Leeds* —5F **23**
Asket Gth. *Leeds* —6G **23**
Asket Grn. *Leeds* —5G **23**
Asket Hill. *Leeds* —4F **23**
Asket Pl. *Leeds* —6G **23**
Asket Wlk. *Leeds* —6G **23**
Askey Cres. *Morl* —1A **56**
Aspect Gdns. *Pud* —5E **27**
Aspect Ter. *Pud* —5E **27**
Aspen Ct. *Ting* —2A **56**
Aspen Mt. *Leeds* —1E **19**
Asquith Av. *Gild* —1B **48**
Asquith Clo. *Morl* —4F **49**
Asquith Dri. *Morl* —4F **49**
Assembly St. *Leeds* —6G **31** (6F **5**)
Astley Av. *Swil* —6G **45**
Astley La. *Swil* —6H **45**
Astley La. Ind. Est. *Swil* —1H **55**
Astley Way. *Swil* —1H **55**
Aston Av. *Leeds* —3D **28**
Aston Cres. *Leeds* —3E **29**
Aston Dri. *Leeds* —3E **29**
Aston Gro. *Leeds* —3E **29**
Aston Mt. *Leeds* —3E **29**
Aston Pl. *Leeds* —3E **29**
Aston Rd. *Leeds* —3D **28**
Aston St. *Leeds* —3D **28**

Aston Ter. *Leeds* —3E **29**
Aston Vw. *Leeds* —3D **28**
Astor Gro. *Leeds* —3A **28**
Astor St. *Leeds* —3A **28**
Astra Bus. Pk. *Leeds* —5G **41**
Astura Ct. *Leeds* —6F **21**
Atha Clo. *Leeds* —6E **41**
Atha Cres. *Leeds* —6E **41**
Atha St. *Leeds* —6E **41**
Athlone Gro. *Leeds* —6A **30**
Athlone St. *Leeds* —6A **30**
Athlone Ter. *Leeds* —6A **30**
Atkinson Hill. —3B 42
Atkinson St. *H'let* —2A **42**
Atlanta St. *Leeds* —3A **28**
Attlee Gro. *Wake* —6E **59**
Austhorpe. —5E 35
Austhorpe Av. *Leeds* —6E **35**
Austhorpe Ct. Leeds —6E **35**
  (off Austhorpe Dri.)
Austhorpe Dri. *Leeds* —6E **35**
Austhorpe Gdns. *Leeds* —5F **35**
Austhorpe Gro. *Leeds* —6E **35**
Austhorpe La. *Leeds* —4D **34**
Austhorpe Rd. *Leeds* —3C **34**
Austhorpe Vw. *Leeds* —5D **34**
Authorpe Rd. *Leeds* —5D **20**
Autumn Av. *Leeds* —3C **30**
Autumn Cres. *H'fth* —4D **18**
Autumn Gro. *Leeds* —3C **30**
Autumn Pl. *Leeds* —3C **30**
Autumn St. *Leeds* —3C **30**
Autumn Ter. *Leeds* —3C **30**
Auty Cres. *Stan* —6H **59**
Auty M. *Stan* —6H **59**
Auty Sq. *Morl* —6H **49**
Avenue Cres. *Leeds* —1B **32**
Avenue Gdns. *Leeds* —4E **13**
Avenue Hill. *Leeds* —1A **32**
Avenue Lawns. *Leeds* —4D **12**
Avenue St. *B'frd* —6A **36**
Avenue Ter. *Yead* —2F **9**
Avenue, The. *Alw* —4D **12**
Avenue, The. *H'fth* —2H **17**
Avenue, The. *Idle* —6A **8**
  (in three parts)
Avenue, The. *Leeds* —6A **32** (6H **5**)
  (nr. Mill St.)
Avenue, The. *Leeds* —5D **44**
  (nr. Pontefract La.)
Avenue, The. *Leeds* —2D **34**
  (nr. Sandbed La.)
Avenue, The. *Round* —3C **22**
Avenue, The. *Scholes* —3F **25**
Avenue, The. *Ting* —3E **57**
Avenue, The. *Wake* —6D **58**
Av. Victoria. *Leeds* —3C **22**
Aviary Gro. *Leeds* —5A **30**
Aviary Mt. *Leeds* —5A **30**
Aviary Pl. *Leeds* —5A **30**
Aviary Rd. *Leeds* —5A **30**
Aviary Row. *Leeds* —5A **30**
Aviary St. *Leeds* —5A **30**
Aviary Ter. *Leeds* —5A **30**
Aviary Vw. *Leeds* —5A **30**
Avocet Gth. *Leeds* —4H **51**
Avon Clo. *Leeds* —5H **15**
Avon Ct. *Leeds* —4G **15**
Avondale Ct. *Leeds* —6H **13**
Avondale Dri. *Stan* —6G **59**
Avondale St. *Leeds* —4C **28**
Aylesford Mt. *Leeds* —2F **35**
Ayresome Av. *Leeds* —1C **22**
Ayresome Ter. *Leeds* —1B **22**
Aysgarth Clo. *Leeds* —6B **32**
Aysgarth Dri. *Leeds* —6B **32**
Aysgarth Fold. *Midd* —5G **51**
Aysgarth Pl. *Leeds* —6B **32**
Aysgarth Wlk. *Leeds* —6B **32**
Ayton Ho. *B'frd* —6B **36**

Bachelor La. *H'fth* —2C **18**
Bk. Airlie Av. Leeds —1B **32**
  (off Airlie Av.)
Bk. Airlie Pl. Leeds —1B **32**
  (off Airlie Pl.)
Bk. Albert Gro. Leeds —5B **20**
Bk. Albert Ter. Leeds —3C **30**
  (off Burley Lodge Rd.)
Bk. Alcester Pl. Leeds —1B **32**
  (off Alcester Pl.)

Bk. Alcester Rd. Leeds —1B **32**
  (off Alcester Rd.)
Bk. Alcester Ter. Leeds —1B **32**
  (off Alcester Ter.)
Bk. Allerton Ter. Leeds —4H **21**
Bk. Alma St. Yead —2E **9**
  (off Alma St.)
Bk. Archery Pl. Leeds —1C **4**
Bk. Archery Rd. Leeds —1D **4**
Bk. Archery St. Leeds —1D **4**
Bk. Archery Ter. Leeds —1C **4**
Bk. Ash Gro. Leeds —2D **30**
  (in two parts)
Bk. Ashley Av. Leeds —3C **32**
  (off Ashley Av.)
Bk. Ashley St. Leeds —3C **32**
  (off Ashley Rd.)
Bk. Ashville Av. Leeds —2C **30**
  (off Ashville Av.)
Bk. Ashville Gro. Leeds —2B **30**
  (off Ashville Gro.)
Bk. Ashville Rd. Leeds —2B **30**
  (off Ashville Rd.)
Bk. Ashville Ter. Leeds —2B **30**
  (off Ashville Ter.)
Bk. Ashwood Ter. Leeds —1D **30**
Bk. Aston Pl. Leeds —3E **29**
  (off Aston Rd.)
Bk. Aston Rd. Leeds —3D **28**
Bk. Aston St. Leeds —3D **28**
Bk. Aston Ter. Leeds —3E **29**
  (off Aston Ter.)
Bk. Aston Vw. Leeds —3D **28**
Bk. Athlone Av. Leeds —6A **30**
Bk. Athlone Gro. Leeds —6A **30**
  (off Athlone Gro.)
Bk. Athlone Ter. Leeds —6A **30**
  (off Athlone St.)
Bk. Atlanta St. Leeds —3A **28**
Bk. Austhorpe Rd. Leeds —3C **34**
  (off Austhorpe Rd., in two parts)
Bk. Autumn Rd. Leeds —3C **30**
  (off Autumn Ter.)
Bk. Autumn Ter. Leeds —3C **30**
  (off Autumn Ter.)
Bk. Aviary Rd. Leeds —5A **30**
  (off Aviary Rd.)
Bk. Baldovan Ter. Leeds —1B **32**
  (off Baldovan Ter.)
Bk. Bank Ter. Far —3G **27**
Bk. Banstead Ter. Leeds —2B **32**
  (off Banstead Ter. E.)
Bk. Barden Pl. Leeds —6G **29**
  (off Whingate Rd.)
Bk. Barkly Gro. Leeds —5E **41**
  (off Barkly Gro.)
Bk. Barkly Pde. Leeds —6E **41**
  (off Barkly Pde.)
Bk. Barkly Ter. Leeds —5E **41**
  (off Barkly Ter.)
Bk. Barrowby Vw. Leeds —6E **35**
Bk. Bath Rd. Leeds —3C **28**
  (off Cross Bath Rd.)
Bk. Beamsley Gro. Leeds —3C **30**
  (off Beamsley Gro.)
Bk. Beamsley Mt. Leeds —3C **30**
  (off Beamsley Mt.)
Bk. Beamsley Ter. Leeds —3C **30**
  (off Beamsley Ter.)
Bk. Beechwood Gro. Leeds —2B **30**
Bk. Beechwood Rd. Leeds —2B **30**
  (off Beechwood Rd.)
Bk. Bellbrooke Gro. Leeds —3D **32**
  (off Bellbrooke Gro.)
Bk. Bellbrooke Pl. Leeds —3D **32**
  (off Bellbrooke Pl.)
Bk. Bellbrooke Ter. Leeds —3D **32**
  (off Bellbrooke St.)
Bk. Belvedere Av. Leeds —5F **41**
  (off Belvedere Av.)
Bk. Bentley Av. Leeds —5D **20**
  (off Bentley Gro.)
Bk. Bentley Gro. Leeds —5D **20**
  (off Bentley Gro.)
Bk. Berkeley Av. Leeds —2C **32**
  (off Berkeley Av.)
Bk. Berkeley Ter. Leeds —2C **32**
  (off Berkeley Ter.)
Bk. Beverley Ter. Leeds —4F **41**
Bk. Blenheim Av. Leeds —3F **31** (1D **4**)
Bk. Blenheim Ter. Leeds
  —3F **31** (1C **4**)

Bk. Boundary Ter. Leeds —4C **30**
  (off Burley Rd.)
Bk. Branch Pl. Leeds —3G **39**
  (off Branch Pl.)
Bk. Breary Av. H'fth —2D **18**
Bk. Breary Ter. H'fth —2D **18**
  (off Breary Av.)
Bk. Broad La. Leeds —1D **28**
Bk. Broomfield Cres. Leeds —1B **30**
Bk. Broomfield Pl. Leeds —2B **30**
  (off Broomfield Pl.)
Bk. Broomfield Rd. Leeds —2B **30**
  (off Newport Rd.)
Bk. Broughton Av. Leeds —3C **32**
  (off Broughton Av.)
Bk. Broughton Ter. Leeds —3C **32**
  (off Broughton Ter.)
Bk. Brudenell Gro. Leeds —3D **30**
  (off Brudenell Gro.)
Bk. Brudenell Mt. Leeds —2C **30**
  (off Brudenell Mt.)
Bk. Brudenell Rd. Leeds —2C **30**
  (off Brudenell Rd.)
Bk. Brunswick St. Leeds
  —4G **31** (3F **5**)
Bk. Burchett Gro. Leeds —1E **31**
  (off Burchett Gro.)
Bk. Burchett Pl. Leeds —1E **31**
  (off Burchett Pl.)
Bk. Burley Hill. Leeds —3A **30**
Bk. Burley Lodge Rd. Leeds —3C **30**
  (off Burley Lodge Rd.)
Bk. Burley Lodge Ter. Leeds —4C **30**
  (off Burley Lodge Ter.)
Bk. Burley St. Leeds —4A **4**
Bk. Burlington Pl. Leeds —5F **41**
  (off Burlington Pl.)
Bk. Burlington Rd. Leeds —5F **41**
  (off Burlington Rd.)
Bk. Burton Cres. Leeds —5B **20**
Bk. Burton Ter. Leeds —4G **41**
Bk. Camberley St. Leeds —4F **41**
  (off Camberley St.)
Bk. Carberry Pl. Leeds —3C **30**
  (off Carberry Pl.)
Bk. Carberry Rd. Leeds —3C **30**
  (off Carberry Pl.)
Bk. Carberry Ter. Leeds —3C **30**
  (off Carberry Pl.)
Bk. Carter Mt. Leeds —5C **34**
  (off Carter Mt.)
Bk. Chapel La. Leeds —1B **30**
  (off Broomfield Pl.)
Bk. Charlton Rd. Leeds —6C **32**
Bk. Chatsworth Rd. Leeds —2C **32**
  (off Chatsworth Rd.)
Bk. Chestnut Av. Leeds —3D **34**
  (off Chestnut Av.)
Bk. Chiswick Ter. Leeds —3C **30**
  (off Burley Lodge Rd.)
Bk. Christ Chu. Vw. Leeds —5H **29**
  (off Stanningley Rd.)
Bk. Church La. Kirks —1G **29**
  (off Hesketh Rd.)
Bk. Church La. Leeds —4B **12**
Bk. Claremont Av. Leeds —3A **4**
Bk. Claremont Gro. Leeds —3A **4**
Bk. Claremont St. Rothw —3C **54**
Bk. Claremont Ter. Leeds —3A **4**
Bk. Clarence Rd. H'fth —4B **18**
Bk. Clarkson Vw. Leeds —1E **31**
  (off Clarkson Vw.)
Bk. Clayton St. Rothw —4H **53**
Bk. Cliff Mt. Leeds —1E **31**
  (off Cliff Mt.)
Bk. Clifton Ter. Leeds —3D **32**
  (off Clifton Ter.)
Bk. Clipston Av. Leeds —5D **20**
  (off Clipston Av.)
Bk. Clovelly Pl. Leeds —4F **41**
  (off Clovelly Pl.)
Bk. Colenso Mt. Leeds —3D **40**
  (off Colenso Mt.)
Bk. Colenso Rd. Leeds —3D **40**
  (off Colenso Rd.)
Bk. Colton Rd. Leeds —6A **30**
Bk. Colwyn Vw. Leeds —5F **41**
  (off Colwyn Vw.)
Bk. Conway St. Leeds —2B **32**
  (off Conway St.)
Bk. Cowper Gro. Leeds —2C **32**
  (off Cowper Gro.)

Bk. Cowper St.—Bk. Park Vw.

Bk. Cowper St. Leeds —2A **32**
(off Cross Cowper St.)
Bk. Craggwood Rd. H'fth —4C **18**
Bk. Cranbrook Av. Leeds —4E **41**
(off Cranbrook Av.)
Bk. Cranbrook Ter. Leeds —4E **41**
(off Cranbrook Av.)
Bk. Cromer Ter. Leeds —3E **31** (1B **4**)
Bk. Cross Flatts Av. Leeds —5E **41**
(off Cross Flatts Av.)
Bk. Cross Flatts Cres. Leeds —5D **40**
(off Cross Flatts Cres.)
Bk. Cross Flatts Gro. Leeds —5E **41**
(off Cross Flatts Gro.)
Bk. Cross Flatts Mt. Leeds —5E **41**
(off Cross Flatts Mt.)
Bk. Cross Flatts Pl. Leeds —5D **40**
(off Cross Flatts Pl.)
Bk. Cross Flatts Row. Leeds —5D **40**
(off Cross Flatts Row)
Bk. Cross Grn. Cres. Leeds —1B **42**
(off Cross Grn. Cres.)
Bk. Cross Grn. La. Leeds —1B **42**
(off Cross Grn. La.)
Bk. Dalton Gro. Leeds —5E **41**
(off Dalton Gro.)
Bk. Dalton Rd. Leeds —5E **41**
Bk. Dargai St. Leeds —2G **31**
Bk. Dawlish Av. Leeds —5D **32**
(off Dawlish Av.)
Bk. Dawlish Mt. Leeds —5D **32**
(off Dawlish Mt.)
Bk. Dawlish Rd. Leeds —5D **32**
(off Dawlish Rd.)
Bk. De Lacy Mt. Leeds —6G **19**
(off Abbey Rd.)
Bk. Delph Mt. Leeds —1E **31**
(off Delph Mt.)
Bk. Dent St. Leeds —6B **32**
(off Dent St.)
Bk. Devonshire La. Leeds —1C **22**
Bk. Dorset Mt. Leeds —1C **32**
(off Dorset Mt.)
Bk. Dorset Rd. Leeds —1C **32**
(off Dorset Rd.)
Bk. Dorset Ter. Leeds —2C **32**
(off Dorset Ter.)
Bk. East Pk. Rd. Leeds —6C **32**
(off E. Park Rd.)
Bk. Ecclesburn Gro. Leeds —6D **32**
(off Ecclesburn Gro.)
Bk. Ecclesburn La. Leeds —6C **32**
(off Ecclesburn St.)
Bk. Edinburgh Rd. Leeds —5G **29**
(off Town St.)
Bk. Elford Pl. Leeds —2B **32**
(off Elford Gro., in two parts)
Bk. Ellers Gro. Leeds —1B **32**
(off Ellers Gro.)
Bk. Ellers Rd. Leeds —1B **32**
(off Ellers Rd.)
Bk. Elsworth St. Leeds —6B **30**
Bk. Eric St. Leeds —6C **18**
Bk. Eshald Pl. Rothw —3D **54**
Bk. Esmond Ter. Leeds —6A **30**
Bk. Estcourt Av. Leeds —6A **20**
(off Ash Rd.)
Bk. Fairford Pl. Leeds —4G **41**
Bk. Garton Rd. Leeds —6C **32**
(off Garton Rd.)
Bk. Garton Ter. Leeds —6C **32**
(off Garton Ter.)
Bk. Gathorne St. Leeds —2A **32**
(off Gathorne St.)
Bk. Gillett La. Rothw —4H **53**
Bk. Glebe Ter. Leeds —5B **20**
(off Glebe Ter.)
Bk. Glenthorpe Ter. Leeds —5C **32**
(off Glenthorpe Ter.)
Bk. Glossop St. Leeds —1F **31**
(off Glossop St.)
Bk. Gordon Ter. Leeds —5D **20**
(off Gordon Ter.)
Bk. Graham Gro. Leeds —2B **30**
Bk. Granby Gro. Leeds —1B **30**
(off Granby Gro.)
Bk. Grange Av. Leeds —1H **31**
Bk. Grange Cres. Leeds —1A **32**
(off Grange Cres.)
Bk. Grange Ter. Leeds —1H **31**
(off Grange Ter.)

Bk. Grange Vw. Leeds —1A **32**
(off Grange Vw.)
Back Grn. Chur —2A **50**
Bk. Greenhow Wlk. Leeds —3B **30**
(off Greenhow Rd.)
Bk. Greenmount Ter. Leeds —4F **41**
Bk. Grosvenor Ter. Leeds —1D **30**
(off Grosvenor Ter.)
Bk. Grove Gdns. Leeds —5C **20**
(off Grove Gdns.)
Bk. Grovehall Av. Leeds —6E **41**
Bk. Grovehall Dri. Leeds —6E **41**
Bk. Haigh Av. Rothw —2F **53**
Bk. Haigh St. Rothw —2E **53**
Bk. Haigh Vw. Rothw —2E **53**
Bk. Halliday Gro. Leeds —5G **29**
Bk. Halliday Pl. Leeds —5G **29**
Bk. Hamilton Av. Leeds —1A **32**
(off Hamilton Av.)
Bk. Hamilton Vw. Leeds —1A **32**
(off Hamilton Vw.)
Bk. Harehills Av. Leeds —1A **32**
(off Harehills Av.)
Bk. Harehills Pk. Vw. Leeds —3D **32**
(off Harehills Pk. Vw.)
Bk. Harehills Pl. Leeds —2B **32**
(off Harehills Pl.)
Bk. Hares Av. Leeds —1B **32**
(off Hares Av.)
Bk. Hares Mt. Leeds —1A **32**
(off Hares Mt.)
Bk. Hares Ter. Leeds —1B **32**
(off Hares Ter.)
Bk. Hares Vw. Leeds —1B **32**
(off Hares Vw.)
Bk. Harold Gro. Leeds —3C **30**
(off Harold Gro.)
Bk. Hartley Av. Leeds —1F **31**
(off Hartley Av.)
Bk. Hartley Gro. Leeds —1E **31**
(off Hartley Gro.)
Bk. Hartley St. Morl —6A **50**
Bk. Hawksworth Gro. Leeds
—5D **18**
Bk. Headingley Av. Leeds —6A **20**
(off Ash Rd.)
Bk. Headingley Mt. Leeds —6A **20**
(off Ash Rd.)
Bk. Heathfield Ter. Leeds —5B **20**
(off Heathfield Ter.)
Bk. Heddon St. Leeds —5C **20**
(off Heddon St.)
Bk. Hessle Av. Leeds —2C **30**
(off Hessle Av.)
Bk. Hessle Mt. Leeds —2C **30**
(off Hessle Mt.)
Bk. Hessle Ter. Leeds —2C **30**
(off Hessle Ter.)
Bk. Hessle Vw. Leeds —2C **30**
(off Hessle Vw.)
Bk. Highbury Ter. Leeds —5C **20**
(off Highbury Ter.)
Bk. Highfield Rd. Leeds —3D **32**
Bk. Highthorne Gro. Leeds —5G **29**
Bk. Hillcrest Av. Leeds —1A **32**
(off Hillcrest Av.)
Bk. Hillcrest Vw. Leeds —1A **32**
(off Hillcrest Vw.)
Bk. Hilltop Av. Leeds —1B **32**
(off Hilltop Av.)
Bk. Hill Top Mt. Leeds —1B **32**
(off Hill Top Mt.)
Bk. Hilton Pl. Leeds —1B **32**
(off Hilton Pl.)
Bk. Hilton Rd. Leeds —1B **32**
(off Hilton Rd.)
Bk. Hollyshaw Ter. Leeds —5C **34**
Bk. Holywell La. Leeds —4F **15**
Bk. Hovingham Gro. Leeds —1C **32**
(off Hovingham Gro.)
Bk. Hovingham Mt. Leeds —1C **32**
(off Hovingham Mt.)
Bk. Hovingham Ter. Leeds —1C **32**
(off Hovingham Ter.)
Bk. Hyde Ter. Leeds —4E **31** (2A **4**)
Bk. Ibbetson Pl. Leeds —2D **4**
Bk. Ingledew Cres. Leeds —1D **22**
Bk. Ivy Av. Leeds —5C **32**
(off Ivy Av.)
Bk. Ivy Gro. Leeds —6D **32**
(off Ivy Gro.)

Bk. Ivy Mt. Leeds —5C **32**
(off Ivy Mt.)
Bk. Ivy St. Leeds —5C **32**
(off Ivy St.)
Bk. Karnac Rd. Leeds —1B **32**
(off Karnac Rd.)
Bk. Kelso Rd. Leeds
—3D **30** (1A **4**)
Bk. Kendal La. Leeds —3A **4**
Bk. Kennerleigh Wlk. Leeds —4C **34**
(off Kennerleigh Wlk.)
Bk. Kensington Ter. Leeds —2D **30**
(off Kensington Ter.)
Bk. Kings Av. Leeds —3C **30**
(off Kings Av.)
Bk. Kitson St. Leeds —6B **32**
(off Kitson St.)
Bk. Knowle Mt. Leeds —2B **30**
(off Stanmore Hill)
Bk. Lake St. Leeds —5H **41**
Bk. Lambton Gro. Leeds —1B **32**
(off Lambton Gro.)
Bk. Landseer Av. Leeds —2E **29**
(off Raynville Rd.)
Bk. Landseer Gro. Leeds —2E **29**
(off Raynville Rd.)
Bk. Landseer Ter. Leeds —2E **29**
(off Raynville Rd.)
Back La. Bees —6D **40**
Back La. Bmly —4D **28**
Back La. Dlgtn —2H **47**
Back La. Fars —2F **27**
Back La. Guis —4E **7**
Back La. H'fth —3B **18**
Back La. Leeds —5C **38**
Back La. Loft —2E **59**
Back La. Yead —3C **8**
Bk. Langdale Gdns. Leeds —1A **30**
(off Kirkstall La.)
Bk. Langdale Ter. Leeds —1A **30**
(off Kirkstall La.)
Bk. Laurel Mt. Leeds —6H **21**
Bk. Linden Gro. Leeds —4G **41**
(off Linden Gro.)
Bk. Lodge La. Leeds —5F **41**
(off Lodge La.)
Bk. Lombard St. Yead —5C **8**
Bk. Longroyd Ter. Leeds —4G **41**
(off Longroyd Ter.)
Bk. Low La. H'fth —2D **18**
(off Springfield Mt.)
Bk. Lucas St. Leeds —1E **31**
(off Lucas St.)
Bk. Lunan Pl. Leeds —1B **32**
(off Lunan Pl.)
Bk. Lunan Ter. Leeds —1B **32**
(off Lunan Ter.)
Bk. Mafeking Av. Leeds —6E **41**
(off Mafeking Av.)
Bk. Mafeking Mt. Leeds —6E **41**
(off Mafeking Mt.)
Bk. Manor Dri. Leeds —1C **30**
(off Manor Av.)
Bk. Manor Gro. Leeds —5H **21**
Bk. Markham Av. Leeds —1B **32**
(off Markham Av.)
Bk. Marshall Av. Leeds —3D **34**
(off Marshall Av.)
Bk. Marshall St. Leeds —3C **34**
(off Marshall St.)
Bk. Marshall Ter. Leeds —3C **34**
(off Marshall Ter.)
Bk. Mary St. Wake —3A **58**
Bk. Masham St. Leeds —6B **30**
(off Bk. Middle Cross St.)
Bk. Mayville Av. Leeds —2C **30**
(off Mayville Av.)
Bk. Mayville Pl. Leeds —2C **30**
(off Mayville Pl.)
Bk. Mayville St. Leeds —2C **30**
(off Mayville St.)
Bk. Mayville Ter. Leeds —2C **30**
(off Mayville Ter.)
Bk. Meadow Vw. Leeds —2C **30**
(off Meadow Vw.)
Bk. Methley Dri. Leeds —5H **21**
(off Methley Dri.)
Bk. Mexborough Av. Leeds —1H **31**
(off Mexborough Av.)
Bk. Mexborough Dri. Leeds —2H **31**
(off Mexborough Dri.)
Bk. Mexborough Gro. Leeds —1H **31**
(off Mexborough Gro.)

Bk. Mexborough St. Leeds —1H **31**
(off Mexborough St.)
Bk. Meynell Av. Rothw —4G **53**
Bk. Middle Cross St. Leeds —6B **30**
Bk. Middleton Vw. Leeds —4E **41**
Bk. Midland Rd. Leeds —2D **30**
(off Midland Rd.)
Bk. Milan Av. Leeds —2B **32**
(off Karnac Rd.)
Bk. Milan Rd. Leeds —2B **32**
(off Milan Rd.)
Bk. Milan St. Leeds —2C **32**
(off Milan St.)
Bk. Mitford Rd. Leeds —6B **30**
Bk. Model Rd. Leeds —6B **30**
Bk. Model Ter. Leeds —6B **30**
Bk. Model Vw. Leeds —6B **30**
Bk. Monk Bri. Dri. Leeds —5D **20**
(off Monk Bri. Dri.)
Bk. Monk Bri. St. Leeds —5D **20**
(off Monk Bri. St.)
Bk. Montpelier Ter. Leeds —1E **31**
(off Montpelier Ter.)
Bk. Moorfield Ter. Leeds —5G **29**
Bk. Morritt Dri. Leeds —5H **33**
Bk. Mt. Pleasant. Leeds —4G **51**
Bk. Mount. Leeds —1D **30**
(off Grosvenor Rd.)
Bk. Nansen St. Leeds —3A **28**
Bk. Newport Gdns. Leeds —2B **30**
(off Newport Rd.)
Bk. Newport Mt. Leeds —2B **30**
(off Newport Rd.)
Bk. Newport Pl. Leeds —2B **30**
(off Newport Rd.)
Bk. Newton Gro. Leeds —1A **32**
Bk. New York St. Leeds —6G **31** (6F **5**)
Bk. Nice Vw. Leeds —1B **32**
(off Nice Vw.)
Bk. Norman Pl. Leeds —1C **22**
(off Norman Pl.)
Bk. Norman Ter. Leeds —1C **22**
(off Norman Ter.)
Bk. Northbrook St. Leeds —4H **21**
(off Northbrook St.)
Bk. North Pk. Av. Leeds —3B **22**
Bk. Norwood Gro. Leeds —2C **30**
(off Norwood Gro.)
Bk. Norwood Pl. Leeds —2C **30**
(off Norwood Pl.)
Bk. Norwood Rd. Leeds —2C **30**
(off Norwood Rd.)
Bk. Norwood Ter. Leeds —2C **30**
(off Norwood Ter.)
Bk. Nowell Cres. Leeds —4D **32**
(off Nowell Cres.)
Bk. Nowell Mt. Leeds —4D **32**
(off Nowell Mt.)
Bk. Nowell Pl. Leeds —4D **32**
(off Nowell Pl.)
Bk. Nowell Ter. Leeds —4D **32**
(off Nowell Ter.)
Bk. Nunington St. Leeds —5B **30**
(off Armley Pk. Rd.)
Bk. Nunington Vw. Leeds —4A **30**
(off Armley Pk. Rd.)
Bk. Nunroyd Rd. Leeds —2H **21**
(off Nunroyd Rd.)
Bk. Oakfield Ter. Leeds —5C **20**
(off Brookfield Rd.)
Bk. Oakley St. Wake —2A **58**
(off Oakley Ter.)
Bk. Oakley Ter. Leeds —5G **41**
(off Oakley Ter.)
Bk. Oak Rd. Leeds —6H **21**
(off Chapel Rd.)
Bk. Oakwood Av. Leeds —5D **22**
(off Oakwood Av.)
Bk. Oakwood Dri. Leeds —5D **22**
(off Oakwood Dri.)
Bk. Osmondthorpe La. Leeds —5E **33**
(off Osmondthorpe La.)
Bk. Outwood La. H'fth —4C **18**
Bk. Overdale Ter. Leeds —5A **34**
(off Overdale Ter.)
Bk. Oxford Pl. Leeds —4C **4**
Bk. Oxford St. Wake —3A **58**
Bk. Park Cres. Leeds —1D **22**
Bk. Parkfield Pl. Leeds —4E **41**
(off Parkfield Pl.)
Bk. Parkfield Rd. Leeds —4E **41**
(off Parkfield Rd.)
Bk. Park Vw. Leeds —4E **41**
(off Park Vw.)

A-Z Leeds 63

Bk. Park Vw. Av.—Barras Pl.

Bk. Park Vw. Av. *Leeds* —2B **30**
Bk. Parkville Rd. *Leeds* —2C **28**
Bk. Parnaby Av. *Leeds* —6B **42**
(off Parnaby Av.)
Bk. Parnaby St. *Leeds* —6B **42**
Bk. Parnaby Ter. *Leeds* —6B **42**
(off Parnaby Ter.)
Bk. Pasture Gro. *Leeds* —4H **21**
(off Pasture Gro.)
Bk. Pasture Rd. *Leeds* —1B **32**
(off Pasture Rd.)
Bk. Pawson St. *Wake* —3A **58**
Bk. Pollard La. *Leeds* —6C **18**
Bk. Poplar Av. *Leeds* —3D **34**
(off Poplar Av.)
Bk. Potternewton La. *Leeds*
—5G **21**
Bk. Potters St. *Leeds* —5H **21**
(off Potternewton La.)
Bk. Providence Av. *Leeds* —1E **31**
(off Delph La.)
Bk. Quarry Mt. Ter. *Leeds* —1E **31**
(off Quarry Mt. Ter.)
Bk. Ravenscar Av. *Leeds* —5C **22**
(off Ravenscar Av.)
Bk. Raynville Mt. *Leeds* —2E **29**
(off Raynville Rd.)
Bk. Regent Pk. Ter. *Leeds* —1D **30**
(off Regent Pk. Ter.)
Bk. Regent Ter. *Leeds* —3D **30**
Bk. Reginald Mt. *Leeds* —1H **31**
(off Reginald Mt.)
Bk. Reginald Pl. *Leeds* —1H **31**
(off Reginald Pl.)
Bk. Reginald St. *Leeds* —1H **31**
(off Reginald St.)
Bk. Richmond Av. *Leeds* —1C **30**
(off Manor Av.)
Bk. Ridge Mt. Ter. *Leeds* —1E **31**
(off Cliff Rd.)
Bk. Ridge Vw. *Leeds* —6E **21**
Bk. Roberts St. *Rothw* —3C **54**
Bk. Rochester Ter. *Leeds* —1B **30**
(off Broomfield Rd.)
Bk. Rokeby Gdns. *Leeds* —6A **20**
(off Ash Rd.)
Bk. Roman Gro. *Leeds* —1C **22**
Bk. Roman Pl. *Leeds* —1D **22**
Bk. Roman St. *Leeds* —1D **22**
Bk. Rose Av. *H'fth* —4B **18**
(off Rose St.)
Bk. Rosebank Cres. *Leeds* —3D **30**
(off Rosebank Cres.)
Bk. Rosemont Wlk. *Leeds* —3C **28**
Bk. Rossall Rd. *Leeds* —1C **32**
(off Rossall Rd.)
Bk. Rossington Rd. *Leeds* —1A **32**
(off Spencer Pl.)
Bk. Roundhay Cres. *Leeds* —6B **22**
(off Roundhay Cres.)
Bk. Roundhay Gro. *Leeds* —6B **22**
(off Roundhay Gro.)
Bk. Roundhay Pl. *Leeds* —6B **22**
(off Roundhay Pl.)
Bk. Roundhay Vw. *Leeds* —6B **22**
(off Roundhay Vw.)
Back Row. *Leeds* —1F **41**
Bk. Rowland Ter. *Leeds* —4G **41**
(off Rowland Ter.)
Bk. Ruthven Vw. *Leeds* —2C **32**
(off Ruthven Vw.)
Bk. St Alban Cres. *Leeds* —4E **33**
(off St Alban Cres.)
Bk. St Elmo Gro. *Leeds* —5C **32**
(off St Elmo Gro.)
Bk. St Ives Mt. *Leeds* —5G **29**
Bk. St Mary's Rd. *Leeds* —6H **21**
Bk. Salisbury Gro. *Leeds* —5A **30**
Bk. Salisbury Ter. *Leeds* —5A **30**
(off Armley Lodge Rd.)
Bk. Sandhurst Gro. *Leeds* —2C **32**
(off Sandhurst Gro.)
Bk. Sandhurst Pl. *Leeds* —2C **32**
(off Sandhurst Pl.)
Bk. Sandhurst Rd. *Leeds* —2C **32**
(off Sandhurst Rd.)
Bk. Savile Pl. *Leeds* —2H **31**
(off Savile Pl.)
Bk. Savile Rd. *Leeds* —2H **31**
(off Savile Rd.)
Bk. School St. *Morl* —5H **49**
(off School St.)

Bk. School Vw. *Leeds* —2C **30**
(off School Vw.)
Bk. Seaforth Av. *Leeds* —3D **32**
(off Seaforth Av.)
Bk. Seaforth Pl. *Leeds* —2C **32**
(off Seaforth Pl.)
Bk. Seaforth Ter. *Leeds* —2C **32**
(off Seaforth Ter.)
Bk. Sefton Av. *Leeds* —4E **41**
(off Sefton Av.)
Bk. Sefton Ter. *Leeds* —4E **41**
(off Sefton Ter.)
Bk. Shaftesbury Av. *Leeds* —2C **22**
Bk. Shepherds. *Leeds* —1A **32**
(off Shepherd's La.)
Bk. Shepherd's Pl. *Leeds* —1B **32**
(off Shepherd's Pl.)
Bk. Sholebroke Av. *Leeds* —6H **21**
Bk. Sholebroke Pl. *Leeds* —1H **31**
(off Sholebroke Pl.)
Bk. Sholebroke Vw. *Leeds* —1H **31**
(off Sholebroke Vw.)
Bk. Sidlaw Ter. *Leeds* —1B **32**
(off Markham Av.)
Bk. S. End Gro. *Leeds* —3E **29**
Bk. Spencer Mt. *Leeds* —1A **32**
(off Spencer Mt.)
Bk. Springfield Mt. *Leeds* —5G **29**
Bk. Spring Gro. Wlk. *Leeds* —3C **30**
(off Spring Gro. Wlk.)
Bk. Stanley St. *Leeds* —3B **32**
(off Stanley Av.)
Bk. Stanmore Pl. *Leeds* —2A **30**
(off St Michaels La.)
Bk. Stanmore St. *Leeds* —2A **30**
(off St Michaels La.)
Bk. Stonegate Rd. *Leeds* —4D **20**
Backstone Gill La. *Wike* —1F **15**
Bk. Storey Pl. *Leeds* —4G **33**
Bk. Stratford Av. *Leeds* —4E **41**
(off Stratford Av.)
Bk. Stratford St. *Leeds* —4F **41**
(off Stratford St.)
Bk. Stratford Ter. *Leeds* —4F **41**
(off Stratford Ter.)
Bk. Strathmore Dri. *Leeds* —2C **32**
(off Strathmore Dri.)
Bk. Sunnydene. *Leeds* —4H **33**
Bk. Sutton App. *Leeds* —4G **33**
Bk. Tamworth St. *B'frd* —1A **36**
Bk. Tempest Rd. *Leeds* —4E **41**
(off Tempest Rd.)
Bk. Temple Vw. *Leeds* —4E **41**
Bk. Thornhill St. *C'ley* —5D **16**
Bk. Thornville Row. *Leeds* —2C **30**
(off Thornville Row)
Bk. Tower Gro. *Leeds* —5G **29**
Bk. Trafford Av. *Leeds* —3D **32**
(off Trafford Av.)
Bk. Trentham Pl. *Leeds* —5F **41**
(off Trentham Pl.)
Bk. Vicars Rd. *Leeds* —1B **32**
(off Vicars Rd.)
Bk. Victoria Av. *Leeds* —5C **32**
(off Victoria Av.)
Bk. Victoria Gro. *Leeds* —5D **32**
(off Victoria Gro.)
Bk. Walmsley Rd. *Leeds* —2C **30**
(off Walmsley Rd.)
Bk. Welburn Av. *Leeds* —4H **19**
Bk. Welton Av. *Leeds* —2C **30**
(off Welton Rd.)
Bk. Welton Gro. *Leeds* —2C **30**
(off Welton Gro.)
Bk. Welton Mt. *Leeds* —2C **30**
(off Welton Mt.)
Bk. Welton Pl. *Leeds* —2C **30**
(off Welton Pl.)
Bk. Wesley Rd. *Leeds* —6A **30**
Bk. Westbourne Ter. *Leeds* —1A **4**
(off Cromer Ter.)
Bk. Westbury St. *Leeds* —6B **42**
Bk. Westfield Rd. *Leeds* —4D **30**
(off Westfield Rd.)
Bk. Westlock Av. *Leeds* —4C **32**
(off Westlock Av.)
Bk. Westmorland Mt. *Leeds* —1D **28**
Bk. Westover Rd. *Leeds* —2C **28**
Bk. Wetherby Gro. *Leeds* —3A **30**
(off Argie Av.)
Bk. Wetherby Rd. *Leeds* —5D **22**
(off Wetherby Rd.)

Bk. Wickham St. *Leeds* —4E **41**
(off Wickham St.)
Bk. William Av. *Leeds* —5G **33**
(off William Av.)
Bk. Wilton Gro. *Leeds* —5C **20**
(off Wilton Gro.)
Bk. Winston Gdns. *Leeds* —6A **20**
(off Ash Rd.)
Bk. Woodbine Ter. *Leeds* —5C **20**
Bk. Woodland Pk. Rd. *Leeds* —6C **20**
(off Woodland Pk. Rd.)
Bk. Woodstock St. *Leeds* —1C **4**
Bk. Wood St. *Wake* —3H **57**
Bk. York Pl. *Leeds* —6E **31** (6B **4**)
(in two parts)
Bk. York St. *Leeds* —6H **31** (6G **5**)
Bacon St. *Guis* —1B **8**
Baden Ter. *Leeds* —5C **28**
(off Pudsey Rd.)
Badgers Mt. *Leeds* —3F **35**
Bagby Fields. —2F 31
Baghill. —5B 56
Baghill Grn. *Ting* —5B **56**
Baghill Rd. *Ting* —5B **56**
Bagley. —1G 27
Bagley La. *Fars* —1F **27**
Bagley La. *Rod* —1G **27**
Baildon Chase. *Leeds* —4C **24**
Baildon Clo. *Leeds* —5C **24**
Baildon Dri. *Leeds* —5C **24**
Baildon Grn. *Leeds* —5C **24**
Baildon Path. *Leeds* —5C **24**
Baildon Pl. *Leeds* —5C **24**
Baildon Rd. *Leeds* —4C **24**
Baildon Wlk. *Leeds* —4C **24**
Bailes Rd. *Leeds* —6E **21**
Bailey Pl. *Leeds* —5B **20**
Bailey's Clo. *Leeds* —5A **24**
Bailey's Ct. *Leeds* —6A **24**
Bailey's Hill. *Leeds* —6A **24**
Bailey's La. *Leeds* —6A **24**
Bailey's Lawn. *Leeds* —6A **24**
Bailey Towers. *Leeds* —6A **24**
Bainbrigge Rd. *Leeds* —1B **30**
Baines St. *Rothw* —5G **53**
Baker Av. *Leeds* —5B **14**
Baker Cres. *Morl* —4H **21**
Baker Dri. *Leeds* —6B **30**
Baker La. *Stan* —6F **57**
Baker Pl. *Leeds* —6B **20**
Baker Rd. *Morl* —4H **21**
Baker Sq. *Leeds* —6B **12**
Baker St. *Morl* —4H **21**
Baker Yd. *W'ford* —3C **54**
Balbec Av. *Leeds* —6C **20**
Balbec St. *Leeds* —6C **20**
Baldovan Mt. *Leeds* —1B **32**
Baldovan Pl. *Leeds* —1B **32**
Baldovan Ter. *Leeds* —1B **32**
Balkcliffe La. *Leeds* —3E **51**
Balmoral Chase. *Leeds* —4B **42**
Balmoral Ter. *Leeds* —5C **20**
Balmoral Way. *Yead* —3F **9**
Balm Pl. *Leeds* —2E **41**
Balm Rd. *Leeds* —5A **42**
Balm Rd. Ind. Est. *Leeds* —4H **41**
Balm Wlk. *Leeds* —2D **40**
Bamburgh Clo. *Leeds* —2E **35**
Bamburgh Rd. *Leeds* —2E **35**
Bamford Rd. *B'frd* —6A **36**
(off Tong St.)
Bance Rd. *H'fth* —3B **18**
Bangor Gro. *Leeds* —3G **39**
Bangor Pl. *Leeds* —3G **39**
Bangor St. *Leeds* —3G **39**
Bangor Ter. *Leeds* —3G **39**
Bangor Vw. *Leeds* —3G **39**
Bank. —6A 32
Bank. *B'frd* —5A **16**
Bank Av. *H'fth* —3B **18**
Bank Av. *Morl* —4G **49**
Banker St. *Leeds* —4B **30**
Bankfield Gdns. *Leeds* —3A **30**
Bankfield Gro. *Leeds* —3A **30**
Bankfield Rd. *Leeds* —3A **30**
Bankfield Ter. *Leeds* —3A **30**
Bank Gdns. *H'fth* —3B **18**
Bank Holme Ct. *B'frd* —5B **36**
Bankhouse. —2F 37
Bankhouse. *Pud* —2F **37**
Bankhouse Bottom. —3F 37
Bank Ho. Clo. *Morl* —4G **49**

Bankhouse La. *Pud* —2F **37**
Banksfield Av. *Yead* —1D **8**
Banksfield Clo. *Yead* —1D **8**
Banksfield Cres. *Yead* —1D **8**
Banksfield Gro. *Yead* —1D **8**
Banksfield Mt. *Yead* —1D **8**
Banksfield Ri. *Yead* —1D **8**
Banksfield Ter. *Yead* —2D **8**
Bank Side St. *Leeds* —2B **32**
Bank Sq. *Morl* —4G **49**
Bank St. *Leeds* —5E **5**
(in two parts)
Bank St. *Morl* —4G **49**
Bank Ter. *Morl* —4H **49**
Bank Vw. Ter. *Leeds* —5F **21**
Bankwood Way. *Birs* —5B **48**
Banstead St. E. *Leeds* —2B **32**
Banstead St. W. *Leeds* —2B **32**
Banstead Ter. E. *Leeds* —2B **32**
Banstead Ter. W. *Leeds* —2B **32**
Bantam Clo. *Morl* —5B **50**
Bantam Grove. —5B 50
Bantam Gro. La. *Morl* —5B **50**
Barberry Av. *B'frd* —5A **26**
Barbor Pk. *Leeds* —1D **22**
Barclay St. *Leeds* —2G **5**
Barcroft Gro. *Yead* —3D **8**
Barden Clo. *Leeds* —6G **29**
Barden Grn. *Leeds* —6G **29**
Barden Gro. *Leeds* —6G **29**
Barden Mt. *Leeds* —6G **29**
Barden Pl. *Leeds* —6G **29**
Barden Ter. *Leeds* —6G **29**
Barfield Av. *Yead* —3C **8**
Barfield Cres. *Leeds* —4B **14**
Barfield Dri. *Yead* —3C **8**
Barfield Gro. *Leeds* —4C **14**
Barfield Mt. *Leeds* —4C **14**
Barham Ter. *B'frd* —1A **26**
Baring Av. *B'frd* —4A **26**
Barker Hill. *Leeds* —6B **38**
Barker Pl. *Leeds* —4D **28**
Barkers Well Fold. *Leeds* —4D **38**
Barkers Well Gth. *Leeds* —4D **38**
Barkers Well Ga. *Leeds* —4E **39**
Barkers Well Lawn. *Leeds* —4E **39**
Barkly Av. *Leeds* —6E **41**
Barkly Dri. *Leeds* —6E **41**
Barkly Gro. *Leeds* —5E **41**
Barkly Pde. *Leeds* —6E **41**
Barkly Pl. *Leeds* —6E **41**
Barkly Rd. *Bees* —5D **40**
Barkly Rd. *Leeds* —6E **41**
Barkly Ter. *Leeds* —6E **41**
Bar La. *H'fth* —3G **17**
Barlby Way. *Leeds* —5E **23**
Barleycorn Yd. *Leeds* —6H **29**
Barley Fld. Ct. *Halt* —5A **34**
Barley M. *Rob H* —6D **52**
Barnard Clo. *Leeds* —2E **35**
Barnard Way. *Leeds* —2E **35**
Barnbow Carr. —1H 35
Barnbow La. *Leeds* —1H **35**
(in two parts)
Barnbrough St. *Leeds* —3A **30**
Barn Clo. *Men* —1B **6**
Barncroft Clo. *Leeds* —4H **23**
Barncroft Ct. *Leeds* —5G **23**
Barncroft Dri. *Leeds* —5G **23**
Barncroft Gdns. *Leeds* —5H **23**
Barncroft Grange. *Leeds* —5G **23**
Barncroft Heights. *Leeds* —4G **23**
Barncroft Mt. *Leeds* —5G **23**
Barncroft Ri. *Leeds* —5H **23**
Barncroft Rd. *Leeds* —5H **23**
Barncroft Towers. *Leeds* —5G **23**
Barnet Gro. *Morl* —6G **49**
Barnet Rd. *Leeds* —6B **30**
Barnsdale Rd. *Meth* —1B **22**
Barnstaple Wlk. *B'frd* —5A **36**
Barnswick Vw. *Leeds* —5E **11**
Baron Clo. *Leeds* —3E **41**
Baronscourt. *Leeds* —5D **34**
Baronsmead. *Leeds* —5D **34**
Baronsway. *Leeds* —5C **34**
Barrack Rd. *Leeds* —2H **31**
Barrack St. *Leeds* —3H **31**
Barraclough Bldgs. *B'frd* —4A **16**
Barran Ct. *Leeds* —6E **21**
Barras Gth. Pl. *Leeds* —1H **39**
Barras Gth. Rd. *Leeds* —1H **39**
Barras Pl. *Leeds* —1H **39**

64 A-Z Leeds

Barras St.—Blackgates Fold

Barras St. *Leeds* —1H **39**
Barras Ter. *Leeds* —1H **39**
Barrowby. —5H 35
Barrowby Av. *Leeds* —6E **35**
Barrowby Clo. *Men* —1D **6**
Barrowby Cres. *Leeds* —5E **35**
Barrowby Dri. *Leeds* —6F **35**
Barrowby La. *Leeds* —5E **35**
(in two parts)
Barrowby Rd. *Leeds* —6F **35**
Barthorpe Av. *Leeds* —3F **21**
Barthorpe Clo. *B'frd* —5B **36**
Barthorpe Cres. *Leeds* —3G **21**
Bartlett La. *Morl* —5H **49**
Barton Ct. *Leeds* —6C **34**
Barton Dri. *Leeds* —5D **40**
Barton Gro. *Leeds* —3E **41**
Barton Hill. *Leeds* —3E **41**
Barton Mt. *Leeds* —3E **41**
Barton Pl. *Leeds* —3E **41**
Barton Rd. *Leeds* —3E **41**
Barton Ter. *Leeds* —3E **41**
Barton Vw. *Leeds* —3E **41**
Barwick Rd. *Leeds* —2B **34**
Batcliffe Dri. *Leeds* —5A **20**
Batcliffe Mt. *Leeds* —6A **20**
Bateson St. *B'frd* —4A **16**
Bath Clo. *Leeds* —3C **28**
Bath Gro. *Leeds* —3C **28**
Bath La. *Leeds* —4C **28**
Bath Rd. *Bmly* —4C **28**
Bath Rd. *Leeds* —1E **41**
Batley Rd. *Ting & K'gte* —6B **56**
Batter La. *Rawd* —5E **9**
Bawn App. *Leeds* —2E **39**
Bawn Av. *Leeds* —1E **39**
Bawn Chase. *Leeds* —1E **39**
Bawn Dri. *Leeds* —1E **39**
Bawn Gdns. *Leeds* —1E **39**
Bawn La. *Leeds* —1E **39**
Bawn Path. Leeds —1F **39**
(off Bawn Gdns.)
Bawn Va. Leeds —1E **39**
(off Bawn Gdns.)
Bawn Wlk. Leeds —1F **39**
(off Bawn Av.)
Bay Horse La. *Leeds & S'cft* —2H **15**
Bay Horse Yd. *Fars* —2F **27**
Bayswater Cres. *Leeds* —2B **32**
Bayswater Gro. *Leeds* —2B **32**
Bayswater Mt. *Leeds* —2B **32**
Bayswater Pl. *Leeds* —2B **32**
Bayswater Rd. *Leeds* —2A **32**
Bayswater Row. *Leeds* —2B **32**
Bayswater Ter. *Leeds* —2B **32**
Bayswater Vw. *Leeds* —3B **32**
Bayton La. *Yead & H'fth* —3F **9**
Beacon Av. *Morl* —6H **49**
Beacon Gro. *Morl* —6H **49**
Beamsley Gro. *Leeds* —3C **30**
Beamsley Mt. *Leeds* —3C **30**
Beamsley Pl. *Leeds* —3C **30**
Beamsley Ter. *Leeds* —3C **30**
Bearing Av. *Leeds* —5G **41**
Bear Pit Gdns. Leeds —2B **30**
(off Chapel La.)
Beaumont Av. *Leeds* —1C **22**
Beaumont Clo. *Stan* —6H **55**
Beaumont Sq. *Pud* —1F **37**
Beaumont St. *Stan* —6H **55**
Beck Bottom. *C'ley* —2G **27**
Beckbury Clo. *Fars* —3F **27**
Beckbury St. *Fars* —3F **27**
Becket La. *Loft* —1E **59**
Beckett Ct. *Colt* —1D **44**
Beckett Park. —6A 20
Beckett's Pk. Cres. *Leeds* —6A **20**
Beckett's Pk. Dri. *Leeds* —6A **20**
Beckett's Pk. Rd. *Leeds* —6B **20**
Beckett St. *Leeds* —5A **32**
Beckhill App. *Leeds* —5E **21**
Beckhill Av. *Leeds* —5E **21**
Beckhill Chase. *Leeds* —5E **21**
Beckhill Clo. *Leeds* —5E **21**
Beckhill Dri. *Leeds* —4E **21**
Beckhill Fold. *Leeds* —5E **21**
Beckhill Gdns. *Leeds* —5E **21**
Beckhill Gth. *Leeds* —5E **21**
Beckhill Ga. *Leeds* —5E **21**
Beckhill Grn. *Leeds* —5E **21**
Beckhill Gro. *Leeds* —5E **21**
Beckhill Lawn. *Leeds* —5E **21**

Beckhill Pl. *Leeds* —4E **21**
Beckhill Row. *Leeds* —4E **21**
Beckhill Va. *Leeds* —4E **21**
(in two parts)
Beckhill Wlk. *Leeds* —4E **21**
Beck Rd. *Leeds* —1B **32**
Beckside Vw. *Morl* —5A **50**
Beckwith Dri. *B'frd* —6A **16**
Bedale. *Ting* —3B **56**
Bedford Clo. *Leeds* —6E **11**
Bedford Ct. *Leeds* —5E **23**
Bedford Dri. *Leeds* —6E **11**
Bedford Gdns. *Leeds* —6E **11**
Bedford Gth. *Leeds* —6E **11**
Bedford Grn. *Leeds* —6E **11**
Bedford Gro. *Leeds* —1E **19**
Bedford Mt. *Leeds* —1E **19**
(in two parts)
Bedford Pl. *Guis* —1A **8**
Bedford Row. *Leeds* —3H **41**
Bedford St. *Leeds* —5F **31** (5D **4**)
Bedford Vw. *Leeds* —6E **11**
Beech Av. *H'fth* —4C **18**
Beech Av. *Leeds* —5A **30**
Beech Av. *Stan* —6H **59**
Beech Clo. *Leeds* —2F **33**
Beech Cres. *Leeds* —2F **33**
Beech Cft. *Loft* —2F **59**
Beechcroft Clo. *Leeds* —6B **40**
Beechcroft Mead. *Leeds* —5C **14**
Beechcroft Vw. *Leeds* —6B **40**
Beech Dri. *H'fth* —4B **18**
Beech Dri. *Leeds* —5A **30**
Beeches, The. *Guis* —3G **7**
Beeches, The. *Pud* —5D **26**
Beechfield. *Leeds* —4D **38**
Beech Gro. *Morl* —6F **49**
Beech Gro. *Rothw* —3H **53**
Beech Gro. Ter. *Leeds* —3F **31** (1B **4**)
Beech La. *Leeds* —2E **33**
Beech Lees. *Fars* —1E **27**
Beech Mt. *Leeds* —2F **33**
Beechroyd. *Pud* —1G **37**
Beech St. *Ting* —2C **56**
Beech Wlk. *Adel* —1B **20**
Beech Wlk. *B'shaw* —5D **46**
Beech Wlk. *Leeds* —2F **33**
Beechwood. —6B 10
(nr. Horsforth)
Beechwood. —5H 23
(nr. Seacroft)
Beechwood. *W'ford* —2C **54**
Beechwood Av. *Dlgtn* —2F **47**
Beechwood Av. *Leeds* —2B **30**
Beechwood Cen. Rothw —2C **54**
(off Church St.)
Beechwood Clo. *H'fth* —6A **10**
Beechwood Ct. *Leeds* —4H **11**
(LS16)
Beechwood Ct. Leeds —2B **30**
(off Bk. Beechwood Gro.)
Beechwood Ct. *Seac* —5G **23**
Beechwood Cres. *Leeds* —2B **30**
Beechwood Gro. *Dlgtn* —2F **47**
Beechwood Gro. *Leeds* —2B **30**
Beechwood Mt. *Leeds* —2B **30**
Beechwood Pl. *Leeds* —2B **30**
Beechwood Rd. *Leeds* —2B **30**
Beechwood Row. *Leeds* —2B **30**
Beechwood St. *Leeds* —2B **30**
Beechwood St. *S'ley* —4E **27**
Beechwood Ter. *Leeds* —2B **30**
Beechwood Vw. *Leeds* —2B **30**
Beechwood Wlk. *Leeds* —2B **30**
Beecroft Clo. *Leeds* —2A **28**
Beecroft Cres. *Leeds* —2B **28**
Beecroft Gdns. *Leeds* —2A **28**
Beecroft Mt. *Leeds* —2B **28**
Beecroft St. *Leeds* —2G **29**
Beeston. —5C 40
Beeston Hill. —3E 41
Beeston Pk. Cft. *Leeds* —5C **40**
Beeston Pk. Gth. *Leeds* —5C **40**
Beeston Pk. Gro. *Leeds* —5C **40**
Beeston Pk. Pl. *Leeds* —5C **40**
Beeston Pk. Ter. *Leeds* —5C **40**
Beeston Rd. *Leeds* —5D **40**
Beeston Royds. —5H 39
Beevers Ct. *Leeds* —1G **19**
Beggarington Hill. —5B 56

Belford Clo. *B'frd* —4A **36**
Belfry Ct. *Wake* —6E **59**
Belfry, The. *Yead* —3E **9**
Belgrave M. *Rawd* —5C **8**
Belgrave St. *Leeds* —5G **31** (4E **5**)
Belinda St. *Leeds* —3A **42**
Bellbrooke Av. *Leeds* —3D **32**
Bellbrooke Gro. *Leeds* —3D **32**
Bellbrooke Pl. *Leeds* —3D **32**
Bellbrooke St. *Leeds* —3D **32**
Belle Isle. —1A 52
Belle Isle Cir. *Leeds* —1A **52**
Belle Isle Clo. *Leeds* —1A **52**
Belle Isle Pde. *Leeds* —6A **42**
Belle Isle Rd. *Leeds* —5A **42**
Belle Vue Av. *Scholes* —4F **25**
Belle Vue Ct. Leeds —4D **30**
(off Consort Ter.)
Belle Vue Dri. *Fars* —2E **27**
Belle Vue Est. *Scholes* —4E **25**
Belle Vue Rd. *Leeds* —4D **30** (4A **4**)
Belle Vue Rd. *Scholes* —5F **25**
Belle Vue Ter. *Gild* —3D **48**
Belle Vue Ter. *Guis* —1A **8**
Bell Gro. *Leeds* —2C **28**
Bell La. *Leeds* —2C **28**
Bellmount Clo. *Leeds* —2D **28**
Bellmount Gdns. *Leeds* —1C **28**
Bellmount Grn. *Leeds* —2D **28**
Bellmount Pl. *Leeds* —1C **28**
Bellmount Vw. *Leeds* —2D **28**
Bell Rd. *Leeds* —2C **28**
Bell St. *Leeds* —5H **31** (4H **5**)
Belmont Gro. *Leeds* —4E **31** (3B **4**)
Belmont Gro. *Rawd* —4E **9**
Belmont Ter. *Thpe* —1B **58**
Belvedere Av. *Alw* —5H **13**
Belvedere Av. *Bees* —5F **41**
Belvedere Ct. *Alw* —5A **14**
Belvedere Ct. Leeds —6A **22**
(off Harehills La.)
Belvedere Gdns. *Leeds* —5A **14**
Belvedere Gro. *Leeds* —5H **13**
Belvedere Mt. *Leeds* —5F **41**
Belvedere Rd. *Leeds* —5H **13**
Belvedere Ter. *Leeds* —5F **41**
Belvedere Vw. *Leeds* —5A **14**
Benbow Av. *B'frd* —6A **16**
Bennett Ct. *Leeds* —5D **34**
Bennett Rd. *Leeds* —3E **19**
Bennetts Yd. *Rothw* —5G **53**
Benson Gdns. *Leeds* —1H **39**
Benson St. *Leeds* —3H **31** (1G **5**)
Bentcliffe Av. *Leeds* —1H **21**
Bentcliffe Clo. *Leeds* —2A **22**
Bentcliffe Ct. *Leeds* —2A **22**
Bentcliffe Dri. *Leeds* —1A **22**
Bentcliffe Gdns. *Leeds* —2A **22**
Bentcliffe Gro. *Leeds* —2A **22**
Bentcliffe La. *Leeds* —2H **21**
Bentcliffe Mt. *Leeds* —2A **22**
Bentley Ct. *Leeds* —5D **20**
Bentley Gro. *Leeds* —5D **20**
Bentley La. *Leeds* —5D **20**
Bentley Mt. *Leeds* —5D **20**
Bentley Pde. *Leeds* —5D **20**
Bentley Sq. *W'ford* —4C **54**
Benton Pk. Av. *Rawd* —4E **9**
Benton Pk. Cres. *Rawd* —4E **9**
Benton Pk. Dri. *Rawd* —4E **9**
Benton Pk. Rd. *Rawd* —4E **9**
Benyon Pk. Way. *Leeds* —3B **40**
Berkeley Av. *Leeds* —2C **32**
Berkeley Cres. *Leeds* —2C **32**
Berkeley Gro. *Leeds* —2C **32**
Berkeley Ho. B'frd —4A **36**
(off Stirling Cres.)
Berkeley Mt. *Leeds* —2C **32**
Berkeley Rd. *Leeds* —2C **32**
Berkeley St. *Leeds* —2C **32**
Berkeley Ter. *Leeds* —2C **32**
Berkeley Vw. *Leeds* —2C **32**
Berking Av. *Leeds* —5B **32**
Berking Row. *Leeds* —5B **32**
Berkley Ct. *Leeds* —4D **30** (2A **4**)
Bernard St. *W'ford* —3D **54**
Bertha St. *Fars* —3F **27**
Bertrand St. *Leeds* —2E **41**
Bessbrook St. *Leeds* —4H **41**
Beulah Gro. *Leeds* —2F **31**
Beulah St. *Leeds* —2F **31**

Beulah St. *Leeds* —2F **31**
Beulah Ter. *Leeds* —3C **34**
(off Austhorpe Rd.)
Beulah Ter. Leeds —2F **31**
(off Beulah St.)
Beulah Vw. *Leeds* —2F **31**
Beverley Av. *Leeds* —4F **41**
Beverley Ct. *Leeds* —1H **21**
Beverley Ho. *Far* —3F **27**
Beverley Mt. *Leeds* —4F **41**
Beverley St. *B'frd* —2A **36**
Beverley Ter. *Leeds* —4F **41**
Beverley Vw. *Leeds* —4F **41**
Bevin Clo. *Wake* —6E **59**
Bevin Cres. *Wake* —6E **59**
Bewick Gro. *Leeds* —2B **52**
Bexley Av. *Leeds* —3B **32**
Bexley Gro. *Leeds* —3B **32**
Bexley Mt. *Leeds* —3B **32**
Bexley Pl. *Leeds* —3B **32**
Bexley Rd. *Leeds* —3B **32**
Bexley Ter. *Leeds* —3B **32**
Bexley Vw. *Leeds* —3B **32**
Beza Rd. *Leeds* —4H **41**
Beza St. *Leeds* —4H **41**
Biddenden Rd. *Leeds* —3F **35**
Bidder Dri. *E Ard* —2G **57**
Bideford Av. *Leeds* —6B **14**
Bideford Mt. *B'frd* —4A **36**
Billey La. *Leeds* —2E **39**
(in two parts)
Billingbauk Dri. *Leeds* —4D **28**
Billing Ct. *Rawd* —6F **9**
Billing Dri. *Rawd* —6G **9**
Billing Vw. *Rawd* —6F **9**
Billingwood Dri. *Rawd* —6F **9**
Bingley Rd. *Men* —2A **6**
Bingley St. *Leeds* —5D **30** (4A **4**)
Binks St. *Wake* —6E **59**
Birch Av. *Leeds* —5A **34**
Birch Ct. Morl —1A **56**
Birch Cres. *Leeds* —5A **34**
Birches, The. *Guis* —3G **7**
Birchfield Av. *Gild* —3C **48**
Birchfields Av. *Leeds* —3C **24**
Birchfields Clo. *Leeds* —4C **24**
Birchfields Ct. *Leeds* —3C **24**
Birchfields Cres. *Leeds* —3C **24**
Birchfields Gth. *Leeds* —4C **24**
Birchfields Ri. *Leeds* —4C **24**
Birch Hill Ri. *H'fth* —3E **19**
Birch M. *Adel* —1B **20**
Birchroyd. *Rothw* —5H **53**
Birchtree Way. *Leeds* —1E **19**
Birchtree Av. *Leeds* —6C **14**
Birchwood Hill. *Leeds* —5C **14**
Birchwood Mt. *Leeds* —5C **14**
Birfed Cres. *Leeds* —2H **29**
Birkdale Clo. *Leeds* —5F **13**
Birkdale Dri. *Leeds* —5E **13**
Birkdale Grn. *Leeds* —5F **13**
Birkdale Gro. *Leeds* —5E **13**
Birkdale Mt. *Leeds* —5F **13**
Birkdale Pl. *Leeds* —5E **13**
Birkdale Ri. *Leeds* —5E **13**
Birkdale Wlk. *Leeds* —5E **13**
Birkdale Way. *Leeds* —5F **13**
Birkenshaw. —3C 46
Birkenshaw Bottoms. —5E 47
Birkenshaw La. *B'shaw* —4D **46**
Birkhill Cres. *B'shaw* —4D **46**
Birk La. *Morl* —5E **49**
Birksland Moor. *B'shaw* —6D **46**
Birkwith Clo. *Leeds* —3B **24**
Birstall Ga. *Dlgtn* —4G **47**
Bishopgate St. *Leeds* —6F **31** (6D **4**)
Bishop Way. *Ting* —3D **56**
Bismarck St. *Leeds* —3F **41**
(off Bismarck St.)
Bismarck Dri. *Leeds* —3F **41**
Bismarck St. *Leeds* —3F **41**
Bittern Ri. *Morl* —6A **50**
Black Bull St. *Leeds* —1H **41**
Black Bull Yd. Rothw —4H **53**
(off Commercial St.)
Blackburn Ct. *Rothw* —4H **53**
Blackett St. *C'ley* —4D **16**
Black Gates. —2D 56
Blackgates Ct. *Ting* —3D **56**
Blackgates Cres. *Ting* —3D **56**
Blackgates Dri. *Ting* —3D **56**
Blackgates Fold. *Ting* —3D **56**

A-Z Leeds 65

Blackgates Ri.—Broomfield Pl.

Blackgates Ri. *Ting* —3D **56**
Blackgates Rd. *Wake* —3D **56**
Blackman La. *Leeds* —3F **31** (1D **4**)
Black Moor. —5E 13
(nr. Alwoodley)
Blackmoor. —2H 15
(nr. Shadwell)
Blackmoor Ct. *Leeds* —4D **12**
Blackmoor La. *Bard* —1H **15**
Black Moor Rd. *Leeds* —6D **12**
Blackpool Gro. *Leeds* —3G **39**
Blackpool Pl. *Leeds* —3G **39**
Blackpool St. *Leeds* —3G **39**
Blackpool Ter. *Leeds* —3G **39**
Blackpool Vw. *Leeds* —3G **39**
Blackthorn Ct. *Leeds* —1H **51**
Blackwood Av. *Leeds* —6D **10**
(in two parts)
Blackwood Gdns. *Leeds* —6D **10**
Blackwood Gro. *Leeds* —6D **10**
Blackwood Mt. *Leeds* —6D **10**
Blackwood Ri. *Leeds* —6D **10**
Blairsville Gdns. *Leeds* —1B **28**
Blairsville Gro. *Leeds* —1C **28**
Blake Cres. *Guis* —1B **8**
Blake Gro. *Leeds* —5H **21**
Blakeney Gro. *Leeds* —6H **41**
Blakeney Rd. *Leeds* —6H **41**
Blandford Gdns. *Leeds* —3F **31** (1C **4**)
Blandford Gro. *Leeds* —1D **4**
Blayds Gth. *W'ford* —2A **54**
Blayd's M. *Leeds* —6G **31** (6E **5**)
Blayds St. *Leeds* —6B **32**
Blayd's Yd. *Leeds* —6G **31** (6E **5**)
Bleach Mill La. *Men* —1A **6**
Blencarn Clo. *Leeds* —1H **33**
Blencarn Gth. *Leeds* —1H **33**
Blencarn Lawn. *Leeds* —1H **33**
Blencarn Path. *Leeds* —1H **33**
Blencarn Rd. *Leeds* —1H **33**
Blencarn Vw. *Leeds* —1H **33**
Blencarn Wlk. *Leeds* —1H **33**
Blenheim Av. *Leeds* —3F **31** (1D **4**)
Blenheim Ct. *Leeds* —1D **4**
Blenheim Cres. *Leeds* —1D **4**
Blenheim Gro. *Leeds* —3F **31** (1D **4**)
Blenheim Sq. *Leeds* —3F **31** (1D **4**)
Blenheim Ter. *Morl* —3G **49**
Blenheim Vw. *Leeds* —3F **31**
Blenheim Wlk. *Leeds* —3F **31** (1C **4**)
Blind La. *Dltgn* —2H **47**
Blind La. *E Ard* —6E **57**
Blind La. *Leeds* —5G **15**
Blucher St. *B'frd* —1A **36**
Blue Hill Cres. *Leeds* —1G **39**
Blue Hill Grange. *Leeds* —2G **39**
Blue Hill Gro. *Leeds* —1G **39**
Blue Hill La. *Leeds* —1G **39**
Blundell St. *Leeds* —4F **31** (3C **4**)
Boar La. *Leeds* —6G **31** (6D **4**)
Bodley Ter. *Leeds* —4B **30**
Bodmin App. *Leeds* —4E **51**
Bodmin Cres. *Leeds* —4E **51**
Bodmin Cft. *Leeds* —4F **51**
Bodmin Gdns. *Leeds* —5E **51**
Bodmin Gth. *Leeds* —5E **51**
Bodmin Pl. *Leeds* —5F **51**
(in two parts)
Bodmin Rd. *Leeds* —3D **50**
Bodmin Sq. *Leeds* —5E **51**
Bodmin St. *Leeds* —5E **51**
Bodmin Ter. *Leeds* —5E **51**
Boggart Hill. *Leeds* —5G **23**
Boggart Hill Cres. *Leeds* —5G **23**
Boggart Hill Dri. *Leeds* —5G **23**
Boggart Hill Gdns. *Leeds* —5G **23**
Boggart Hill Rd. *Leeds* —5G **23**
Bog La. *Scholes* —6G **25**
Boldmere Rd. *Leeds* —6G **33**
Bolton Grange. *Yead* —3E **9**
Bolton Rd. *Yead* —3E **9**
Bond Ct. *Leeds* —5D **4**
Bond Ct. Leeds —3C 30
(off Alexandra Rd.)
Bond St. *Leeds* —5F **31** (5D **4**)
Boothroyd Dri. *Leeds* —6D **20**
Booth's Yd. *Pud* —6G **27**
Borrough Av. *Leeds* —3A **22**
Borrough Vw. *Leeds* —3A **22**
Borrowdale Clo. *Leeds* —3F **29**
Borrowdale Cres. *Leeds* —3F **29**

Borrowdale Cft. *Yead* —2D **8**
Borrowdale Ter. *Leeds* —2H **33**
Boston Av. *Leeds* —2F **29**
Botany Bay Rd. *Leeds* —5B **30**
Bottoms La. *B'shaw* —5D **46**
Boulevard, The. *Fars* —3F **27**
Boundary Clo. *Colt* —6E **35**
Boundary Farm Rd. *Leeds* —6E **13**
Boundary Pl. *Leeds* —3A **32**
Boundary St. *Leeds* —3A **32**
Bowater Ct. *B'frd* —5B **36**
Bower Rd. *Leeds* —2E **35**
Bowfell Clo. *Leeds* —1A **34**
Bowland Clo. *Leeds* —6G **33**
Bowling Grn. Ter. *Leeds* —2F **41**
Bowman La. *Leeds* —6H **31**
Bowness Av. *B'frd* —1A **26**
Bowood Av. *Leeds* —4E **21**
Bowood Cres. *Leeds* —4E **21**
Bowood Gro. *Leeds* —4E **21**
Bow St. *Leeds* —6A **32**
Boyd Av. *B'frd* —4A **26**
Bracken Ct. *Leeds* —2G **21**
Bracken Ct. *Lwr W* —2C **40**
Bracken Edge. *Leeds* —6B **22**
Bracken Hill. *Leeds* —2G **21**
Bracken Pk. *S'cft* —1H **15**
Brackenwood Clo. *Leeds* —4A **22**
Brackenwood Ct. *Out* —6F **59**
Brackenwood Dri. *Leeds* —3A **22**
Brackenwood Grn. *Leeds* —3A **22**
Brackenwood Rd. *Out* —6F **59**
Bradburn Rd. *Rob H* —6C **52**
Bradford La. *B'frd* —6A **26**
Bradford Rd. *Dlgtn* —4B **48**
(nr. Wakefield Rd.)
Bradford Rd. *Dlgtn* —2F **47**
(nr. Whitehall Rd.)
Bradford Rd. *Gom* —1B **46**
Bradford Rd. *Men & Guis* —1D **6**
Bradford Rd. *Thornb & Pud* —4B **26**
Bradford Rd. *Wake* —2B **56**
Bradford Rd. *Wren & Wake* —6A **58**
Bradford & Wakefield Rd. *B'frd*
—2E **47**
Bradley Hill. —3A 28
Bradley La. *Pud* —6D **26**
Bradley Ter. *Leeds* —5C **14**
Bradstock Gdns. *Morl* —3G **49**
Braithwaite M. *Leeds* —5A **42**
Braithwaite St. *Leeds* —1D **40**
Brambling M. *Morl* —5A **50**
Bramleigh Dri. *Morl* —3G **49**
Bramleigh Gro. *Morl* —3G **49**
Bramley. —3C 28
Bramley Cen. *Leeds* —2D **28**
Bramley Gdns. *Leeds* —2C **24**
Bramstan Av. *Leeds* —2A **28**
Bramstan Clo. *Leeds* —2A **28**
Bramstan Gdns. *Leeds* —2A **28**
Brancepeth Pl. *Leeds* —6C **30**
Branch Clo. *Leeds* —3G **39**
Branch End. *Gild* —2D **48**
Branch Pl. *Leeds* —3G **39**
Branch Rd. *A'ley* —5A **38**
Branch Rd. *Lwr W* —3G **39**
Branch St. *Leeds* —3G **39**
Brander App. *Leeds* —4F **33**
Brander Clo. *Leeds* —4F **33**
Brander Dri. *Leeds* —4E **33**
Brander Gro. *Leeds* —4E **33**
Brander Mt. *Leeds* —3E **33**
(in two parts)
Brander Rd. *Leeds* —3F **33**
Brander St. *Leeds* —3F **33**
Brandon. —3G 15
Brandon Ct. *Leeds* —4E **15**
Brandon Cres. *Leeds* —2G **15**
Brandon La. *Leeds* —2H **15**
Brandon Rd. *Leeds* —5E **31** (4A **4**)
Brandon St. *Leeds* —6D **30**
Brandon Ter. *Leeds* —4D **14**
Brandon Vw. *Leeds* —4F **15**
Brandon Way. *Leeds* —6H **21**
Bransome Pl. *Leeds* —3C **30**
(LS6)
Bransome Pl. Leeds —3A 4
(off Brandon Rd.)
Bransby Clo. *Fars* —3G **27**
Bransby Ct. *Fars* —3G **27**
Bransby Ri. *Fars* —3F **27**

Bransdale Av. *Guis* —1A **8**
Bransdale Clo. *Guis* —1A **8**
Bransdale Gdns. *Guis* —1A **8**
Bransdale Gth. *Guis* —1A **8**
Brantford St. *Leeds* —5H **21**
Branwell Av. *Birs* —6G **47**
Brathay Gdns. *Leeds* —2A **34**
Brayshaw Rd. *E Ard* —5G **57**
Brayton App. *Leeds* —6D **24**
Brayton Clo. *Leeds* —6C **24**
Brayton Gth. *Leeds* —6D **24**
Brayton Grange. *Leeds* —6D **24**
Brayton Grn. *Leeds* —6D **24**
(in two parts)
Brayton Gro. *Leeds* —6C **24**
Brayton Pl. *Leeds* —6D **24**
Brayton Ter. *Leeds* —6C **24**
Brayton Wlk. *Leeds* —6C **24**
Breary Av. *H'fth* —2D **18**
(in two parts)
Breary Ter. *H'fth* —2D **18**
Breary Wlk. *H'fth* —2D **18**
Brecks La. *Swil & Kip* —3H **45**
Brecon App. *Leeds* —4F **33**
Brecon Ct. *Leeds* —4F **33**
Brecon Ri. *Leeds* —4F **33**
Brendon Ct. *B'frd* —4A **36**
Brendon Ho. B'frd —5A 36
(off Landscove Av.)
Brendon Wlk. *B'frd* —5A **36**
(in two parts)
Brentwood Ct. *Leeds* —3G **19**
Brentwood Gro. *Leeds* —6A **30**
Brentwood St. *Leeds* —6A **30**
Brentwood Ter. *Leeds* —6A **30**
Brett Gdns. *Leeds* —3F **41**
Brian Cres. *Leeds* —3B **34**
Brian Pl. *Leeds* —2B **34**
Brianside. —2B 34
Brian Vw. *Leeds* —2C **34**
Briar Clo. *Fars* —3F **27**
Briardene. *Rothw* —5C **54**
Briarlea Clo. *Yead* —4B **8**
Briarmains Rd. *Birs* —6H **47**
Briarsdale Ct. *Leeds* —2E **33**
Briarsdale Cft. *Leeds* —2E **33**
Briarsdale Gth. *Leeds* —2E **33**
Briarsdale Heights. *Leeds* —2E **33**
Briarwood Clo. *Out* —6F **59**
Brick Mill Rd. *Pud* —1H **37**
Brick St. *Leeds* —6H **31** (6H **5**)
Bridge Ct. *Leeds* —2E **41**
Bridge Ct. *Morl* —6H **49**
Bridge End. *Leeds* —6G **31** (6E **5**)
(in two parts)
Bridge Fold. *Kirks* —1F **29**
Bridge Rd. *Kirks* —1F **29**
Bridge Rd. *Leeds* —2F **41**
Bridge Rd. *Rod* —6G **17**
Bridge St. *Leeds* —5H **31** (4G **5**)
Bridge St. *Morl* —6H **49**
Bridge Vw. *Leeds* —6G **17**
Bridgewater Ct. *Leeds* —5D **20**
Bridgewater Rd. *Leeds* —2B **42**
Bri. Wood Clo. *H'fth* —2D **18**
Bri. Wood Vw. *H'fth* —1D **18**
Bridle Path Rd. *Leeds* —3A **34**
(LS15)
Bridle Path Rd. *Leeds* —4F **15**
(LS17)
Bridle Path Wlk. *Leeds* —3A **34**
Brierfield Gdns. *Gild* —3C **48**
Briggate. *Leeds* —6G **31** (6E **5**)
Briggs Bldgs. Morl —5H 49
(off Melbourne St.)
Brighton Av. *Morl* —4F **49**
Brighton Cliff. *Leeds* —3C **28**
Brighton Gro. *Leeds* —4D **28**
Bright St. *E Ard* —3H **57**
Bright St. *Morl* —5F **49**
Bright St. *S'ley* —3H **27**
Brignall Cft. *Leeds* —4B **32**
Brignall Gth. *Leeds* —4B **32**
Brignall Way. *Leeds* —4B **32**
Bristol St. *Leeds* —4H **31** (2H **5**)
Britannia Clo. *S'ley* —3H **27**
Britannia Ct. *Leeds* —3A **28**
Britannia St. *Leeds* —6F **31** (6C **4**)
Britannia St. *S'ley* —2A **52**
Broadcroft Chase. *Ting* —4C **56**
Broadcroft Dri. *Ting* —4C **56**
Broadcroft Gro. *Ting* —3C **56**

Broadcroft Way. *Ting* —3C **56**
Broadfield Clo. *B'frd* —6A **36**
Broadfields. *H'fth* —3D **18**
Broadgate Av. *H'fth* —3D **18**
Broadgate Ct. *H'fth* —3D **18**
Broadgate Cres. *H'fth* —3C **18**
Broadgate Dri. *H'fth* —2D **18**
Broadgate La. *H'fth* —2D **18**
Broadgate M. *H'fth* —3D **18**
Broadgate Ri. *H'fth* —3D **18**
Broadgate Wlk. *H'fth* —3C **18**
Broad La. *B'frd* —3A **36**
Broad La. *Leeds & S'ley* —3A **28**
Broad La. Clo. *Leeds* —1E **29**
Broadlea Av. *Leeds* —1E **29**
Broadlea Clo. *Leeds* —1E **29**
Broadlea Gdns. *Leeds* —1E **29**
Broadlea Gro. *Leeds* —1E **29**
Broadlea Hill. *Leeds* —1E **29**
Broadlea Mt. *Leeds* —2F **29**
Broadlea Oval. *Leeds* —1E **29**
Broadlea Pl. *Leeds* —2E **29**
Broadlea Rd. *Leeds* —1E **29**
Broadlea St. *Leeds* —1E **29**
Broadlea Ter. *Leeds* —1E **29**
Broadlea Vw. *Leeds* —1D **28**
Broadmeadows. *Out* —6E **59**
Broadstone Way. *B'frd* —6A **36**
Broad St. *Fars* —2E **27**
Broadway. *Guis* —5E **7**
Broadway. *H'fth* —5G **17**
Broadway. *Kirks* —4E **19**
Broadway. *Leeds* —1H **43**
Broadway Av. *Leeds* —3C **30**
Broadway Dri. *H'fth* —3B **18**
Brodrick Ct. *Leeds* —6B **20**
Brompton Gro. *Leeds* —5F **41**
Brompton Mt. *Leeds* —5F **41**
Brompton Row. *Leeds* —5F **41**
Brompton Ter. *Leeds* —5F **41**
Brompton Vw. *Leeds* —5F **41**
Bronte Ho. B'frd —3A 36
(off Eversley Dri.)
Brookfield Av. *Leeds* —1B **32**
Brookfield Av. *Rod* —5F **17**
Brookfield Ct. *Leeds* —5F **17**
Brookfield Gdns. *Leeds* —6F **17**
Brookfield Pl. *Leeds* —5C **20**
Brookfield Rd. *Leeds* —5C **20**
Brookfield St. *Leeds* —1A **42**
Brookfield Ter. *Leeds* —2H **41**
(LS10)
Brookfield Ter. Leeds —5C 20
(off Brookfield Rd.)
Brookfoot Av. *B'shaw* —4C **46**
Brookhill Av. *Leeds* —5A **14**
Brookhill Clo. *Leeds* —5A **14**
Brookhill Cres. *Leeds* —5A **14**
Brookhill Dri. *Leeds* —5A **14**
Brookhill Gro. *Leeds* —5A **14**
Brookhouse Gdns. *B'frd* —3B **16**
Brooklands. —1G 33
Brooklands Av. *Leeds* —1H **33**
Brooklands Clo. *Leeds* —1G **33**
Brooklands Clo. *Men* —1D **6**
Brooklands Ct. *Leeds* —1H **33**
Brooklands Cres. *Leeds* —1G **33**
Brooklands Dri. *Leeds* —1G **33**
Brooklands Dri. *Yead* —3D **8**
Brooklands Gro. *Men* —1D **6**
Brooklands La. *Leeds* —1H **33**
Brooklands La. *Men* —1C **6**
Brooklands Towers. *Leeds* —6A **24**
Brooklands Vw. *Leeds* —1H **33**
(in two parts)
Brookleigh. *C'ley* —5D **16**
Brooklyn Av. *Leeds* —6A **30**
Brooklyn Pl. *Leeds* —6A **30**
Brooklyn St. *Leeds* —6A **30**
Brooklyn Ter. *Leeds* —6A **30**
Brooksbank Dri. *Leeds* —5A **34**
Brookside. *Leeds* —4A **14**
Broom Clo. *Leeds* —2B **52**
Broom Ct. *Leeds* —3B **52**
Broom Cres. *Leeds* —2A **52**
Broom Cross. *Leeds* —2A **52**
Broomfield. *Leeds* —5H 11
Broomfield Cres. *Leeds* —1B **28**
Broomfield Pl. *Leeds* —2B **30**

66 A-Z Leeds

Broomfield Rd.—Carter La.

Broomfield Rd. *Leeds* —1B **30**
Broomfield St. *Leeds* —2B **30**
Broomfield Ter. *Leeds* —2B **30**
Broomfield Vw. *Leeds* —2B **30**
Broom Gdns. *Leeds* —2A **52**
Broom Gth. *Leeds* —2B **52**
Broom Gro. *Leeds* —3B **52**
Broomhill Av. *Leeds* —1H **21**
Broomhill Cres. *Leeds* —1H **21**
Broomhill Dri. *Leeds* —2G **21**
Broom Hill Av. *Leeds* —4D **32**
Broom Lawn. *Leeds* —2A **52**
Broom Mt. *Leeds* —3B **52**
Broom Nook. *Leeds* —2B **52**
Broom Pl. *Leeds* —2B **52**
Broom Rd. *Leeds* —3A **52**
Broom Ter. *Leeds* —2B **52**
Broom Vw. *Leeds* —2B **52**
Broom Wlk. *Leeds* —3B **52**
Broughton Av. *Leeds* —3C **32**
Broughton Ho. *B'frd* —6B **36**
Broughton Ter. *Leeds* —3C **32**
Broughton Ter. *S'ley* —5G **27**
Brown Av. *Leeds* —3C **40**
Brownberrie Av. *H'fth* —6C **10**
Brownberrie La. *H'fth* —6B **10**
Brownberrie Wlk. *H'fth* —6C **10**
Brown Hill Av. *Leeds* —3C **32**
Brown Hill Clo. *B'shaw* —2C **46**
Brown Hill Cres. *Leeds* —3C **32**
Brown Hill Dri. *B'shaw* —2C **46**
Brown Hill Ter. *Leeds* —3C **32**
Brown La. E. *Leeds* —2D **40**
Brown La. W. *Leeds* —2C **40**
Brownlea Clo. *Yead* —4B **8**
Brown Pl. *Leeds* —3C **40**
Brown Rd. *Leeds* —3C **40**
Bruce Gdns. *Leeds* —6C **30**
Bruce Lawn. *Leeds* —6C **30**
Brudenell Av. *Leeds* —2D **30**
Brudenell Gro. *Leeds* —2D **30**
Brudenell Mt. *Leeds* —2C **30**
Brudenell Rd. *Leeds* —2C **30**
Brudenell St. *Leeds* —2D **30**
Brudenell Vw. *Leeds* —2D **30**
Brunel Rd. *Wake I* —6B **58**
Brunswick Ct. *Leeds* —4H **31** (3G **5**)
Brunswick Pl. *B'frd* —4A **16**
Brunswick Pl. *Morl* —5H **49**
 (off Clough St.)
Brunswick Rd. *Pud* —5G **27**
Brunswick Row. *Leeds* —4H **31** (4G **5**)
Brunswick St. *Morl* —4G **49**
Brunswick Ter. *Leeds* —4G **31** (3E **5**)
Brunswick Ter. *Morl* —4A **50**
Bruntcliffe. —5E **49**
Bruntcliffe Av. *Morl* —5E **49**
Bruntcliffe Clo. *Morl* —5F **49**
Bruntcliffe Dri. *Morl* —5F **49**
Bruntcliffe La. *Morl* —5F **49**
Bruntcliffe Rd. *Morl* —5D **48**
Bruntcliffe Way. *Morl* —5E **49**
Brussels St. *Leeds* —6H **31** (6H **5**)
Bryanstone Rd. *B'frd* —2A **36**
Bryan St. *Fars* —1F **27**
Bryan St. N. *Far* —1F **27**
Bryngate. *Oult* —3C **54**
Bryony Ct. *Leeds* —4B **52**
Buckingham Av. *Leeds* —1C **30**
Buckingham Dri. *Leeds* —1C **30**
Buckingham Gro. *Leeds* —1C **30**
Buckingham Ho. *Leeds* —1C **30**
 (off Headingley La.)
Buckingham Mt. *Leeds* —2C **30**
Buckingham Rd. *Leeds* —2C **30**
Buckle La. *Men* —2D **6**
Buckley Av. *Leeds* —4F **41**
Buck Stone Av. *Leeds* —5D **12**
Buck Stone Clo. *Leeds* —5E **13**
Buck Stone Cres. *Leeds* —5E **13**
Buck Stone Dri. *Leeds* —5D **12**
Buckstone Dri. *Rawd* —6C **8**
 (in two parts)
Buck Stone Gdns. *Leeds* —5E **13**
Buck Stone Grn. *Leeds* —5D **12**
Buck Stone Gro. *Leeds* —5D **12**
Buck Stone Mt. *Leeds* —5D **12**
Buck Stone Oval. *Leeds* —5D **12**

Buck Stone Ri. *Leeds* —5D **12**
Buck Stone Rd. *Leeds* —5D **12**
Buck Stone Vw. *Leeds* —5D **12**
Buck Stone Way. *Leeds* —5D **12**
Buckthorne Clo. *E Ard* —3H **57**
Buckthorne Ct. *E Ard* —3H **57**
Buckthorne Dri. *E Ard* —3H **57**
Buckthorne Fold. *E Ard* —3H **57**
Buckton Clo. *Leeds* —3E **41**
Buckton Mt. *Leeds* —3E **41**
Buckton Vw. *Leeds* —3E **41**
Bude Rd. *Leeds* —4F **41**
Buller Clo. *Leeds* —4E **33**
Buller Ct. *Leeds* —4E **33**
Buller Gro. *Leeds* —4D **32**
Buller St. *Rothw* —3C **54**
Bullerthorpe La. *Leeds* —1F **45**
Bullerthorpe La. *W'ford* —1E **55**
Bullough La. *Rothw* —2H **53**
Bungalows, The. *Leeds* —2D **34**
 (off Church La.)
Burchett Gro. *Leeds* —1E **31**
Burchett Pl. *Leeds* —1E **31**
Burchett Ter. *Leeds* —1F **31**
Burdett Ter. *Leeds* —3A **30**
Burland Ter. *Swil* —5G **45**
Burley. —4A **30**
Burley Grange Rd. *Leeds* —3A **30**
Burley Hill Cres. *Leeds* —2H **29**
Burley Hill Dri. *Leeds* —2H **29**
Burley La. *H'fth* —4B **18**
Burley La. *Men* —1B **6**
Burley Lodge Pl. *Leeds* —4C **30**
 (off Burley Lodge Rd.)
Burley Lodge Rd. *Leeds* —3C **30**
Burley Lodge St. *Leeds* —4C **30**
Burley Lodge Ter. *Leeds* —4C **30**
Burley Pl. *Leeds* —4B **30**
Burley Rd. *Leeds* —2A **30**
Burley Rd. Trad. Est. *Leeds* —2A **30**
Burley St. *Leeds* —5D **30** (4A **4**)
Burley Wood Cres. *Leeds* —2H **29**
Burley Wood La. *Leeds* —2A **30**
Burley Wood Mt. *Leeds* —2H **29**
Burley Wood Vw. *Leeds* —2A **30**
Burlington Av. *B'frd* —4A **26**
Burlington Pl. *Leeds* —5F **41**
Burlington Rd. *Leeds* —5F **41**
Burmantofts. —4C **32**
Burmantofts St. *Leeds* —5A **32**
Burnsall Ct. *Leeds* —5H **29**
Burnsall Cft. *Leeds* —5H **29**
Burnsall Gdns. *Leeds* —5H **29**
Burnsall Grange. *Leeds* —6H **29**
 (off Gelder Rd.)
Burnshaw M. *Leeds* —6H **51**
Burnt Side Rd. *Leeds* —5C **38**
Burr Tree Dri. *Leeds* —6D **34**
Burr Tree Gth. *Leeds* —6D **34**
Burr Tree Va. *Leeds* —6D **34**
Burton Av. *Leeds* —4G **41**
Burton Cres. *Leeds* —5B **20**
Burton M. *Leeds* —4H **13**
Burton Rd. *Leeds* —4G **41**
Burton Row. *Leeds* —3G **41**
Burton's Arc. *Leeds* —6G **31** (6E **5**)
Burton St. *Fars* —2F **27**
Burton St. *Leeds* —3G **41**
Burton Ter. *Leeds* —4G **41**
Burton Way. *Leeds* —4C **32**
Buslingthorpe. —1G **31**
Buslingthorpe Grn. *Leeds* —2G **31**
Buslingthorpe La. *Leeds* —1G **31**
Buslingthorpe Va. *Leeds* —1G **31**
Bussey Ct. *Leeds* —2E **31**
Butcher Hill. *Leeds* & *H'fth* —3E **19**
Butcher La. *Rothw* —4G **53**
Butchers Row. *Leeds* —5F **5**
Butcher St. *Leeds* —1F **41**
Butterbowl Dri. *Leeds* —2E **39**
Butterbowl Gdns. *Leeds* —2F **39**
Butterbowl Gth. *Leeds* —2E **39**
Butterbowl Gro. *Leeds* —2E **39**
Butterbowl Lawn. *Leeds* —2E **39**
Butterbowl Mt. *Leeds* —2E **39**
Butterbowl Rd. *Leeds* —2E **39**
Butterfield's Bldgs. *Morl* —4F **49**
Butterfield St. *Leeds* —6B **32**
Butterley St. *Leeds* —2G **41**
Butt La. *Leeds* —1D **38**
Button Hill. *Leeds* —1H **31**
Butts Ct. *Leeds* —5G **31** (5E **5**)

Butts La. *Guis* —4G **7**
Butts Mt. *Leeds* —6B **32**
Butts Ter. *Guis* —4G **7**
Byeway. *Guis* —4E **7**
Byron Gro. *Stan* —5G **59**
Byron St. *Leeds* —4H **31** (3G **5**)
Bywater Row. *B'shaw* —4D **46**

C

Cabbage Hill. *Leeds* —1H **39**
Cad Beeston. *Leeds* —4E **41**
Cad Beeston M. *Leeds* —4E **41**
Cain Clo. *Leeds* —6B **32**
Caister Clo. *Bat* —6A **48**
Calgary Cres. *Wake* —4D **56**
Calgary Pl. *Leeds* —5H **21**
California M. *Morl* —3H **49**
California St. *Morl* —5H **49**
Call La. *Leeds* —6G **31** (6F **5**)
Calls, The. *Leeds* —6G **31** (6F **5**)
Calverley. —4D **16**
Calverley Av. *B'frd* —5A **26**
Calverley Av. *Leeds* —2B **28**
Calverley Bridge. —5G **17**
Calverley Ct. *Leeds* —2B **28**
Calverley Ct. *W'ford* —4B **54**
Calverley Cutting. *B'frd* —3B **16**
Calverley Dri. *Leeds* —2B **28**
Calverley Gdns. *Leeds* —1A **28**
Calverley Gth. *Leeds* —2B **28**
Calverley Gro. *Leeds* —2B **28**
Calverley La. *C'ley* —5E **17**
 (in two parts)
Calverley La. *H'fth* —4G **17**
Calverley La. *Leeds* —1H **27**
Calverley Moor Av. *Pud* —4C **26**
Calverley Rd. *W'ford* —4C **54**
Calverley St. *Leeds* —4F **31** (3C **4**)
Calverley Ter. *Leeds* —2B **28**
Camberley Clo. *Pud* —1G **37**
Camberley Mt. *B'frd* —3A **36**
Camberley St. *Leeds* —4G **41**
Camberley Way. *Pud* —1G **37**
Cambrian St. *Leeds* —3E **41**
Cambrian Ter. *Leeds* —3E **41**
Cambridge Clo. *Morl* —4H **49**
Cambridge Ct. *Morl* —5H **49**
Cambridge Dri. *Bmly* —2B **28**
Cambridge Gdns. *Leeds* —2B **28**
Cambridge Rd. *Leeds* —2F **31**
Cambridge St. *Guis* —4G **7**
Campbell St. *S'ley* —3F **27**
Camp Field. —1F **41**
Camp Town. —5F **13**
Canada Cres. *Rawd* —5E **9**
Canada Dri. *Rawd* —4E **9**
Canada Rd. *Rawd* —4E **9**
Canada Ter. *Rawd* —5E **9**
Canal Ct. *Loft* —5F **59**
Canal La. *Stan* —5E **59**
Canal Pl. *Leeds* —6D **30**
Canal Rd. *A'ley* —3A **30**
Canal Rd. *Leeds* —6G **17**
Canal St. *Leeds* —6C **30**
Canal Wlk. *Stan* —5H **59**
Canal Wharf. *Kirks* —2F **29**
Canal Wharf. *Leeds* —6F **31**
Canterbury Dri. *Leeds* —1A **30**
Canterbury Rd. *Leeds* —1A **30**
Cape Ind. Est. *Far* —2F **27**
Capel Ct. *C'ley* —5D **16**
Capel St. *C'ley* —5D **16**
Capitol Pde. *Leeds* —4D **20**
Carberry Pl. *Leeds* —3C **30**
Carberry Rd. *Leeds* —3C **30**
Carberry Ter. *Leeds* —3C **30**
 (off Carberry Pl.)
Carden Av. *Leeds* —6G **33**
Carden Rd. *B'frd* —2A **36**
Cardigan Ct. *Leeds* —1C **30**
Cardigan Fields Rd. *Leeds* —4A **30**
Cardigan La. *Leeds* —3B **30**
 (in three parts)
Cardigan Rd. *Leeds* —1B **30**
Cardigan Ter. *E Ard* —3A **58**
Cardigan Trad. Est. *Leeds* —4B **30**
Cardinal Av. *Leeds* —1D **50**
Cardinal Cres. *Leeds* —1D **50**
Cardinal Gdns. *Leeds* —1C **50**
Cardinal Gro. *Leeds* —1C **50**
Cardinal Rd. *Leeds* —1C **50**
Cardinal Sq. *Leeds* —6D **40**

Cardinal Wlk. *Leeds* —6C **40**
Carlecotes Ho. *B'frd* —3A **36**
 (off Ned La.)
Carlisle Av. *Yead* —3E **9**
Carlisle Dri. *Pud* —1F **37**
Carlisle Gro. *Pud* —1F **37**
Carlisle Rd. *Leeds* —1H **41**
Carlisle Rd. *Pud* —1F **37**
Carlisle St. *Far* —4E **27**
Carlton. —6F **53**
Carlton Av. *Pud* —6G **27**
Carlton Carr. *Leeds* —3G **31** (1E **5**)
Carlton Clo. *Leeds* —1E **5**
Carlton Ct. *Leeds* —3C **40**
Carlton Cft. *Leeds* —1F **5**
Carlton Dri. *Guis* —3H **7**
Carlton Gdns. *Leeds* —3G **31** (1F **5**)
Carlton Gth. *Leeds* —1E **5**
Carlton Gth. *Shad* —4C **14**
Carlton Ga. *Leeds* —3G **31** (1E **5**)
Carlton Grange. *Yead* —2E **9**
 (off Cemetery Rd.)
Carlton Gro. *Leeds* —3G **31** (1E **5**)
Carlton Hill. *Leeds* —3G **31** (1E **5**)
Carlton La. *Guis* & *Yead* —3H **7**
Carlton La. *Rothw* —5F **53**
Carlton Loft. *Leeds* —1E **5**
Carlton M. *Guis* —4H **7**
Carlton Moor M. *Leeds* —4B **52**
Carlton Mt. *Yead* —1E **9**
Carlton Pde. *Leeds* —3G **31** (1F **5**)
Carlton Pl. *Leeds* —3G **31**
Carlton Ri. *Leeds* —3G **31** (1E **5**)
Carlton Rd. *Pud* —6G **27**
Carlton Row. *Leeds* —6G **29**
Carlton Ter. *Leeds* —5G **27**
Carlton Ter. *Yead* —2E **9**
Carlton Towers. *Leeds* —3G **31** (1F **5**)
Carlton Trad. Est. *Leeds* —5B **30**
Carlton Vw. *Leeds* —3G **31**
Carlton Wlk. *Leeds* —3G **31** (1E **5**)
Carr Bottom Rd. *Gre* —4A **16**
Carr Bri. Av. *Leeds* —6D **10**
Carr Bri. Clo. *Leeds* —6D **10**
Carr Bri. Dri. *Leeds* —6D **10**
Carr Bri. Vw. *Leeds* —6D **10**
Carr Clo. *Rawd* —6F **9**
Carr Crofts. *Leeds* —6H **29**
Carr Crofts Dri. *Leeds* —6H **29**
Carr Croft's Ter. *Leeds* —6H **29**
Carr Gate. —6A **58**
Carr Ga. Cres. *Carr G* —6H **57**
Carr Ga. Dri. *Carr G* —6H **57**
Carr Ga. Mt. *Carr G* —6H **57**
Carr Hill Av. *C'ley* —5C **16**
Carr Hill Dri. *C'ley* —5C **16**
Carr Hill Gro. *C'ley* —5C **16**
Carr Hill Nook. *C'ley* —5C **16**
Carr Hill Ri. *C'ley* —5C **16**
Carr Hill Rd. *C'ley* —5C **16**
Carrholm Cres. *Leeds* —4F **21**
Carrholm Dri. *Leeds* —4F **21**
Carrholm Gro. *Leeds* —4F **21**
Carrholm Mt. *Leeds* —4F **21**
Carrholm Rd. *Leeds* —4F **21**
Carrholm Vw. *Leeds* —4F **21**
Carriage Dri., The. *Leeds* —2E **23**
 (in two parts)
Carrington Ter. *Guis* —5F **7**
Carr La. *Carl* —6G **53**
Carr La. *Rawd* —6F **9**
Carr Mnr. Av. *Leeds* —3F **21**
Carr Mnr. Cres. *Leeds* —2F **21**
Carr Mnr. Cft. *Leeds* —4F **21**
Carr Mnr. Dri. *Leeds* —3F **21**
Carr Mnr. Gdns. *Leeds* —3F **21**
Carr Mnr. Gth. *Leeds* —2F **21**
Carr Mnr. Gro. *Leeds* —3F **21**
Carr Mnr. Mt. *Leeds* —3F **21**
Carr Mnr. Pde. *Leeds* —3F **21**
Carr Mnr. Pl. *Leeds* —3F **21**
Carr Mnr. Rd. *Leeds* —4F **21**
Carr Mnr. Vw. *Leeds* —2F **21**
Carr Mnr. Wlk. *Leeds* —4F **21**
Carr Moor Side. *Leeds* —4G **41**
Carr Moor St. *Leeds* —5H **41**
Carr Rd. *C'ley* —4B **16**
Carr Wood Clo. *C'ley* —5C **16**
Carr Wood Gdns. *C'ley* —5C **16**
Carr Wood Way. *C'ley* —4C **16**
Carter Av. *Leeds* —5C **34**
Carter La. *Leeds* —4C **34**

A-Z Leeds **67**

Carter Mt.—Clayton Wood Bank

Carter Mt. *Leeds* —5C **34**
Carter Sq. *B'frd* —4A **16**
Carter Ter. *Leeds* —4C **34**
Cartmell Dri. *Leeds* —6F **33**
Casson Av. *E Ard* —2F **57**
Casson Dri. *E Ard* —2F **57**
Casson Gro. *E Ard* —2F **57**
Casterton Gdns. *Leeds* —2A **34**
Castlefields. *Rothw* —4D **52**
Castle Ga. *W'ford* —1H **59**
Castle Grange. *Yead* —3F **9**
Castle Gro. Av. *Leeds* —4B **20**
Castle Gro. Dri. *Leeds* —5B **20**
Castle Head Clo. *Loft* —3E **59**
Castle Head La. *Loft* —4B **58**
 (in two parts)
Castle Ings Clo. *Leeds* —4D **38**
Castle Ings Dri. *Leeds* —4D **38**
Castle Ings Gdns. *Leeds* —4D **38**
Castle Rd. *Rothw* —4F **53**
Castle St. *Leeds* —5E **31** (5B **4**)
Castleton Clo. *Leeds* —6D **30**
Castleton Rd. *A'ley* —5C **30**
Castle Vw. *Leeds* —2F **21**
Castle Wood Clo. *H'fth* —3D **18**
Cathcart St. *Leeds* —2E **31**
Catherine Gro. *Leeds* —4F **41**
Cautley Rd. *Leeds* —1B **42**
Cavalier App. *Leeds* —1B **42**
Cavalier Clo. *Leeds* —1B **42**
Cavalier Ct. *Leeds* —1B **42**
Cavalier Dri. *App B* —4A **16**
Cavalier Gdns. *Leeds* —1B **42**
Cavalier Ga. *Leeds* —1B **42**
Cavalier Hill. —6A 32
Cave La. *E Ard* —3H **57**
Cavendish Dri. *Guis* —5F **7**
Cavendish Gro. *Guis* —5F **7**
Cavendish M. *Leeds* —5H **13**
Cavendish Pl. *S'ley* —4F **27**
Cavendish Rd. *Guis* —5F **7**
Cavendish Ri. *Pud* —6A **28**
Cavendish Rd. *Leeds* —3F **31** (1C **4**)
Cavendish Sq. *S'ley* —4G **27**
 (off Cavendish Pl.)
Cavendish St. *Leeds* —5D **30** (4A **4**)
Cavendish St. *Pud* —6A **28**
Cavendish St. *Yead* —2E **9**
Caythorpe Rd. *Leeds* —4H **19**
Cecil Gro. *Leeds* —5A **30**
Cecil Mt. *Leeds* —5A **30**
Cecil Rd. *Leeds* —5A **30**
Cecil St. *Leeds* —5A **30**
Cedar Ter. *Leeds* —5A **30**
Cedar Av. *Leeds* —6H **29**
Cedar Clo. *Leeds* —6A **30**
Cedar Ct. *Leeds* —1H **21**
 (off Harrogate Rd.)
Cedar Ct. *Rothw* —3E **55**
Cedar Mt. *Leeds* —6H **29**
Cedar Pl. *Leeds* —6H **29**
Cedar Rd. *Leeds* —6A **30**
Cedar St. *Leeds* —6H **29**
Cedar Ter. *Leeds* —6H **29**
Cemetery La. *Carl* —2E **59**
Cemetery Rd. *Leeds* —3E **41**
Cemetery Rd. *Pud* —5E **27**
Cemetery Rd. *Yead* —2E **9**
Central Pde. *Leeds* —4E **43**
Central Rd. *Leeds* —6G **31** (6F **5**)
Central St. *Leeds* —5F **31** (5C **4**)
Centre 27 Bus. Pk. *Birs* —6B **48**
Century Way. *Leeds* —6F **35**
Chaddle Wood Clo. *H'fth* —2C **18**
Chadwick St. *Leeds* —1H **41**
 (in two parts)
Chadwick St. S. *Leeds* —1H **41**
Chalfont Rd. *Leeds* —3H **19**
Chalice Clo. *Leeds* —2A **52**
Chalner Av. *Morl* —6F **49**
Chalner Clo. *Morl* —6F **49**
Chancellor Ct. *Leeds* —6F **5**
Chancellor St. *Leeds* —2F **31**
Chandlers Clo. *Wake* —6D **58**
Chandlers, The. *Leeds* —6F **5**
Chandlers Wharf. *Leeds* —5G **17**
Chandos Av. *Leeds* —3A **22**
Chandos Fold. *Leeds* —3A **22**
Chandos Gdns. *Leeds* —3A **22**
Chandos Gth. *Leeds* —3A **22**
Chandos Grn. *Leeds* —3A **22**
Chandos Pl. *Leeds* —3B **22**
Chandos Ter. *Leeds* —3B **22**

Chandos Wlk. *Leeds* —3A **22**
Chantree Mt. *Leeds* —6D **24**
Chantrell Ct. *Leeds* —6H **31** (6G **5**)
Chantry Cft. *Leeds* —6D **34**
Chantry Gth. *Leeds* —6D **34**
Chapel Allerton. —4G 21
Chapel Ct. *Halt* —5A **34**
Chapel Fold. *A'ley* —6A **30**
 (off Wesley Rd.)
Chapel Fold. *Bees* —5C **40**
Chapel Fold. *Halt* —5A **34**
Chapel Fold. *Pud* —1G **37**
 (off Littlemoor Rd.)
Chapel Grn. *Pud* —1F **37**
Chapel Hill. *Leeds* —4H **51**
Chapel Hill. *Morl* —4G **49**
Chapel Hill. *Yead* —2D **8**
Chapel La. *A'ley & N Farn* —6A **30**
Chapel La. *F'ley* —2B **38**
Chapel La. *Leeds* —1B **30**
 (in two parts)
Chapel Pl. *Yead* —2D **8**
Chapel Pl. *Leeds* —6B **20**
Chapel Rd. *Leeds* —6H **21**
Chapel Sq. *Leeds* —6B **20**
 (off Chapel Pl.)
Chapel St. *C'ley* —4D **16**
Chapel St. *E Ard* —4G **57**
Chapel St. *Halt* —5A **34**
Chapel St. *Head* —6B **20**
Chapel St. *Morl* —6E **49**
Chapel St. *Rawd* —5D **8**
Chapel St. *Rod* —6G **17**
Chapel St. *Stan* —6G **59**
Chapel St. *S'ley* —4F **27**
Chapel St. *Ting* —2D **56**
Chapel Ter. *Leeds* —6B **20**
 (off Chapel St.)
Chapeltown. —4A 22
Chapeltown. *Pud* —1F **37**
Chapeltown Rd. *Leeds* —2H **31** (1G **5**)
Chapel Yd. *Colt* —1D **44**
 (off Meynell Rd.)
Chapel Yd. *W'ford* —4C **54**
Charing Cross M. *Leeds* —2F **31**
Charles Av. *B'frd* —6A **26**
Charles Av. *Leeds* —1B **42**
Charles Av. *Out* —6D **58**
Charles Gdns. *Leeds* —2E **41**
Charles Gro. *W'ford* —3C **54**
Charles St. *Fars* —2F **27**
Charles St. *H'fth* —3B **18**
Charles St. *Morl* —5H **49**
Charlotte Clo. *Birs* —6H **47**
Charlotte Gro. *Leeds* —5B **34**
Charlton Gro. *Leeds* —6C **32**
Charlton Pl. *Leeds* —6C **32**
Charlton Rd. *Leeds* —6C **32**
Charlton St. *Leeds* —6C **32**
Chartist's Ct. *Morl* —6G **49**
 (off Gt. Northern St.)
Chartists Way. *Morl* —6G **49**
Chartwell Ct. *Leeds* —4D **14**
Charville Gdns. *Leeds* —6H **15**
Chase, The. *Rawd* —5C **8**
Chase, The. *Stan* —5H **59**
Chatswood Av. *Leeds* —1D **50**
Chatswood Cres. *Leeds* —1D **50**
Chatswood Dri. *Leeds* —6D **40**
Chatsworth Av. *Pud* —5C **26**
Chatsworth Clo. *Leeds* —2C **32**
Chatsworth Cres. *Pud* —5C **26**
Chatsworth Dri. *Pud* —5C **26**
Chatsworth Fall. *Pud* —5C **26**
Chatsworth M. *Morl* —6A **50**
Chatsworth Ri. *Pud* —5C **26**
Chatsworth Rd. *Leeds* —2C **32**
Chatsworth Rd. *Pud* —5C **26**
Chaucer Av. *Pud* —1H **37**
Chaucer Gdns. *Pud* —1H **37**
Chaucer Gro. *Pud* —1H **37**
Chel Bus. Cen. *Leeds* —3H **31** (1H **5**)
Chelsea Clo. *Leeds* —1A **40**
Chelsfield Ct. *Leeds* —2F **35**
Chelsfield Way. *Leeds* —2F **35**
Cheltenham St. *Leeds* —1B **40**
Chelwood Av. *Leeds* —6B **14**
Chelwood Cres. *Leeds* —1B **22**
Chelwood Dri. *Leeds* —6B **14**
Chelwood Gro. *Leeds* —6B **14**
Chelwood Mt. *Leeds* —6B **14**

Chelwood Pl. *Leeds* —6A **14**
Chenies Clo. *Leeds* —4G **33**
Cherry Lea Ct. *Rawd* —4D **8**
Cherry Pl. *Leeds* —4A **32**
Cherry Ri. *Leeds* —3C **24**
Cherry Row. *Leeds* —4A **32** (3H **5**)
Cherry Tree Av. *B'frd* —4A **16**
Cherry Tree Ct. *E Ard* —4G **57**
Cherry Tree Cres. *Fars* —2F **27**
Cherry Tree Dri. *Fars* —2F **27**
Cherry Tree Wlk. *E Ard* —4G **57**
Cherrywood Clo. *Leeds* —2B **24**
Cherrywood Gdns. *Leeds* —2B **24**
Chesney Av. *Leeds* —3H **41**
Chesney Pk. Ind. Est. *Leeds* —3H **41**
Chester St. *Leeds* —5A **30**
Chesterton Ct. *Colt* —1D **44**
Chestnut Av. *Head* —2C **30**
Chestnut Av. *Leeds* —3D **34**
*Chestnut Clo. Leeds —6A **22***
 (off Harehills La.)
Chestnut Dri. *Leeds* —4H **11**
Chestnut Gdns. *Leeds* —1A **40**
Chestnut Gro. *C'ley* —5D **16**
Chestnut Gro. *Leeds* —2C **30**
Chestnut Gro. *Rothw* —3E **55**
Chestnut Pl. *Leeds* —2C **30**
Chestnut Ri. *Leeds* —1H **39**
Chestnut St. *Leeds* —2C **30**
Chestnut Way. *Leeds* —4H **11**
Chevin Av. *Men* —1D **6**
Chevin End. *Men* —2D **6**
Chevin End Rd. *Men & Guis* —2F **7**
Chevington Ct. *Rawd* —6C **8**
Chichester St. *Leeds* —3H **29**
Chippendale Ct. *Men* —1D **6**
Chirton Gro. *Leeds* —6C **22**
Chiswick St. *Leeds* —4C **30**
*Chiswick Ter. Leeds —3C **30***
 (off Chiswick Vw.)
Chorley La. *Leeds* —4E **31** (3B **4**)
 (in two parts)
Christ Chu. Av. *Leeds* —5H **29**
Christ Chu. Mt. *Leeds* —5H **29**
Christ Chu. Pde. *Leeds* —5H **29**
Christ Chu. Pl. *Leeds* —5H **29**
Christ Chu. Rd. *Leeds* —5H **29**
Christ Chu. Ter. *Leeds* —5H **29**
Christ Chu. Vw. *Leeds* —5H **29**
Christiana Ter. *Morl* —4H **49**
Christopher Rd. *Leeds* —2F **31**
Church Av. *Gild* —1C **48**
Church Av. *H'fth* —2B **18**
Church Av. *Leeds* —4D **20**
Church Av. *Swil* —5G **45**
Church Clo. *Leeds* —1B **34**
Church Clo. *Swil* —5G **45**
Church Ct. *Yead* —3D **8**
Church Cres. *H'fth* —2B **18**
Church Cres. *Leeds* —6G **13**
Church Cres. *Swil* —6H **45**
Church Cres. *Yead* —3C **8**
Church Farm Clo. *Loft* —3E **59**
Church Farm Gth. *Leeds* —5H **15**
Churchfield Clo. *Rothw* —4H **53**
Churchfield Gro. *Rothw* —3G **53**
Churchfield La. *Rothw* —3G **53**
Churchfield Rd. *Rothw* —4G **53**
Church Fields. *B'frd* —3A **26**
Church Gdns. *Gild* —2C **48**
Church Gdns. *Leeds* —6H **13**
Churchgate. *Gild* —2C **48**
Church Ga. *H'fth* —2B **18**
Church Gro. *H'fth* —2B **18**
Church Hill Gdns. *S'ley* —3H **27**
Church Hill Grn. *S'ley* —3H **27**
Church Hill. *S'ley* —3H **27**
Churchill Gdns. *Leeds* —1D **4**
Church La. *Adel* —5A **12**
Church La. *Chap A* —5H **21**
Church La. *C'gts* —3C **34**
Church La. *E Ard* —4G **57**
Church La. *H'fth* —2B **18**
Church La. *Leeds* —6H **31** (6G **5**)
Church La. *Mean* —4D **20**
Church La. *Meth* —6H **55**
Church La. *Out* —6D **58**
Church La. *Pud* —6G **27**
Church La. *Swil* —6F **45**
Church La. *Ting* —4B **56**
Church La. Av. *Wake* —6D **58**
Church Mt. *H'fth* —2B **18**

Church Rd. *H'fth* —3B **18**
Church Rd. *Leeds* —6A **30**
Church Rd. *Stan* —6H **59**
Church Row. *Leeds* —6H **31** (6G **5**)
Churchside Vs. *Meth* —6H **55**
Church St. *Gild* —2C **48**
Church St. *Guis* —4G **7**
Church St. *Kirks* —1G **29**
Church St. *Leeds* —4H **41**
Church St. *Morl* —4G **49**
Church St. *Rothw* —4G **53**
Church St. *W'ford* —2C **54**
Church St. *Yead* —3C **8**
Church Vw. *Adel* —4A **12**
Church Vw. *Leeds* —1H **29**
Church Wlk. *Leeds* —6G **5**
Church Way. *Morl* —4G **49**
Chu. Wood Av. *Leeds* —5A **20**
Chu. Wood Mt. *Leeds* —4A **20**
Chu. Wood Rd. *Leeds* —5A **20**
Churwell. —2A **50**
City. —5H 49
Citygate. *Leeds* —5D **30**
*City Mills. Morl —5H **49***
 (off Peel St.)
City Pk. Ind. Est. *Leeds* —4A **40**
City Sq. *Leeds* —6F **31** (6D **4**)
City Varieties. —5G **31** (5E **5**)
Civic Theatre. —4F **31** (3D **4**)
Clapgate La. *Leeds* —4B **52**
Clapham Dene Rd. *Leeds* —4B **34**
Clara Dri. *C'ley* —4B **16**
Clara St. *Fars* —3F **27**
Claremont. *Pud* —6H **27**
Claremont Av. *Leeds* —4E **31** (3A **4**)
Claremont Ct. *Leeds* —5C **20**
Claremont Cres. *Leeds* —6D **20**
Claremont Dri. *Leeds* —5C **20**
Claremont Gdns. *Fars* —3F **27**
Claremont Gro. *Leeds* —3E **31** (3A **4**)
Claremont Gro. *Pud* —6G **27**
Claremont Pl. *Leeds* —5C **20**
Claremont Rd. *Leeds* —5C **20**
Claremont St. *Leeds* —6G **27**
Claremont St. *W'ford* —3C **54**
Claremont Ter. *Leeds* —6G **29**
Claremont Vw. *Leeds* —4E **31** (3A **4**)
Claremont Vw. *W'ford* —4C **54**
Claremount. *Leeds* —5C **20**
Clarence Dri. *C'ley* —4B **16**
Clarence Gdns. *H'fth* —4B **18**
Clarence Gro. *H'fth* —4B **18**
Clarence M. *H'fth* —4B **18**
Clarence Rd. *H'fth* —4B **18**
Clarence Rd. *Leeds* —6H **31**
 (in two parts)
Clarence St. *Leeds* —4C **28**
Clarence Ter. *Pud* —5G **27**
Clarendon Pl. *Leeds* —1A **4**
Clarendon Rd. *Leeds* —3E **31** (2A **4**)
Clarendon St. *Leeds* —3E **31**
Clarendon Ter. *Pud* —1G **37**
Clarendon Way. *Leeds* —4E **31** (3B **4**)
Clarion Camp. *Men* —1F **7**
Clark Av. *Leeds* —6B **32**
Clark Cres. *Leeds* —6B **32**
Clarke Rd. *Wake* —6C **56**
Clarke St. *C'ley* —5D **16**
Clark Gro. *Leeds* —1B **42**
Clark La. *Leeds* —6B **32**
 (in two parts)
Clark Mt. *Leeds* —6B **32**
Clark Rd. *Leeds* —1B **42**
Clark Row. *Leeds* —1B **42**
Clarkson Ter. *Chur* —1A **50**
Clarkson Vw. *Leeds* —1E **31**
Clark Spring Clo. *Morl* —2G **49**
Clark Spring Ri. *Morl* —2H **49**
Clark Ter. *Leeds* —6B **32**
Clark Vw. *Leeds* —1B **42**
Clay Pit La. *Leeds* —4G **31** (3E **5**)
Clayton Clo. *Leeds* —5B **42**
Clayton Ct. *H'let* —5B **42**
Clayton Ct. *Leeds* —3F **19**
Clayton Dri. *Leeds* —5B **42**
Clayton Grange. *Leeds* —3F **19**
Clayton Gro. *Yead* —2D **8**
Clayton Ri. *Wake* —6D **58**
Clayton Rd. *Leeds* —5B **42**
Clayton St. *Rothw* —4H **53**
Clayton Way. *Leeds* —5B **42**
Clayton Wood Bank. *Leeds* —2F **19**

68 A-Z Leeds

Clayton Wood Clo.—Craven Rd.

Clayton Wood Clo. *Leeds* —2F **19**
Clayton Wood Ri. *Leeds* —2F **19**
Clayton Wood Rd. *Leeds* —2E **19**
Clearings, The. *Leeds* —1H **51**
Cleasby Rd. *Men* —2C **6**
Cleeve Hill. *Rawd* —5D **8**
Clement Ter. *Morl* —5H **49**
(off Ackroyd St.)
Clement Ter. *Rothw* —5G **53**
Cleveleys Av. *Leeds* —3D **40**
Cleveleys Ct. Leeds —3D **40**
(off Cleveleys Av.)
Cleveleys Mt. *Leeds* —3D **40**
Cleveleys St. *Leeds* —3D **40**
Cleveleys St. Leeds —3D **40**
(off Cleveleys Rd.)
Cleveleys Ter. *Leeds* —3D **40**
Cliff Ct. *Leeds* —1E **31**
Cliffdale Rd. *Leeds* —1F **31**
Cliffe Ct. Yead —2E **9**
(off Harper La.)
Cliffe Dri. *Rawd* —6C **8**
Cliffe La. *Rawd* —1E **17**
(in two parts)
Cliffe Pk. Chase. *Leeds* —1G **39**
Cliffe Pk. Clo. *Leeds* —1G **39**
Cliffe Pk. Cres. *Leeds* —1G **39**
Cliffe Pk. Dri. *Leeds* —1G **39**
Cliffe Pk. Mt. *Leeds* —1G **39**
Cliffe Pk. Ri. *Leeds* —1G **39**
Cliffe Ter. *Rob H* —6C **52**
Cliffe Vw. *Morl* —6D **48**
Cliff Hollins La. *Oaken & E Bier*
—3A **46**
Cliff La. *Leeds* —1D **30**
(in two parts)
Cliff Mt. *Leeds* —1E **31**
Cliff Mt. Ter. *Leeds* —1E **31**
Clifford Pl. *Chur* —2H **49**
Cliff Rd. *Leeds* —1E **31**
Cliff Rd. Gdns. *Leeds* —1E **31**
Cliff Side Gdns. *Leeds* —1E **31**
Cliff Ter. *Leeds* —1E **31**
Clifton Av. *Leeds* —4C **32**
Clifton Av. *Stan* —6G **59**
Clifton Ct. Pud —5G **27**
(off Clifton Rd.)
Clifton Cft. *Leeds* —4F **11**
Clifton Dri. *Pud* —5G **27**
Clifton Gth. *Pud* —6G **27**
Clifton Gdns. *Leeds* —4C **32**
Clifton Hill. *Pud* —5G **27**
Clifton Ho. *H'fth* —2D **18**
Clifton Mt. *Leeds* —4C **32**
Clifton Pl. *Pud* —5G **27**
Clifton Rd. *Pud* —5G **27**
Clifton Ter. *Leeds* —4C **32**
Clipstone Av. *Leeds* —5D **20**
Clipstone Mt. *Leeds* —5D **20**
Clipstone Ter. *Leeds* —5D **20**
Clipston St. *Leeds* —5D **20**
Cloberry St. *Leeds* —3E **31** (1A **4**)
Close, The. *Alw* —4E **13**
Close, The. *E Ard* —4H **57**
Close, The. *Guis* —5E **7**
Close, The. *Leeds* —6A **32**
Cloth Hall St. *Leeds* —6G **31** (6F **5**)
Clough St. *Morl* —5H **49**
Clovelly Av. *Leeds* —4F **41**
Clovelly Gro. *Leeds* —4F **41**
Clovelly Pl. *Leeds* —4F **41**
Clovelly Row. *Leeds* —4F **41**
Clovelly Ter. *Leeds* —4F **41**
Clover Ct. *C'ley* —5C **16**
Clover Cres. *C'ley* —4C **16**
Club La. *Leeds* —6G **17**
Club Row. *Leeds* —4G **21**
Club Row. *Yead* —2E **9**
Clyde App. *Leeds* —1C **40**
Clyde Chase. Leeds —1C **40**
(off Clyde Vw.)
Clyde Ct. *Leeds* —1C **40**
Clyde Gdns. *Leeds* —1C **40**
Clyde Grange. *Leeds* —1C **40**
Clyde Vw. *Leeds* —1C **40**
Clyde Wlk. *Leeds* —1C **40**
Coach Rd. *Guis* —6F **7**
Coach Rd. *Wake* —6E **59**
Coal Hill Dri. *Leeds* —1H **27**
Coal Hill Fold. *Leeds* —1H **27**

Coal Hill Gdns. *Leeds* —1H **27**
Coal Hill Ga. *Leeds* —1H **27**
(off Coal Hill Dri.)
Coal Hill Grn. *Leeds* —1H **27**
Coal Hill La. *Fars* —1G **27**
Coal Rd. *Wike* —1F **15**
Cobden Av. *Leeds* —3F **39**
Cobden Gro. *Leeds* —3F **39**
Cobden M. *Morl* —4G **49**
Cobden Pl. *Leeds* —3F **39**
Cobden Rd. *Leeds* —3F **39**
Cobden St. *Leeds* —3F **39**
Cobden St. *Morl* —4G **49**
Cobden Ter. *Leeds* —3F **39**
Cobham Wlk. *Leeds* —3F **35**
Cockburn Clo. *Leeds* —4G **41**
Cockburn Way. *Leeds* —4G **41**
Cockcroft Ho. Leeds —2B **30**
(off Chapel La.)
Cockersdale. —1A **48**
Cockshott Clo. *Leeds* —4F **29**
Cockshott Dri. *Leeds* —4F **29**
Cockshott Hill. *Pud* —2F **27**
Cockshott La. Leeds —4F **29**
(in two parts)
Colby Ri. *Leeds* —6G **33**
Coldcotes Av. *Leeds* —3D **32**
Coldcotes Cir. *Leeds* —3E **33**
Coldcotes Clo. *Leeds* —3E **33**
Coldcotes Cres. *Leeds* —3F **33**
Coldcotes Dri. *Leeds* —3E **33**
Coldcotes Gth. *Leeds* —3E **33**
Coldcotes Gro. *Leeds* —3F **33**
Coldcotes Vw. *Leeds* —3F **33**
Coldcotes Wlk. *Leeds* —3F **33**
Coldwell Rd. *Leeds* —4B **34**
Coldwell Sq. *Leeds* —4B **34**
Coleman La. *Leeds* —1D **40**
Colenso Gdns. *Leeds* —3D **40**
Colenso Grn. *Leeds* —3D **40**
Colenso Mt. *Leeds* —3D **40**
Colenso Pl. *Leeds* —3D **40**
Colenso Rd. *Leeds* —3D **40**
Colenso Ter. *Leeds* —3D **40**
Coleridge Clo. *Oult* —6C **54**
Coleridge La. *Pud* —2H **37**
Colindale Clo. *B'frd* —5A **16**
College Rd. *Gild* —3D **48**
Colliers La. *Leeds* —5G **15**
Collin Rd. *Leeds* —4H **33**
Collins Yd. *Leeds* —6D **34**
Colmore Av. *Leeds* —2B **40**
Colmore Rd. *Leeds* —2B **40**
Colmore St. *Leeds* —2B **40**
Colton. —1D **44**
Colton Cft. *Leeds* —6D **34**
Colton Cft. *Leeds* —6D **34**
Colton Gth. *Leeds* —6D **34**
Colton La. *Leeds* —6D **34**
Colton Retail Pk. *Colt* —6E **35**
Colton Rd. *A'ley* —6A **30**
Colton Rd. *Leeds* —6C **34**
Colton Rd. E. *Leeds* —1E **45**
Colton St. Leeds —6C **34**
(in two parts)
Colton St. *Leeds* —4A **30**
Colville Ter. *Leeds* —3F **41**
Colville Ter. *Thpe* —2A **58**
Colwyn Av. *Leeds* —5F **41**
Colwyn Mt. *Leeds* —5F **41**
Colwyn Pl. *Leeds* —5F **41**
Colwyn Rd. *Leeds* —5F **41**
Colwyn Ter. *Leeds* —5F **41**
Colwyn Vw. *Leeds* —5F **41**
Commercial Rd. *Leeds* —1G **29**
Commercial St. *Leeds* —5G **31** (5E **5**)
Commercial St. *Morl* —5G **49**
Commercial St. *Rothw* —4G **53**
Commercial Vs. *Pud* —1F **37**
Common La. *E Ard* —3F **57**
Common Rd. *Stan* —4H **59**
Compton Av. *Leeds* —3C **32**
Compton Cres. *Leeds* —3C **32**
Compton Gro. *Leeds* —3C **32**
Compton Mt. *Leeds* —3C **32**
Compton Pl. *Leeds* —3C **32**
Compton Rd. *Leeds* —3C **32**
Compton Row. *Leeds* —3C **32**
Compton St. *Leeds* —3C **32**
Compton Ter. *Leeds* —3C **32**
Compton Vw. *Leeds* —3C **32**
Concordia St. *Leeds* —6G **31**
Concord St. *Leeds* —4H **31** (3G **5**)

Coney Warren La. *Stan* —3G **59**
Conference Pl. *Leeds* —6G **29**
Conference Rd. *Leeds* —6G **29**
Conference Ter. *Leeds* —6G **29**
Congress Mt. *Leeds* —6G **29**
Congress St. *Leeds* —6G **29**
Coniston Av. *Leeds* —6C **20**
Coniston Ct. *Loft G* —5D **58**
Coniston Gdns. *Leeds* —1G **43**
Coniston Rd. *Rothw* —2C **54**
Coniston Way. *W'ford* —3C **54**
Consort St. *Leeds* —4D **30**
Consort Ter. *Leeds* —4D **30**
Consort Vw. *Leeds* —4D **30**
Consort Wlk. *Leeds* —4D **30**
Constable Rd. *Stan* —5G **59**
Constable Rd. *Wake* —3C **56**
Constance Gdns. *Leeds* —3F **31**
Constance Way. *Leeds* —3F **31**
Conway Av. *Leeds* —2B **32**
Conway Dri. *Leeds* —2B **32**
Conway Gro. *Leeds* —2B **32**
Conway Mt. *Leeds* —2B **32**
Conway Pl. *Leeds* —2B **32**
Conway Rd. *Leeds* —2B **32**
Conway St. *Leeds* —2B **32**
Conway St. *S'ley* —4F **27**
Conway Ter. *Leeds* —2B **32**
Conway Vw. *Leeds* —2B **32**
Cookridge. —3E **11**
Cookridge Av. *Leeds* —3E **11**
Cookridge Dri. *Leeds* —3D **10**
Cookridge Gro. *Leeds* —3E **11**
Cookridge La. *Cook* —1D **10**
Cookridge St. *Leeds* —5F **31** (4D **4**)
Cook Sq. *Morl* —2H **49**
Co-operation St. *Leeds* —3G **39**
Co-operative St. *Chur* —1A **50**
Co-operative St. *Loft* —2E **59**
Co-operative St. *Morl* —4G **49**
Cooper Hill. *Pud* —2F **37**
Copeland St. *B'frd* —2A **36**
Copgrove Clo. *B'frd* —4A **36**
Copgrove Ct. *B'frd* —4A **36**
Copgrove Rd. *B'frd* —4A **36**
Copgrove Rd. *Leeds* —1C **32**
Copley Hill. *Leeds* —1C **40**
Copley Hill Trad. Est. *Leeds* —2C **40**
Copley Hill Way. *Leeds* —2C **40**
Copley La. *Rob H* —5D **52**
Copley St. *Leeds* —1C **40**
Copley Yd. *Leeds* —1C **40**
Copperfield Av. *Leeds* —1B **42**
Copperfield Cres. *Leeds* —1B **42**
Copperfield Dri. *Leeds* —1B **42**
Copperfield Gro. *Leeds* —1B **42**
Copperfield Mt. *Leeds* —1C **42**
Copperfield Pl. *Leeds* —1B **42**
Copperfield Row. *Leeds* —1B **42**
Copperfield Ter. *Leeds* —1B **42**
Copperfield Vw. *Leeds* —1B **42**
Copperfield Wlk. *Leeds* —1B **42**
Coppice Grange. *Yead* —1D **8**
Coppice, The. *Yead* —4B **8**
Coppice Way. *Leeds* —5C **22**
Coppice Wood Av. *Guis & Yead*
—1C **8**
Coppice Wood Clo. *Guis* —4H **7**
Coppice Wood Cres. *Yead* —1C **8**
Coppice Wood Gro. *Guis* —1C **8**
Coppice Wood Ri. *Yead* —1D **8**
Copplestone Wlk. *B'frd* —5A **36**
Coppy La. *Leeds* —1C **28**
Copt Royd Gro. *Yead* —2C **8**
Cordingley St. *B'frd* —6A **36**
Cordingley St. *B'frd* —6A **36**
Corn Exchange. *Leeds* —6F **5**
Corn Mill. *Men* —1D **6**
Corn Mill Rd. *H'fth* —1E **19**
Corn Mill Yd. *Leeds* —6D **28**
Cornstone Fold. *Leeds* —6C **28**
Cornus Gdns. *Leeds* —1H **51**
Cornwall Clo. *Rothw* —3F **53**
Cornwall Cres. *Rothw* —3F **53**
Coronation Av. *Esh* —6A **6**
Coronation Pde. *Leeds* —1G **43**
Coronation St. *Carl* —6F **53**
Corporation St. *Morl* —4F **49**
Cotefields Av. *Fars* —2E **27**
Cote La. *Far* —3E **27**
Coteroyd Av. *Chur* —1A **50**
Coteroyd Dri. *Chur* —2A **50**

Cote, The. *Fars* —3E **27**
Cotswold Dri. *Rothw* —3F **53**
Cotswold Rd. *Rothw* —3G **53**
Cottage Rd. *B'frd* —4A **16**
Cottage Rd. *Leeds* —5B **20**
Cotterdale Vw. *Leeds* —1G **43**
Cottingley. —6B **40**
Cottingley App. *Leeds* —6B **40**
Cottingley Chase. *Leeds* —6A **40**
Cottingley Ct. *Leeds* —6B **40**
Cottingley Cres. *Leeds* —6B **40**
Cottingley Dri. *Leeds* —5A **40**
Cottingley Fold. *Leeds* —5A **40**
Cottingley Gdns. *Leeds* —6B **40**
Cottingley Grn. *Leeds* —6B **40**
Cottingley Gro. *Leeds* —6B **40**
Cottingley Heights. *Leeds* —6B **40**
Cottingley Mt. *Leeds* —5A **40**
Cottingley Springs Cvn. Pk. Leeds
—6G **39**
Cottingley Towers. *Leeds* —6B **40**
Cottingley Va. *Leeds* —6B **40**
Coultas Clo. *Men* —1D **6**
County Arc. *Leeds* —5G **31** (5F **5**)
Coupland Pl. *Leeds* —3F **41**
Coupland Rd. *Leeds* —3F **41**
Coupland St. *Leeds* —4F **41**
Courtenay Clo. *B'frd* —6A **26**
Courtenays. *Leeds* —1B **34**
Court, The. *Alw* —4D **12**
Coverley Gth. *Yead* —2B **8**
Coverley Ri. *Yead* —2B **8**
Covet, The. *B'frd* —3A **16**
Cow Clo. Gro. *Leeds* —3G **39**
Cow Clo. Rd. *Leeds* —3F **39**
Cowley Rd. *Leeds* —6H **17**
Cowper Av. *Leeds* —3C **32**
Cowper Cres. *Leeds* —3C **32**
Cowper Gro. *Leeds* —2C **32**
Cowper Mt. *Leeds* —3C **32**
Cowper Rd. *Leeds* —3C **32**
Cowper St. *Leeds* —3C **32**
Cowper Ter. *Leeds* —3C **32**
Crab La. *Leeds* —5A **30**
Crabtree Way. *Ting* —4D **56**
Cragg Av. *H'fth* —3B **18**
Cragg Hill. *H'fth* —3C **18**
Cragg Rd. *H'fth* —3C **18**
Cragg Ter. H'fth —3B **18**
(in two parts)
Cragg Ter. *Rawd* —1D **16**
Craggwell Ter. H'fth —4C **18**
(off Craggwood Rd.)
Craggwood Clo. *H'fth* —4C **18**
Craggwood Rd. *H'fth* —4C **18**
Craggwood Ter. H'fth —4C **18**
(off Craggwood Rd.)
Crag Hill Av. *Leeds* —2E **11**
Crag Hill Vw. *Leeds* —3E **11**
Crag La. *Leeds* —4C **12**
Cragside Clo. *Leeds* —4E **19**
Cragside Cres. *Leeds* —4E **19**
Cragside Gdns. *Leeds* —5D **18**
Cragside Gro. *Leeds* —5D **18**
Cragside Mt. *Leeds* —4E **19**
Cragside Pl. *Leeds* —5E **19**
Cragside Wlk. *Leeds* —5D **18**
Craigmore Ct. *B'frd* —5B **36**
Cranbrook Av. *Leeds* —4E **41**
Cranbrook Vw. *Pud* —2A **38**
Cranewells Dri. *Leeds* —1D **44**
Cranewells Grn. *Leeds* —1C **44**
Cranewells Ri. *Leeds* —6C **34**
Cranewells Va. *Leeds* —1C **34**
Cranewells Vw. *Leeds* —6C **34**
Cranmer Bank. *Leeds* —6E **13**
Cranmer Clo. *Leeds* —6E **13**
Cranmer Gdns. *Leeds* —6E **13**
Cranmer Ri. *Leeds* —5E **13**
Cranmer Rd. *Leeds* —6E **13**
(in two parts)
Cranmore Cres. *Leeds* —4B **52**
Cranmore Dri. *Leeds* —4B **52**
Cranmore Gdns. *Leeds* —4A **52**
Cranmore Gth. *Leeds* —4A **52**
Cranmore Grn. *Leeds* —4A **52**
Cranmore Gro. *Leeds* —4A **52**
Cranmore La. *Leeds* —4B **52**
Cranmore Ri. *Leeds* —4B **52**
Cranmore Rd. *Leeds* —4A **52**
Craven Pk. *Men* —1B **6**
Craven Rd. *Leeds* —2F **31**

A-Z Leeds 69

Crawshaw Av.—Dennison Cotts.

Crawshaw Av. *Pud* —6H 27
Crawshaw Clo. *Pud* —6G 27
Crawshaw Gdns. *Pud* —6H 27
Crawshaw Hill. *Pud* —6G 27
Crawshaw Pk. *Pud* —6G 27
Crawshaw Ri. *Pud* —1G 37
Crawshaw Rd. *Pud* —6G 27
Crescent Av. *Rothw* —2H 53
Crescent Bungalows. *Thor* —1H 57
Crescent Ct. *Leeds* —3D 12
Crescent Gdns. *Leeds* —5H 13
Crescent Grange. *Leeds* —3G 41
Crescent, The. *Adel* —5G 11
Crescent, The. *Alw* —3D 12
Crescent, The. *B'shaw* —2C 46
Crescent, The. *Bmly* —2C 28
Crescent, The. *Guis* —5E 7
Crescent, The. *Halt* —5B 34
Crescent, The. *H'fth* —2F 17
Crescent, The. Leeds —2E 31
 (off Woodhouse La.)
Crescent, The. *Men* —1D 6
Crescent, The. *Pud* —5H 27
Crescent, The. *Ting* —3E 57
Crescent Towers. *Leeds* —3G 41
Crescent Vw. *Leeds* —3D 12
Crest, The. *Swil* —6G 45
Cricketers Grn. *Yead* —3E 9
Cricketers Ter. *Leeds* —6A 30
Cricketers Wlk. *Colt* —6E 35
Cricketers Way. *Kirks* —1H 29
Cricklegate. *Leeds* —5B 34
Crimbles. —6H 27
Crimbles Ct. *Pud* —6H 27
Crimbles Pl. *Pud* —6H 27
Crimbles Rd. *Pud* —6H 27
Crimbles Ter. *Pud* —6H 27
Croft Av. *E Ard* —4H 57
Croft Av. *Fars* —2F 27
Croft Bri. *Oult* —4C 54
Croft Clo. *Men* —1B 6
Croft Cotts. *N Farn* —4E 39
Croft Ct. *H'fth* —2C 18
Croftdale Gro. *Leeds* —3D 34
Croft Dri. *Men* —1C 6
Crofters Lea. *Yead* —3B 8
Croft Head. *Guis* —4G 7
Cft. House Av. *Morl* —4H 49
Cft. House Clo. *Morl* —3H 49
Cft. House Ct. *Pud* —5G 27
Cft. House Dri. *Morl* —4H 49
Cft. House Gdns. *Morl* —4H 49
Cft. House Gro. *Morl* —4H 49
Cft. House La. *Morl* —4H 49
Cft. House M. *Morl* —4H 49
Cft. House Mt. *Morl* —3H 49
Cft. House Ri. *Morl* —3H 49
Cft. House Rd. *Morl* —4H 49
Cft. House Vw. *Morl* —4H 49
Cft. House Wlk. *Morl* —3H 49
Cft. House Way. *Morl* —3H 49
Crofton Ri. *Leeds* —5H 15
Crofton Ter. *Leeds* —5H 15
Croft Pk. *Men* —1B 6
Croft Ri. *Men* —1C 6
Croft's Ct. *Leeds* —5F 31 (5D 4)
Croftside Clo. *Leeds* —2B 34
Croft St. *B'shaw* —4C 46
 (in two parts)
Croft St. *Fars* —2F 27
Croft Ter. *Leeds* —4E 39
Croft, The. *Dlgtn* —4G 47
Croft, The. *Leeds* —4B 34
Croft, The. *Ting* —6B 56
Croft, The. *W'ford* —4C 54
Croft Way. *Men* —1C 6
Cromack Vw. *Pud* —6E 27
Cromer Pl. *Leeds* —3E 31 (1A 4)
Cromer Rd. *Leeds* —3E 31 (1B 4)
Cromer St. *Leeds* —3E 31 (1A 4)
Cromer Ter. *Leeds* —4E 31 (2A 4)
Crompton Dri. *Morl* —3F 49
Cromwell Ct. *Dlgtn* —4F 47
Cromwell Heights. *Leeds* —4H 5
Cromwell Mt. *Leeds* —4A 32
Cromwell St. *Leeds* —5E 31 (4H 5)
Cropper Ga. *Leeds* —5E 31 (5A 4)
Crosby Av. *Leeds* —3D 40
Crosby Pl. *Leeds* —2E 41
Crosby Rd. *Leeds* —3D 40
Crosby St. *Leeds* —2D 40
Crosby Ter. *Leeds* —2E 41

Crosby Vw. *Leeds* —2E 41
Cross Albert Pl. *Leeds* —1B 40
Cross Aston Gro. *Leeds* —3E 29
Cross Aysgarth Mt. *Leeds* —6B 32
Cross Banstead St. *Leeds* —2B 32
Cross Barstow St. *Leeds* —1G 41
Cross Bath Rd. *Leeds* —3C 28
Cross Belgrave St. *Leeds*
 —5G 31 (4F 5)
Cross Bellbrooke Av. Leeds —3D 32
 (off Bellbrooke Av.)
Cross Bell St. *Leeds* —4H 5
Cross Bentley La. *Leeds* —5D 20
Cross Burley Lodge Rd. Leeds
 —3C 30
 (off Burley Rd.)
Cross Cardigan Ter. *Leeds* —4A 30
Cross Catherine St. *Leeds* —6A 32
Cross Chancellor St. *Leeds* —2F 31
Cross Chapel St. *Leeds* —6B 20
Cross Chestnut Gro. Leeds —2C 30
 (off Chestnut Av.)
Cross Cliff Rd. *Leeds* —1D 30
Cross Conway Mt. *Leeds* —2B 32
Cross Cowper St. *Leeds* —2H 31
Cross Dawlish Gro. *Leeds* —5D 32
Cross Easy Rd. *Leeds* —1B 42
Crossfield St. *Leeds* —2E 31
Cross Flatts. *Leeds* —4E 41
Cross Flatts Av. *Leeds* —5E 41
Cross Flatts Cres. *Leeds* —5D 40
Cross Flatts Dri. *Leeds* —4D 40
Cross Flatts Gro. *Leeds* —5D 40
Cross Flatts Mt. *Leeds* —5E 41
Cross Flatts Pde. *Leeds* —5D 40
Cross Flatts Pl. *Leeds* —5D 40
Cross Flatts Rd. *Leeds* —5D 40
Cross Flatts Row. *Leeds* —5D 40
Cross Flatts St. *Leeds* —5D 40
Cross Flatts Ter. *Leeds* —5D 40
Cross Fountaine St. *Leeds*
 —5F 31 (4D 4)
Cross Francis St. *Leeds* —2H 31
Cross Gates. —3B 34
Cross Gates Av. *Leeds* —2C 34
Cross Gates La. *Leeds* —2B 34
Cross Gates Rd. *Leeds* —3A 34
 (in two parts)
Cross Glen Rd. *Leeds* —4A 20
Cross Granby Ter. *Leeds* —6B 20
Cross Grange Av. *Leeds* —2A 32
Cross Grasmere St. *Leeds* —6B 30
Cross Green. —2C 42
Cross Grn. *B'frd* —3A 36
Cross Grn. App. *Leeds* —2C 42
Cross Grn. Av. *Leeds* —1B 42
Cross Grn. Clo. *Leeds* —2C 42
Cross Grn. Ct. *Leeds* —2D 42
Cross Grn. Cres. *Leeds* —1B 42
Cross Grn. Dri. *Leeds* —2C 42
Cross Grn. Gth. *Leeds* —2C 42
Cross Grn. Gro. *Leeds* —1B 42
Cross Grn. Ind. Est. *Leeds* —2D 42
Cross Grn. La. *C Grn* —1A 42
Cross Grn. La. *Halt* —5A 34
Cross Grn. Ri. *Leeds* —2C 42
Cross Grn. Rd. *Leeds* —1B 42
Cross Grn. Row. *Leeds* —4C 20
Cross Grn. Va. *Leeds* —3C 42
Cross Grn. Way. *Leeds* —2C 42
Cross Greenwood Mt. *Leeds* —4C 20
Cross Hartley Av. Leeds —1E 31
 (off Delph La.)
Cross Heath Gro. *Leeds* —4C 40
Cross Henley Rd. *Leeds* —3C 28
Cross Hill. *Leeds* —6C 40
Cross Hilton Gro. *Leeds* —1B 32
Cross Inglewood Cres. *Leeds* —1D 22
Cross Ingram Rd. *Leeds* —2F 41
Cross Kelso Rd. *Leeds* —4D 30 (2A 4)
Crossland Rd. *Chur* —2H 49
Crossland St. *Leeds* —1E 41
Crossland Ter. *Leeds* —4G 41
Cross La. *B'shaw & B'frd* —2D 46
Cross La. *F'ley* —2E 39
Cross La. *Guis* —1H 7
Cross La. *Wort* —6H 29
Cross Lea Farm Rd. *Leeds* —4F 19
Cross Lidgett Pl. *Leeds* —3B 22
Cross Louis St. *Leeds* —2H 31
Cross Maude St. Leeds —6G 5
 (off Maude St.)

Cross Mitford Rd. *Leeds* —6B 30
Cross Osmondthorpe La. Leeds
 —5E 33
Cross Pk. St. *Leeds* —5A 34
Cross Peel St. *Morl* —5H 49
Cross Quarry St. *Leeds* —1E 31
Cross Reginald Mt. *Leeds* —1H 31
Cross Rd. *H'fth* —3A 18
Cross Roundhay Av. *Leeds* —6B 22
Cross Row. *Leeds* —1G 45
Cross St Michaels La. *Leeds* —1B 30
Cross Speedwell St. *Leeds* —2F 31
Cross Springwell St. *Leeds* —1D 40
Cross Stamford St. *Leeds*
 —4H 31 (2H 5)
Cross St. *E Ard* —3A 58
Cross St. *Leeds* —5A 34
Cross St. *Rothw* —4G 53
Cross Ter. *Rothw* —4G 53
Cross Valley Dri. Leeds —4A 34
 (off Valley Dri.)
Cross Westfield Rd. Leeds —4D 30
 (off Westfield Rd.)
Cross Wingham St. *Leeds*
 —3H 31 (1H 5)
Cross Woodstock St. Leeds —1C 4
 (off Blenheim Wlk.)
Cross Woodview St. Leeds —5F 41
 (off Woodview St.)
Cross York St. *Leeds* —6H 31 (6G 5)
Crown Ct. *Leeds* —6G 31 (6F 5)
Crow Nest La. *Leeds* —5B 40
Crown Point. —6H 31 (6H 5)
Crown Point Retail Pk. *Leeds* —1G 41
Crown Point Rd. *Leeds* —1H 41 (6H 5)
Crown St. *Leeds* —6G 31 (6F 5)
Crowther Av. *C'ley* —5B 16
Crowther Pl. *Leeds* —2F 31
Crowther St. *B'frd* —4A 16
Crowthers Yd. *Pud* —1G 37
Crowtrees Ct. *Rawd* —6E 9
Crow Trees Pk. *Rawd* —5D 8
Croxall Dri. *Stan* —6G 59
Croydon St. *Leeds* —1D 40
Cudbear St. *Leeds* —1H 41
Cumberland Ct. *Leeds* —2B 30
Cumberland Rd. *Leeds* —1D 30
Curlew Ri. *Morl* —6B 50
Cutler Pl. *B'frd* —3A 36
Czar St. *Leeds* —2E 41

Daffil Av. *Chur* —2H 49
Daffil Grange M. *Morl* —2H 49
Daffil Grange Way. *Morl* —2H 49
Daffil Gro. *Chur* —2H 49
Daffil Rd. *Chur* —2H 49
Daisyfield Grange. Leeds —4D 28
 (off Rossefield App.)
Daisyfield Rd. *Leeds* —4D 28
Daisy Hill. —4A 50
Daisy Hill. *Morl* —4A 50
Daisy Hill Av. *Morl* —3A 50
Daisy Hill Clo. *Morl* —3H 49
Daisy Row. *Leeds* —2A 40
Daisy Va. Ter. *Thor* —2A 58
Dale Clo. *Guis* —5D 6
Dale Pk. Av. *Leeds* —5D 10
Dale Pk. Clo. *Leeds* —5D 10
Dale Pk. Gdns. *Leeds* —5D 10
Dale Pk. Ri. *Leeds* —5D 10
Dale Pk. Vw. *Leeds* —5D 10
Dale Pk. Wlk. *Leeds* —5D 10
Dale Rd. *Dlgtn* —6A 38
Dales Dri. *Guis* —5D 6
Daleside Av. *Pud* —5C 26
Daleside Gro. *Pud* —5C 26
Daleside Rd. *Pud* —4B 26
Dales Way. *Guis* —5D 6
Dale Vs. *H'fth* —4D 18
Dalton Av. *Leeds* —5E 41
Dalton Gro. *Leeds* —5E 41
Dalton Rd. *Leeds* —5E 41
Dam La. *Yead* —2E 9
Damon Av. *B'frd* —1A 26
Danby Wlk. *Leeds* —6B 32
Dane Ct. Rd. *B'frd* —4A 36
Dane Hill Dri. *B'frd* —3A 36
Daniel Ct. *B'frd* —5B 36
Darcy Ct. *Leeds* —5C 34
Darfield Av. *Leeds* —2C 32

Darfield Cres. *Leeds* —2C 32
Darfield Gro. *Leeds* —2B 32
Darfield Pl. *Leeds* —2C 32
Darfield Rd. *Leeds* —2C 32
Darfield St. *Leeds* —2C 32
Dark La. *Birs* —6H 47
Darkwood Clo. *Leeds* —5C 14
Darkwood Way. *Leeds* —5C 14
Darley Av. *Leeds* —2H 51
Darnell Ter. *Leeds* —1G 41
Darnley La. *Leeds* —1C 44
Darnley Rd. *Leeds* —4H 19
Darren St. *B'frd* —1A 36
Dartmouth Av. *Morl* —6G 49
Dartmouth Way. *Leeds* —5G 41
David St. *Leeds* —1F 41
Davies Av. *Leeds* —3B 22
Dawlish Av. *Leeds* —5D 32
Dawlish Cres. *Leeds* —5D 32
Dawlish Gro. *Leeds* —6D 32
Dawlish Mt. *Leeds* —5D 32
Dawlish Pl. *Leeds* —5D 32
Dawlish Rd. *Leeds* —5D 32
Dawlish Row. *Leeds* —5D 32
Dawlish St. *Leeds* —5D 32
Dawlish Ter. *Leeds* —5D 32
Dawlish Wlk. *Leeds* —6D 32
Dawson Hill. *Morl* —4G 49
Dawson La. *Rothw* —3G 53
Dawson La. *Tong* —5G 37
Dawson Rd. *Leeds* —4E 41
Dawsons Corner. *S'ley* —3E 27
Dawsons Ct. *Leeds* —1B 34
Dawsons Mdw. *S'ley* —3E 27
Dawson St. *S'ley* —4F 27
Dawson St. *Ting* —2B 56
Dean Av. *Leeds* —5C 22
Dean Ct. *Leeds* —5C 22
Deane, The. *Leeds* —1F 43
 (in two parts)
Deanfield Av. *Morl* —4F 49
Dean Hall Clo. *Morl* —5F 49
Dean Head. *H'fth* —1A 10
Deanhurst Gdns. *Gild* —3D 48
Deanhurst Ind. Cen. *Gild* —3D 48
Dean La. *Guis* —5B 6
Dean La. *H'fth* —1A 10
Dean M. *H'fth* —1B 10
Dean Pk. Av. *Dlgtn* —2G 47
Dean Pk. Dri. *Dlgtn* —2G 47
Dean Pastures. *Dlgtn* —3G 47
Deansway. *Morl* —7F 49
Deanswood Clo. *Leeds* —6E 13
Deanswood Dri. *Leeds* —6D 12
Deanswood Gdns. *Leeds* —6D 12
Deanswood Gth. *Leeds* —6E 13
Deanswood Grn. *Leeds* —6D 12
Deanswood Hill. *Leeds* —6D 12
Deanswood Pl. *Leeds* —6E 13
Deanswood Ri. *Leeds* —6E 13
Deanswood Vw. *Leeds* —6E 13
De Lacies Ct. *W'ford* —2A 54
De Lacies Rd. *W'ford* —2A 54
De Lacy Mt. *Leeds* —1G 29
Delius Av. *B'frd* —6A 16
Delph End. —6D 26
Delph Ct. *Leeds* —1E 31
Delph End. *Pud* —6D 26
Delph La. *Leeds* —1E 31
Delph Mt. *Leeds* —1E 31
Delph Vw. *Leeds* —1E 31
Demontfort Ho. *B'frd* —3A 36
 (off Ned La.)
Denbigh App. *Leeds* —3F 33
Denbigh Cft. *Leeds* —3F 33
Denbigh Heights. *Leeds* —3F 33
Denbrook Av. *B'frd* —6B 36
Denbrook Clo. *B'frd* —6B 36
Denbrook Cres. *B'frd* —1B 46
Denbrook Wlk. *B'frd* —6B 36
Denbrook Way. *B'frd* —6B 36
Denbury Mt. *B'frd* —5A 36
Denby Ho. *B'frd* —6B 36
Dence Grn. *B'frd* —2A 36
Dence Pl. *Leeds* —5G 33
Dene Ho. *Leeds* —3F 31
Deneway. *S'ley* —3E 27
Denison Rd. *Leeds* —5E 31 (4A 4)
Denison St. *Yead* —2D 8
Dennil Cres. *Leeds* —1D 34
Dennil Rd. *Leeds* —2D 34
Dennison Cotts. *Leeds* —1B 42

Dennison Fold—Elm Av.

Dennison Fold. *B'frd* —2A **36**
Dennistead Cres. *Leeds* —6B **20**
Denshaw Dri. *Morl* —5A **50**
Denshaw Dri. Clo. *Morl* —5A **50**
Denshaw Gro. *Morl* —5A **50**
Denshaw Gro. Clo. *Morl* —5A **50**
Denshaw La. *Ting* —6D **50**
Denton Av. *Leeds* —3B **22**
Denton Gro. *Leeds* —3B **22**
Denton Row. *Leeds* —1G **39**
Dent St. *Leeds* —6B **32**
Derby Pl. *B'frd* —6A **26**
Derby Rd. *B'frd* —6A **26**
Derby Rd. *Rawd* —5D **8**
Derbyshire St. *Leeds* —4B **42**
Derby Ter. *B'frd* —3A **16**
Derry Hill. *Men* —2B **6**
Derry Hill Gdns. *Men* —1B **6**
Derry La. *Men* —1B **6**
Derwent Av. *W'ford* —3C **54**
Derwent Dri. *Leeds* —5B **12**
Derwent Pl. *Leeds* —1E **41**
Derwentwater Gro. *Leeds* —6B **20**
Derwentwater Ter. *Leeds* —6B **20**
Detroit Av. *Leeds* —5D **34**
Detroit Dri. *Leeds* —5E **35**
Devon Clo. *Leeds* —3F **31**
Devon Rd. *Leeds* —3F **31** (1C **4**)
Devonshire Av. *Leeds* —2C **22**
Devonshire Clo. *Round* —1C **22**
 (in two parts)
Devonshire Cres. *Leeds* —2C **22**
Devonshire Gdns. *Leeds* —2F **31**
Devonshire La. *Leeds* —1C **22**
Devonshire Pl. *Yead* —2D **8**
Dewhirst Pl. *B'frd* —2A **36**
Dewsbury Rd. *Dew & Ting* —5A **56**
Dewsbury Rd. *Gom* —6D **46**
Dewsbury Rd. *Leeds* —1G **41**
 (nr. Meadow La.)
Dewsbury Rd. *Leeds* —2D **50**
 (nr. Millshaw Rd.)
Dewsbury Rd. *Ting & Morl* —1C **56**
Diadem Dri. *Leeds* —4G **33**
Dial St. *Leeds* —1B **42**
Dibb La. *Yead* —2B **8**
Dib Clo. *Leeds* —6F **23**
Dib La. *Leeds* —6F **23**
Dickinson St. *H'fth* —1C **18**
Dick La. *B'frd & Thornb* —3A **36**
Dick's Gth. Rd. *Men* —1B **6**
Digby Rd. *Men* —1C **6**
Dinsdale Bldgs. *Yead* —3C **8**
 (off Back La.)
Disraeli Gdns. *Leeds* —3F **41**
Disraeli Ter. *Leeds* —3F **41**
Dixon La. *Leeds* —2A **40**
Dixon La. Rd. *Leeds* —2A **40**
Dobson Av. *Leeds* —4G **41**
Dobson Gro. *Leeds* —4G **41**
Dobson Pl. *Leeds* —4G **41**
Dobsons Row. *Carl* —1F **59**
Dobson Ter. *Leeds* —4G **41**
Dobson Vw. *Leeds* —4G **41**
Dock St. *Leeds* —6G **31**
Dodgson Av. *Leeds* —2A **32**
Dolly La. *Leeds* —4A **32**
Dolphin Ct. *Leeds* —6A **32**
 (nr. Catherine St.)
Dolphin Ct. *Leeds* —4B **28**
 (nr. Stanningley Rd.)
Dolphin La. *Thpe* —1A **58**
Dolphin Rd. *Leeds* —4A **52**
Dolphin St. *Leeds* —6A **32**
Domestic Rd. *Leeds* —2D **40**
Domestic St. *Leeds* —1D **40**
Dominion Av. *Leeds* —5H **21**
Dominion Clo. *Leeds* —5H **21**
Donald St. *Fars* —3F **27**
Donisthorpe St. *Leeds* —2A **42**
Dorchester Ct. *B'frd* —4A **36**
Dorchester Cres. *B'frd* —4A **36**
Dorchester Dri. *Yead* —3F **9**
Dorset Av. *Leeds* —1C **32**
Dorset Gro. *S'ley* —5G **27**
Dorset Mt. *Leeds* —1C **32**
Dorset Rd. *Leeds* —1C **32**
Dorset St. *Leeds* —1C **32**
Dorset Ter. *Leeds* —1C **32**
Dortmund Sq. *Leeds* —4E **5**
Dotterel Glen. *Morl* —6B **50**
Dovedale Gdns. *Leeds* —3F **35**

Dovedale Gth. *Leeds* —2F **35**
Dragon Cres. *Leeds* —2B **40**
Dragon Dri. *Leeds* —2A **40**
Dragon Rd. *Leeds* —2B **40**
Drake La. *Dlgtn* —4G **47**
Draycott Wlk. *B'frd* —5A **36**
Drayton Mnr. Yd. *Leeds* —3G **41**
 (off Moor Cres.)
Driftholme Rd. *Dlgtn* —2H **47**
Drighlington. —4G 47
Drighlington By-Pass. *B'frd* —2E **47**
Driver Way. *Leeds* —1C **40**
Driver St. *Leeds* —1D **40**
Driver Ter. *Leeds* —1C **40**
Drive, The. *Adel* —6G **11**
Drive, The. *Alw* —3D **12**
Drive, The. *B'frd* —5A **16**
Drive, The. *C'gts* —3D **34**
Drive, The. *Leeds* —6A **32**
Drive, The. *Round* —3B **22**
Drive, The. *Swil* —6G **45**
Drub. —6A 46
Drub La. *Cleck* —6A **46**
Drummond Av. *Leeds* —5A **20**
Drummond Ct. *Leeds* —5A **20**
Drummond Rd. *Leeds* —4A **20**
Drury La. *H'fth* —3B **18**
Drury Clo. *H'fth* —3B **18**
Drury La. *H'fth* —3B **18**
 (in two parts)
Duckett Gro. *Pud* —5B **26**
Dudley Gro. *B'frd* —2A **36**
Dudley St. *Cut H* —2A **36**
Dufton App. *Leeds* —2A **34**
Duke St. *Leeds* —6H **31** (6H **5**)
Dulverton Clo. *Leeds* —6B **40**
Dulverton Ct. *Leeds* —6B **40**
Dulverton Gdns. *Leeds* —5A **40**
Dulverton Gth. *Leeds* —6A **40**
Dulverton Grn. *Ctly* —6A **40**
Dulverton Gro. *Leeds* —6B **40**
Dulverton Gro. *B'frd* —4A **36**
Dulverton Gro. *Leeds* —6A **40**
Dulverton Pl. *Leeds* —6A **40**
Dulverton Sq. *Leeds* —6B **40**
Duncan St. *Leeds* —6G **31** (6F **5**)
Duncombe St. *Leeds* —5E **31** (5A **4**)
Dungeon La. *Oult* —2H **59**
Dunhill Cres. *Leeds* —5G **33**
Dunhill Ri. *Leeds* —5G **33**
Dunlin Clo. *Morl* —6B **50**
Dunlin Ct. *Leeds* —4H **51**
Dunlin Cft. *Leeds* —4H **51**
Dunlin Dri. *Leeds* —4H **51**
Dunlin Fold. *Leeds* —4H **51**
Dunmill Rd. *Leeds* —3C **28**
Dunmill Ri. *Leeds* —5A **42**
Dunmill Va. *Leeds* —5F **29**
Dunningley La. *Ting* —1D **56**
Dunnock Cft. *Morl* —6B **50**
Dunstarn Dri. *Leeds* —6B **12**
Dunstarn Gdns. *Leeds* —6C **12**
Dunstarn La. *Leeds* —1B **20**
Durban Av. *Leeds* —5D **40**
Durban Cres. *Leeds* —5D **40**
Durham Ct. *Fars* —2F **27**
Dutton Grn. *Leeds* —3A **24**
Dutton Way. *Leeds* —4A **24**
Duxbury Ri. *Leeds* —3F **31**
Dyehouse La. *Pud* —3G **37**
 (in two parts)
Dyers Ct. *Leeds* —1D **30**
Dyer Ct. *Leeds* —5H **31** (5G **5**)
Dyson Ho. *Leeds* —2H **29**

Earlsmere Dri. *Morl* —4F **49**
Earlswood Av. *Leeds* —1B **22**
Earlswood Chase. *Pud* —1G **37**
Earlswood Mead. *Pud* —1F **37**
Easdale Clo. *Leeds* —6H **23**
Easdale Cres. *Leeds* —6H **23**
Easdale Mt. *Leeds* —1H **33**
Easdale Rd. *Leeds* —1H **33**
East Ardsley. —4E 57
East Bierley. —2B 46
E. Causeway. *Leeds* —4B **12**
E. Causeway Clo. *Leeds* —4B **12**
E. Causeway Cres. *Leeds* —5B **12**
E. Causeway Va. *Leeds* —5C **12**
East Ct. Far —2F **27**
 (off Ebenezer St.)

Eastdean Bank. *Leeds* —5A **24**
Eastdean Dri. *Leeds* —5A **24**
Eastdean Gdns. *Leeds* —5B **24**
Eastdean Ga. *Leeds* —6B **24**
Eastdean Grange. *Leeds* —6B **24**
Eastdean Gro. *Leeds* —5B **24**
Eastdean Ri. *Leeds* —5B **24**
Eastdean Rd. *Leeds* —5A **24**
Easterly Av. *Leeds* —1C **32**
Easterly Clo. *Leeds* —2D **32**
Easterly Cres. *Leeds* —1C **32**
Easterly Cross. *Leeds* —1C **32**
Easterly Gth. *Leeds* —1D **32**
Easterly Gro. *Leeds* —1C **32**
Easterly Mt. *Leeds* —1D **32**
Easterly Rd. *Leeds* —1C **32**
Easterly Sq. *Leeds* —1D **32**
Easterly Vw. *Leeds* —1D **32**
Eastfield Dri. *W'ford* —3B **54**
Eastfield Gdns. *B'frd* —4A **36**
E. Field St. *Leeds* —6A **32**
Eastgate. *Leeds* —5G **31** (5F **5**)
E. Grange Clo. *Leeds* —6A **42**
E. Grange Dri. *Leeds* —6A **42**
E. Grange Gth. *Leeds* —6A **42**
E. Grange Ri. *Leeds* —6A **42**
E. Grange Rd. *Leeds* —6A **42**
E. Grange Sq. *Leeds* —6A **42**
E. Grange Vw. *Leeds* —6A **42**
E. King St. *Leeds* —6A **32**
Eastland Wlk. *Leeds* —4E **29**
Eastleigh. *Ting* —3E **57**
Eastleigh Ct. *Ting* —3E **57**
Eastleigh Dri. *Ting* —3D **56**
East Moor. —5C 12
E. Moor Av. *Leeds* —2B **22**
E. Moor Clo. *Leeds* —2B **22**
E. Moor Cres. *Leeds* —1B **22**
E. Moor Dri. *Leeds* —2C **22**
Eastmoor Ho. *B'frd* —5B **36**
E. Moor La. *Leeds* —5B **12**
E. Moor Rd. *Leeds* —1B **22**
East Pde. *Leeds* —5F **31** (5D **4**)
East Pde. *Men* —1C **6**
E. Park Dri. *Leeds* —6B **32**
E. Park Gro. *Leeds* —6C **32**
E. Park Mt. *Leeds* —6C **32**
E. Park Pde. *Leeds* —6C **32**
E. Park Pl. *Leeds* —6B **32**
E. Park Rd. *Leeds* —6B **32**
E. Park St. *Leeds* —6C **32**
E. Park St. *Morl* —6F **49**
E. Park Ter. *Leeds* —6C **32**
E. Park Vw. *Leeds* —6C **32**
E. Side Ct. *Pud* —2B **38**
East St. *Leeds* —6H **31** (6G **5**)
 (in three parts)
East Vw. *Gild* —4C **48**
East Vw. *Leeds* —3C **34**
 (off Swillington La.)
East Vw. *Pud* —2G **37**
East Vw. *W'ford* —4C **54**
East Vw. *Yead* —3E **9**
E. View Clo. *Lowt* —5H **27**
 (off Lane End)
E. View Rd. *Yead* —3E **9**
Eastwood Cres. *Leeds* —1D **34**
Eastwood Dri. *Leeds* —6D **24**
Eastwood Gdns. *Leeds* —1C **34**
Eastwood Gth. *Leeds* —1D **34**
Eastwood La. *Leeds* —1D **34**
Eastwood Nook. *Leeds* —1D **34**
Easy Rd. *Leeds* —1B **42**
Eaton Hill. *Leeds* —6E **11**
Eaton M. *Leeds* —4G **51**
Eaton Sq. *Leeds* —5G **51**
Ebberston Gro. *Leeds* —2D **30**
Ebberston Pl. *Leeds* —2D **30**
Ebberston Ter. *Leeds* —2D **30**
Ebenezer St. *Fars* —2F **27**
Ebenezer St. *Rob H* —6D **52**
Ebor Mt. *Leeds* —3D **30**
Ebor Pl. *Leeds* —3D **30**
Ebor St. *Leeds* —3D **30**
Ebor Ter. *Leeds* —5A **42**
 (off Woodhouse Hill Rd.)
Ecclesburn Av. *Leeds* —6C **32**
Ecclesburn Rd. *Leeds* —6C **32**
Ecclesburn St. *Leeds* —6C **32**
Ecclesburn Ter. *Leeds* —6C **32**
Eccup La. *Leeds* —3B **12**

Eccup Moor Rd. *Leeds* —1C **12**
Edale Way. *Leeds* —6F **11**
Eddison Clo. *Leeds* —4B **12**
Eddison St. *Fars* —3F **27**
Eddison Wlk. *Leeds* —4B **12**
Eden Cres. *Leeds* —1H **29**
Eden Dri. *Leeds* —2H **29**
Eden Gdns. *Leeds* —2H **29**
Eden Gro. *Leeds* —2H **29**
Eden Mt. *Leeds* —2H **29**
Eden Rd. *Leeds* —1H **29**
Eden Wlk. *Leeds* —2H **29**
Eden Way. *Leeds* —2H **29**
Ederoyd Av. *S'ley* —4C **26**
Ederoyd Cres. *S'ley* —4C **26**
Ederoyd Dri. *S'ley* —4D **26**
Ederoyd Gro. *S'ley* —4D **26**
Ederoyd Mt. *S'ley* —4C **26**
Ederoyd Ri. *S'ley* —4C **26**
Edgbaston Clo. *Leeds* —3E **13**
Edgbaston Wlk. *Leeds* —4A **34**
Edgerton Rd. *Leeds* —3H **19**
Edgware Av. *Leeds* —3B **32**
Edgware Gro. *Leeds* —3B **32**
Edgware Mt. *Leeds* —3B **32**
Edgware Pl. *Leeds* —3B **32**
Edgware Row. *Leeds* —3B **32**
Edgware Sts. *Leeds* —3B **32**
Edgware Ter. *Leeds* —3B **32**
Edgware Vw. *Leeds* —3B **32**
Edinburgh Av. *Leeds* —5G **29**
Edinburgh Gro. *Leeds* —5G **29**
Edinburgh Pl. *Leeds* —5G **29**
Edinburgh Rd. *Leeds* —5G **29**
Edinburgh Ter. *Leeds* —5G **29**
Edlington Clo. *B'frd* —4A **36**
Edmonton Pl. *Leeds* —5H **21**
Edroyd Pl. *Fars* —2F **27**
Edroyd St. *Fars* —2F **27**
Education Rd. *Leeds* —2G **31**
Edward Ct. *Carr G* —6A **58**
Edward Dri. *Wake* —6D **58**
Edward St. *B'frd* —4A **36**
Edward St. *Leeds* —5G **31** (4F **5**)
Edwin Rd. *Leeds* —3C **30**
Egerton St. *Rawd* —6F **9**
 (off Town St.)
Eggleston Dri. *B'frd* —5B **36**
Eggleston St. *Leeds* —6H **17**
Eighth Av. *Leeds* —1B **40**
Eighth Av. *Rothw* —2A **54**
Eightlands Av. *Leeds* —3D **28**
Eightlands La. *Leeds* —3D **28**
Ekota Pl. *Leeds* —1B **32**
Elder Cft. *Leeds* —4C **28**
Elder Mt. *Leeds* —4C **28**
Elder Pl. *Leeds* —4C **28**
Elder Ri. *Rothw* —3E **55**
Elder Rd. *Leeds* —4C **28**
Elder St. *B'frd* —4A **16**
Elder St. *Leeds* —4C **28**
Eldon Mt. *Guis* —4G **7**
Eldon Ter. *Leeds* —3F **31**
Eleanor Dri. *C'ley* —4B **16**
Elford Gro. *Leeds* —2B **32**
Elford Pl. E. *Leeds* —2B **32**
Elford Pl. W. *Leeds* —2B **32**
Elford Rd. *Leeds* —2B **32**
Elgar Wlk. *Stan* —6G **53**
Eliot Gro. *Leeds* —1B **8**
Elizabeth Gro. *Morl* —4A **50**
Elizabeth Pl. *Leeds* —6A **24**
Elizabeth St. *Leeds* —2C **30**
Elland Road. —4C **40**
Elland Rd. *Morl* —2H **49**
Elland Rd. Ind. Pk. *Leeds* —4B **40**
Elland Ter. *Leeds* —2F **41**
Elland Way. *Leeds* —5B **40**
Ellerby La. *Leeds* —1A **42**
Ellerby Rd. *Leeds* —6A **32**
Eller Ct. *Leeds* —5E **23**
Ellers Gro. *Leeds* —1H **31**
Ellers Rd. *Leeds* —1B **32**
Ellicott Ct. *Men* —1C **6**
Ellis Fold. *Leeds* —6H **29**
Ellis Ter. *Leeds* —5B **20**
Ellwood Clo. *Mean* —4D **20**
Elm Av. *Stan* —6H **59**

Elm Ct.—Flinton Gro.

Elm Ct. *B'shaw* —5D **46**
Elm Cft. *Leeds* —3C **24**
Elmete Av. *Leeds* —4E **23**
Elmete Av. *Scholes* —5F **25**
Elmete Clo. *Leeds* —5F **23**
Elmete Ct. *Leeds* —5E **23**
Elmete Ct. *Scholes* —5F **25**
Elmete Dri. *Leeds* —4F **23**
Elmete Grange. *Men* —1C **6**
Elmete Gro. *Leeds* —4E **23**
Elmete Hill. *Leeds* —5F **23**
Elmete La. *Leeds* —4F **23**
Elmete Mt. *Leeds* —5F **23**
Elmete Wlk. *Leeds* —5E **23**
Elmete Way. *Leeds* —5F **23**
Elmet Towers. *Leeds* —1C **34**
Elmfield. *Oult* —4D **54**
Elmfield Ct. *Morl* —6H **49**
Elmfield Gro. *Leeds* —1B **40**
Elmfield Pl. *Leeds* —1B **40**
Elmfield Rd. *Leeds* —1B **40**
Elmfield Rd. *Morl* —1A **56**
Elmfield Way. *Leeds* —4D **28**
Elm Ho. *Leeds* —1G **43**
Elmhurst Clo. *Leeds* —5C **14**
Elmhurst Gdns. *Leeds* —5C **14**
Elmroyd. *Rothw* —5H **53**
Elms, The. *Guis* —4G **7**
Elms, The. *Leeds* —5H **21**
Elm St. *Leeds* —1F **31**
Elmton Clo. *Leeds* —2H **51**
Elm Tree Clo. *Leeds* —1E **45**
Elm Tree Clo. *Pud* —1G **37**
Elmtree La. *Leeds* —3H **41**
Elm Wlk., The. *Leeds* —2B **44**
Elmwood La. *Leeds* —4G **31** (2F **5**)
Elmwood Rd. *Leeds* —4G **31** (2E **5**)
Elsham Ter. *Leeds* —3A **30**
Elsworth Av. *B'frd* —4A **26**
Elsworth Ho. *Kirks* —2F **29**
Elsworth St. *Leeds* —6B **30**
Eltham Av. *Leeds* —2F **31**
Eltham Clo. *Leeds* —2F **31**
Eltham Ct. *Leeds* —2F **31**
Eltham Dri. *Leeds* —2F **31**
Eltham Gdns. *Leeds* —2F **31**
Eltham Ri. *Leeds* —2F **31**
Elvaston Rd. *Morl* —6G **49**
Elwell St. *Thpe* —2A **58**
Ely St. *Leeds* —5A **30**
Emmanuel Trad. Est. *Leeds* —1D **40**
  (off Springwell Rd.)
Emmet Clo. *B'shaw* —4D **46**
Emmott Dri. *Rawd* —6F **9**
Emmott Vw. *Leeds* —6F **9**
Empire Arc. *Leeds* —5F **5**
Empire Av. *Leeds* —5G **31**
Emville Av. *Leeds* —4E **15**
Enfield. *Yead* —3D **8**
Enfield Av. *Leeds* —3A **32** (1H **5**)
Enfield St. *Leeds* —3H **31** (1H **5**)
Enfield Ter. *Leeds* —3A **32** (1H **5**)
Englefield Cres. *Leeds* —3A **36**
Ennerdale Rd. *Leeds* —5D **38**
Ennerdale Way. *Leeds* —4D **38**
Enterprise Pk. Ind. Est. *Leeds* —6D **40**
Enterprise Way. *Leeds* —6B **42**
Envoy St. *Leeds* —3G **41**
Epworth Pl. *Leeds* —3A **42**
Eric St. *Leeds* —6C **18**
Eshald La. *W'ford* —4D **54**
Eshald Mans. *Rothw* —3D **54**
Eshald Pl. *W'ford* —3D **54**
Esholt Av. *Guis* —6F **7**
Eskdale Clo. *Guis* —1A **8**
Eskdale Cft. *Guis* —1A **8**
Esmond St. *Leeds* —6A **30**
Esmond Ter. *Leeds* —6A **30**
Estcourt Av. *Leeds* —6A **20**
Estcourt Ter. *Leeds* —6A **20**
Esthwaite Gdns. *Leeds* —1G **43**
Euston Gro. *Leeds* —3D **40**
Euston Mt. *Leeds* —3D **40**
Euston Ter. *Leeds* —3D **40**
Evanston Av. *Leeds* —4A **30**
Evelyn Av. *B'frd* —4A **26**
Evelyn Pl. *Leeds* —1A **40**
Everleigh St. *Leeds* —5C **32**
Eversley Dri. *B'frd* —3A **36**
Everson All. *Leeds* —3A **34**
Excell Gdns. *Leeds* —4D **38**
Excell Ter. *Leeds* —5B **36**

Exeter Dri. *Leeds* —2H **51**
Exton Pl. *Leeds* —6G **33**
Eyres Av. *Leeds* —5A **30**
Eyres Gro. Leeds —5A 30
  (off Eyres Ter.)
Eyres Mill Side. *Leeds* —5H **29**
Eyres St. Leeds —5A 30
  (off Eyres Ter.)
Eyres Ter. *Leeds* —5A **30**
Eyrie App. *Morl* —6A **50**

Fagley La. *B'frd* —2A **26**
Fagley Rd. *B'frd* —3A **26**
Fairburn Ho. *H'fth* —4B **18**
  (off Regent Cres.)
Fairfax Av. *Dlgtn* —3A **48**
Fairfax Av. *Men* —1C **6**
Fairfax Clo. *Leeds* —2B **24**
Fairfax Gdns. *Men* —1C **6**
Fairfax Gro. *Yead* —2B **8**
Fairfax Rd. *Leeds* —4E **41**
Fairfax Rd. *Men* —1B **6**
Fairfax Vw. *E Bier* —2B **46**
Fairfax Vw. *H'fth* —5B **10**
Fairfield. *H'fth* —2C **18**
Fairfield Av. *Leeds* —3A **28**
Fairfield Av. *Pud* —5G **27**
Fairfield Av. *Ting* —4B **56**
Fairfield Clo. *Leeds* —3B **28**
Fairfield Clo. *Rothw* —5D **52**
Fairfield Ct. *Leeds* —4A **14**
Fairfield Cres. *Leeds* —3A **28**
Fairfield Dri. *Rothw* —5D **52**
Fairfield Gdns. *Rothw* —5D **52**
Fairfield Gro. *Leeds* —3B **28**
Fairfield Gro. *Rothw* —5D **52**
Fairfield Hill. *Leeds* —3B **28**
Fairfield La. *Rothw* —5D **52**
Fairfield Mt. *Leeds* —3B **28**
Fairfield Rd. *Leeds* —3A **28**
Fairfield Sq. *Leeds* —3B **28**
Fairfield St. *B'frd* —6A **36**
Fairfield St. *Leeds* —3A **28**
Fairfield Ter. *Leeds* —3B **28**
Fairford Av. *Leeds* —4G **41**
Fairford Ter. *Leeds* —4G **41**
Fairleigh Cres. *Ting* —3D **56**
Fairleigh Rd. *Ting* —3D **56**
Fair Vw. *Leeds* —6B **40**
Fairway. *B'frd* —2C **16**
Fairway. *Guis* —4D **6**
Fairway Clo. *Guis* —5E **7**
Fairway, The. *Guis* —3F **13**
Fairway, The. *S'ley* —4D **26**
Fairwood Gro. *B'frd* —2A **26**
Falcon M. *Morl* —6A **50**
Falkland Ct. *Leeds* —2G **21**
Falkland Cres. *Leeds* —2G **21**
Falkland Gdns. *Leeds* —2H **21**
Falkland Gro. *Leeds* —2G **21**
Falkland Mt. *Leeds* —2G **21**
Falkland Ri. *Leeds* —2G **21**
Falkland Rd. *B'frd* —1A **26**
Falkland Rd. *Leeds* —2G **21**
Fall La. *E Ard* —3H **57**
Falliswood Gro. *Leeds* —1D **28**
Fall, The. —4H **57**
Falsgrave Av. *B'frd* —3A **26**
Farah Ct. *Leeds* —2C **28**
Far Cft. Ter. *Leeds* —1B **40**
Farfield Av. *Fars* —2E **27**
Farfield Dri. *Fars* —3E **27**
Farfield Gro. *Fars* —2E **27**
Farfield Ri. *Fars* —2E **27**
Far Headingley. —4C 20
Farm Ct. *Leeds* —3B **34**
Farm Hill Cres. *Leeds* —6E **21**
Farm Hill Mt. *Morl* —3E **49**
Farm Hill N. *Leeds* —5E·**21**
Farm Hill Ri. *Leeds* —6E **21**
Farm Hill Rd. *Morl* —3F **49**
Farm Hill S. *Leeds* —6E **21**
Farm Hill Way. *Leeds* —6E **21**
Farm Mt. *Leeds* —3C **34**
Far Moss. *Leeds* —4E **13**
Farm Rd. *Leeds* —3B **34**
Farndale App. *Leeds* —6C **24**
Farndale Clo. *Leeds* —6C **24**
Farndale Ct. *Leeds* —6C **24**
Farndale Gdns. *Leeds* —5C **24**
Farndale Gth. *Leeds* —5C **24**

Farndale Pl. *Leeds* —5C **24**
Farndale Sq. *Leeds* —6C **24**
Farndale Ter. *Leeds* —6C **24**
Farndale Vw. *Leeds* —5C **24**
  (off Farndale Gdns.)
Farnham Clo. *Leeds* —2B **24**
Farnham Cft. *Leeds* —2B **24**
Farnley Clo. *Men* —1D **6**
Farnley Cres. *Leeds* —1E **39**
Farnley Rd. *Men* —1C **6**
Farnley Vw. *Dlgtn* —4A **48**
Farrar Cft. *Leeds* —5G **11**
Farrar Gro. *Leeds* —5G **11**
Farrar La. *Leeds* —5F **11**
  (in two parts)
Far Reef Clo. *H'fth* —1C **18**
Farrer La. *Oult* —4C **54**
Farringdon Clo. *B'frd* —3A **36**
Farringdon Dri. *B'frd* —4A **36**
Farringdon Sq. *B'frd* —3A **36**
Farrow Bank. *Leeds* —6F **29**
Farrow Grn. *Leeds* —6F **29**
Farrow Hill. *Leeds* —6F **29**
Farrow Rd. *Leeds* —6E **29**
Farrow Va. *Leeds* —6E **29**
Farsley. —2F 27
Farsley Beck Bottom. —2G **27**
Fartown. *Pud* —1F **37**
Fartown Clo. *Pud* —2G **37**
Farway. *B'frd* —3A **36**
Far Well. *Rawd* —6F **9**
Far Well Fold. *Rawd* —6F **9**
Far Well Rd. *Rawd* —6F **9**
Faversham Wlk. *B'frd* —3A **36**
Fawcett Av. *Leeds* —2H **39**
Fawcett Bank. *Leeds* —2G **39**
Fawcett Clo. *Leeds* —2G **39**
Fawcett Dri. *Leeds* —2G **39**
Fawcett Gdns. *Leeds* —2G **39**
Fawcett La. *Leeds* —2G **39**
Fawcett Pl. *Leeds* —2G **39**
Fawcett Rd. *Leeds* —2G **39**
Fawcett Va. Leeds —2G 39
  (off Fawcett Bank)
Fawcett Vw. Leeds —2G 39
  (off Fawcett Dri.)
Fawcett Way. *Leeds* —2G **39**
Fearnley Clo. *Leeds* —6B **30**
Fearnley Pl. *Leeds* —6B **30**
Fearn's Island. —1A 42
Fearnville. —1F 33
Fearnville Av. *Leeds* —1F **33**
Fearnville Clo. *Leeds* —6F **23**
Fearnville Dri. *Leeds* —1F **33**
Fearnville Gro. *Leeds* —6F **23**
Fearnville Mt. *Leeds* —6F **23**
Fearnville Pl. *Leeds* —6G **23**
Fearnville Rd. *Leeds* —6F **33**
Fearnville Ter. *Leeds* —6G **23**
Fearnville Vw. *Leeds* —1F **33**
Feast Fld. *H'fth* —2B **18**
Featherbank Av. *H'fth* —4B **18**
Featherbank Gro. *H'fth* —3B **18**
Featherbank La. *H'fth* —3B **18**
Featherbank Mt. *H'fth* —3B **18**
Featherbank Ter. *H'fth* —4B **18**
Featherbank Wlk. *H'fth* —4B **18**
Felcourt Dri. *Leeds* —5A **36**
Felnex Clo. *Leeds* —2E **43**
Felnex Cres. *Leeds* —2E **43**
Felnex Rd. *Leeds* —2D **42**
Felnex Sq. *Leeds* —2D **42**
Felnex Way. *Leeds* —2E **43**
Fencote Cres. *B'frd* —2A **26**
Fenton Av. *W'ford* —2B **54**
Fenton Clo. *W'ford* —2B **54**
Fenton Rd. *Stan* —1H **59**
Fentongate. *Loft* —2E **59**
Fenton St. *Leeds* —4F **31** (2D **4**)
Fenton St. *Ting* —2D **56**
Fernbank Av. *Leeds* —2H **27**
Fernbank Clo. *Leeds* —2H **27**
Fernbank Dri. *Leeds* —2H **27**
Fernbank Gdns. *Leeds* —2H **27**
Fernbank Pl. *Leeds* —2H **27**
Fernbank Rd. *Leeds* —2H **27**
Fern Bank Ter. Yead —2C 8
  (off Park Av.)
Fernbank Wlk. *Leeds* —2H **27**
Fern Chase. *Leeds* —2H **15**
Ferncliffe Rd. *Leeds* —3C **28**
Ferncliffe Ter. *Leeds* —3B **28**

Fern Cft. *Leeds* —2H **15**
Ferndene Av. *Birs* —6H **47**
Fernlea. *Rothw* —3H **53**
Fern Lea Vw. *S'ley* —3G **27**
Fern Ter. *Far* —3G **27**
Fern Way. *Leeds* —2H **15**
Fernwood. *Leeds* —2C **22**
Fernwood Ct. *Leeds* —2C **22**
Ferriby Clo. *B'frd* —2A **26**
Fewston Av. *Leeds* —1B **42**
Fewston Ct. *Leeds* —1B **42**
Field End. *Leeds* —6A **34**
Fld. End Clo. *Leeds* —6A **34**
Fld. End Ct. *Leeds* —6A **34**
Fld. End Cres. *Leeds* —6A **34**
Fld. End Gdns. *Leeds* —6A **34**
Fld. End Gth. *Leeds* —6A **34**
Fld. End Gro. *Leeds* —6A **34**
  (nr. Fld. End Gdns.)
Fld. End Gro. *Leeds* —5B **34**
  (nr. Selby Rd.)
Fld. End Mt. *Leeds* —6A **34**
Fld. End Rd. *Leeds* —6A **34**
Fieldgate Rd. *B'frd* —4A **16**
Fieldhead Cres. *Birs* —6G **47**
Fieldhead Dri. *Guis* —5E **7**
Fieldhead Gro. *Guis* —5E **7**
Fld. Head La. *Dlgtn* —5G **47**
Fieldhead Rd. *Guis* —5E **7**
Fieldhouse Clo. *Leeds* —1G **21**
Fieldhouse Dri. *Leeds* —1G **21**
Fieldhouse Gro. *Fars* —3E **27**
Fieldhouse Lawn. *Leeds* —1G **21**
Fieldhouse Wlk. *Leeds* —1G **21**
  (in two parts)
Fielding Ga. *Leeds* —5B **30**
Fielding Ga. M. *Leeds* —5B **30**
Fields, The. *Loft* —2F **59**
Field Ter. *Leeds* —5A **34**
  (nr. Cross St.)
Field Ter. *Leeds* —4B **34**
  (nr. Hermon Rd.)
Fieldway Av. *Leeds* —1A **28**
Fieldway Chase. *Oult* —4D **54**
Fieldway Clo. *Leeds* —1A **28**
Fieldway Ri. *Leeds* —1A **28**
Fifth Av. *Rothw* —2A **54**
Fillingfir Dri. *Leeds* —3F **19**
Fillingfir Rd. *Leeds* —3F **19**
Fillingfir Wlk. *Leeds* —3F **19**
Finchley Way. *Morl* —6G **49**
Findon Ter. *Leeds* —1A **26**
Fink Hill. *H'fth* —3A **18**
Finkle La. *Gild* —3C **48**
Finsbury Rd. *Leeds* —4F **31** (2C **4**)
Firbank Grn. *B'frd* —2A **26**
Firbank Gro. *Leeds* —1G **43**
First Av. *Leeds* —6B **30**
First Av. *Rawd* —4E **9**
First Av. *Rothw* —2H **53**
First Av. *S'ley* —4G **27**
Firth Av. *Leeds* —5E **41**
Firth Clo. *Stan* —6G **59**
Firth Gro. *Leeds* —5E **41**
Firth Mt. *Leeds* —5E **41**
Firth Rd. *Leeds* —5E **41**
Firth St. *Leeds* —4H **31** (2H **5**)
Firth Ter. *Leeds* —4A **32** (2H **5**)
Firth Vw. *Leeds* —5E **41**
Fir Tree App. *Leeds* —6F **13**
Fir Tree Clo. *Leeds* —5G **13**
Fir Tree Gdns. *Leeds* —5F **13**
Fir Tree Grn. *Leeds* —6G **13**
Fir Tree Gro. *Leeds* —6G **13**
Fir Tree La. *Leeds* —6H **13**
Fir Tree Ri. *Leeds* —6G **13**
Fir Tree Va. *Leeds* —6G **13**
Fish St. *Leeds* —5G **31** (5F **5**)
Fitzroy Dri. *Leeds* —5C **22**
Flawith Dri. *B'frd* —3A **26**
Flax Mill Rd. *Leeds* —4E **41**
Flax Pl. *Leeds* —4A **32** (6H **5**)
Flaxton Clo. *Leeds* —4F **41**
Flaxton Gdns. *Leeds* —4F **41**
Flaxton Grn. *B'frd* —3A **26**
Flaxton St. *Leeds* —4F **41**
Flaxton Vw. *Leeds* —4F **41**
Fleet La. *W'ford & Oult* —4D **54**
  (in two parts)
Fleet Thro' Rd. *H'fth* —5B **18**
Flexbury Av. *Morl* —6G **49**
Flinton Gro. *B'frd* —2A **26**

Floral Av.—Glenthorpe Ter.

Floral Av. *Leeds* —5G **21**
Florence Av. *Leeds* —3C **32**
Florence Gro. *Leeds* —3C **32**
Florence Mt. *Leeds* —3C **32**
Florence Pl. *Leeds* —3C **32**
Florence St. *Leeds* —3C **32**
Florence St. *Wort* —1A **40**
Florence Ter. Morl —6H **49**
 (off South Pde.)
Flower Clo. *Yead* —2C **8**
Flower Ct. *H'fth* —4B **18**
Flower Gth. *B'frd* —5A **16**
Flower Gth. H'fth —4B **18**
 (off Regent Rd.)
Flower Mt. Yead —2E **9**
 (off Alexandra Ter.)
Fold, The. *Leeds* —1E **35**
Folkton Holme. *B'shaw* —3A **26**
Folly Hall Mt. *Ting* —3C **56**
Folly Hall Rd. *Ting* —3C **56**
Folly La. *Leeds* —3F **41**
Fontmell Clo. *B'frd* —5A **36**
Football. *Yead* —2E **9**
Forber Gro. *B'frd* —2A **36**
Forber Pl. *Leeds* —6G **33**
Forbes Ho. B'frd —4A **36**
 (off Stirling Cres.)
Forest Bank. *Gild* —2C **48**
Forest Ridge. *E Ard* —2G **57**
Forge La. *Leeds* —5B **30**
Forge La. *Wike* —1F **15**
Forge Row. *Leeds* —4D **38**
Forman's Dri. Rob H —6C **52**
Forster Pl. *Leeds* —3G **39**
Forster St. *Leeds* —2A **42**
Forsythia Av. *E Ard* —3G **57**
Forth Ct. *Leeds* —1E **41**
Foster Clo. *Morl* —4G **49**
Foster Cres. *Morl* —4G **49**
Foster Ter. *Morl* —4G **49**
Foster Ter. *Leeds* —2D **28**
Foston Clo. *B'frd* —3A **26**
Foston La. *B'frd* —3A **26**
Foundry App. *Leeds* —3D **32**
Foundry Av. *Leeds* —2D **32**
Foundry Dri. *Leeds* —2D **32**
Foundry La. *Leeds & Seac* —2F **33**
Foundry La. *S'ley* —3G **27**
Foundry Mill Cres. *Leeds* —2H **33**
Foundry Mill Dri. *Leeds* —2G **33**
 (in two parts)
Foundry Mill Gdns. *Leeds* —6G **23**
Foundry Mill Mt. *Leeds* —2H **33**
Foundry Mill St. *Leeds* —2H **33**
Foundry Mill Ter. *Leeds* —2H **33**
Foundry Mill Vw. *Leeds* —2H **33**
Foundry Mill Wlk. *Leeds* —2H **33**
Foundry Pl. *Leeds* —2D **32**
Foundry Rd. *S'ley* —4G **27**
Foundry St. *Leeds* —6A **32** (6H **5**)
 (nr. Saxton La.)
Foundry St. *Leeds* —1F **41**
 (nr. Water La.)
Foundry Wlk. *Leeds* —2C **32**
Fountain Ct. *Gild* —5E **49**
Fountain St. *Chur* —1A **50**
Fountain St. *Leeds* —5E **31** (5B **4**)
Fountain St. *Morl* —6F **49**
Fourteenth Av. *Leeds* —1B **40**
Fourth Av. *Rothw* —1A **54**
Fowler's Pl. *S'ley* —3G **27**
Foxcroft Clo. *Leeds* —6H **19**
Foxcroft Grn. *Leeds* —6H **19**
Foxcroft Mt. *Leeds* —6H **19**
Foxcroft St. *Leeds* —6H **19**
Foxcroft Wlk. *Leeds* —6H **19**
Foxcroft Way. *Leeds* —6H **19**
Foxglove Av. *Leeds* —5E **23**
Foxglove Rd. *Birs* —6G **47**
Foxhill Av. *Leeds* —2A **20**
Foxhill Ct. *Leeds* —2A **20**
Foxhill Cres. *Leeds* —2B **20**
Foxhill Dri. *Leeds* —2A **20**
Foxhill Grn. *Leeds* —2B **20**
Foxhill Gro. *Leeds* —2B **20**
Foxhills, The. *Leeds* —5D **10**
Foxholes Cres. *C'ley* —5D **16**
Foxholes La. *C'ley* —5D **16**
Foxwood Av. *Leeds* —6G **23**
Foxwood Clo. *Leeds* —6G **23**
Foxwood Farm Way. *Leeds* —6G **23**
Foxwood Gro. *Leeds* —6G **23**

Foxwood Ri. *Leeds* —6G **23**
Foxwood Wlk. *Leeds* —6G **23**
Frances St. *Fars* —3F **27**
Francis Ct. Leeds —2H **31**
 (off Francis St.)
Francis Gro. *Leeds* —4F **41**
Francis St. *Leeds* —2H **31**
Frankland Gro. *Leeds* —2A **32**
Frankland Pl. *Leeds* —2A **32**
Frank Parkinson Ct. Guis —4G **7**
 (off Kelcliffe Av.)
Frank Parkinson Homes. Guis —4G **7**
 (off Oxford St.)
Fraser Av. *H'fth* —3H **17**
Fraser Rd. *C'ley* —5B **16**
Fraser St. *Leeds* —4B **32**
Frederick Av. *Leeds* —1C **42**
Frederick St. *Fars* —2E **27**
Freemantle Pl. *Leeds* —6G **33**
Freemont St. *Leeds* —3A **28**
Freestone Mt. *Leeds* —6C **28**
Fremantle Gro. *Leeds* —2A **36**
Frensham Av. *Morl* —6F **49**
Frodingham Vs. *B'frd* —3A **26**
Frontline Clo. *Leeds* —5C **22**
Front Row. *Leeds* —1F **41**
 (in two parts)
Front St. *Leeds* —1F **41**
Fuchsia Cft. *Rothw* —3E **55**
Fulford Wlk. *B'frd* —3A **26**
Fulham Pl. *Leeds* —4F **41**
Fulham Sq. Leeds —4F **41**
 (off Fulham St.)
Fulham St. *Leeds* —4F **41**
Fulmar Ct. *Leeds* —4H **51**
Fulneck. —2G **37**
Fulneck. *Pud* —3F **37**
Furnace La. B'shaw —3C **46**

Gable End Ter. *Pud* —6H **27**
Gables, The. *H'fth* —1C **18**
Gain La. *B'frd & Fag* —4A **26**
Gainsborough Pl. Leeds —4E **39**
 (off Well Holme Mead)
Gainsborough Way. *Stan* —6G **59**
Gainsbro' Av. *Leeds* —4H **11**
Gainsbro' Dri. *Leeds* —4H **11**
Gaitskell Ct. *Leeds* —2E **41**
Gaitskell Grange. *Leeds* —2E **41**
Gaitskell Wlk. *Leeds* —2E **41**
Gallery & Studio Theatre.
 —4F **31** (2D **4**)
Galloway Ct. *Pud* —5C **26**
Galloway La. *Pud* —4C **26**
Galloway Rd. *Pud* —4A **16**
Gamble Hill. *Leeds* —5D **28**
Gamble Hill Chase. *Leeds* —5D **28**
Gamble Hill Clo. *Leeds* —5D **28**
Gamble Hill Cft. Leeds —5D **28**
 (off Gamble Hill Vw.)
Gamble Hill Cross. *Leeds* —5D **28**
 (off Gamble Hill Lawn)
Gamble Hill Dri. *Leeds* —5D **28**
Gamble Hill Fold. Leeds —5D **28**
 (off Gamble Hill Dri.)
Gamble Hill Grange. Leeds —5D **28**
 (off Gamble Hill Lawn)
Gamble Hill Grn. *Leeds* —5D **28**
Gamble Hill Lawn. *Leeds* —5D **28**
Gamble Hill Path. Leeds —5D **28**
 (off Gamble Hill Grn.)
Gamble Hill Pl. *Leeds* —5D **28**
Gamble Hill Ri. *Leeds* —5D **28**
Gamble Hill Rd. *Leeds* —5D **28**
Gamble Hill Va. *Leeds* —5D **28**
Gamble Hill Vw. *Leeds* —5D **28**
Gamble Hill Wlk. Leeds —5D **28**
 (off Gamble Hill Ri.)
Gamble La. *Leeds* —1C **38**
Gambles Hill. *Fars* —2F **27**
Ganners Clo. *Leeds* —1C **28**
Ganners Gth. *Leeds* —1D **28**
Ganners Grn. *Leeds* —1C **28**
Ganners Gro. *Leeds* —1D **28**
Ganners Hill. *Leeds* —1D **28**
Ganners La. *Leeds* —1C **28**
Ganners Mt. *Leeds* —1C **28**
Ganners Ri. *Leeds* —1D **28**
Ganners Rd. *Leeds* —1C **28**
Ganners Wlk. *Leeds* —1C **28**
Ganners Way. *Leeds* —1C **28**

Ganton Clo. *Leeds* —1F **31**
Gardeners Ct. *Leeds* —3H **41**
Garden Ho. La. Ting —3E **57**
Gardens, The. *Fars* —2E **27**
Gardens, The. *Midd* —5G **51**
Garden Vw. Ct. *Leeds* —2D **22**
Garforth Bridge. —2H **45**
Gargrave App. *Leeds* —5B **32**
Gargrave Ct. *Leeds* —4B **32**
Gargrave Pl. *Leeds* —4B **32**
Garibaldi St. *B'frd* —6A **26**
 (in two parts)
Garland Dri. *Leeds* —6D **34**
Garmont M. *Leeds* —5H **21**
Garmont Rd. *Leeds* —5H **21**
Garnet Av. *Leeds* —4G **41**
Garnet Cres. *Leeds* —4G **41**
Garnet Pde. *Leeds* —4G **41**
Garnet Pl. *Leeds* —4G **41**
Garnet Rd. *Leeds* —5G **41**
Garnet Ter. *Leeds* —4G **41**
Garnet Vw. *Leeds* —4G **41**
Garside Ct. *Leeds* —2F **31**
Garth Av. *Leeds* —2F **21**
Garth Dri. *Leeds* —2F **21**
Garth Gro. *Men* —1C **6**
Garth Rd. *Leeds* —2F **21**
Garth, The. *Leeds* —6A **32** (6H **5**)
Garth Wlk. *Leeds* —2F **21**
Garton Av. *Leeds* —6C **32**
Garton Gro. *Leeds* —6C **32**
Garton Rd. *Leeds* —6C **32**
Garton Ter. *Leeds* —6C **32**
Garton Vw. *Leeds* —6C **32**
Gascoigne Rd. *Wake* —2A **58**
Gas Works Yd. Rothw —4H **53**
 (off Commercial St.)
Ga. House Ct. *Rothw* —2E **55**
Gateland Dri. *Leeds* —5G **15**
Gateland La. *Leeds* —6G **15**
Ga. Way Dri. *Yead* —2F **9**
Gateways. *Wake* —6E **59**
Gathorne Clo. *Leeds* —2A **32**
Gathorne St. *Leeds* —2A **32**
 (in two parts)
Gathorne Ter. *Leeds* —2A **32**
Gavin Clo. *B'frd* —6A **26**
Gelderd Dri. *Leeds* —3B **40**
Gelderd La. *Leeds* —3B **40**
Gelderd Pl. *Leeds* —2C **40**
Gelderd Rd. *Birs* —6H **47**
Gelderd Rd. *Gild* —4C **48**
Gelderd Rd. *Leeds* —3B **40**
Gelderd Trad. Est. *Leeds* —2C **40**
Gelder Rd. *Leeds* —6H **29**
Genista Dri. *Leeds* —1H **51**
George Cres. *Leeds* —5G **31**
George Pl. *Morl* —6G **49**
George St. *Leeds* —5G **31** (5F **5**)
George St. *Out* —6D **58**
George St. *Rawd* —5D **8**
Gerard Av. *Morl* —5F **49**
Ghyll Beck Dri. *Rawd* —6G **9**
Ghyll Mt. *Yead* —3B **8**
Ghyll Rd. *Leeds* —5G **19**
Ghyll Rd. *Yead* —4C **8**
Ghyll Royd. *Guis* —1A **8**
 (in two parts)
Ghyllroyd Av. *B'shaw* —4D **46**
Ghyllroyd Dri. *B'shaw* —4D **46**
Gibraltar Island Rd. *Leeds* —3B **42**
Gibraltar Rd. *Pud* —6D **26**
Gibson Dri. *Leeds* —6C **34**
Gilbert Chase. *Leeds* —2G **29**
Gilbert Clo. *Leeds* —2H **29**
Gilbert Mt. *Leeds* —2H **29**
Gilbert St. *Fars* —3F **27**
Gildersome. —2C **48**
Gildersome La. *Gild & Leeds* —1B **48**
Gildersome Rd. *Gild* —4D **48**
Gildersome Street. —3B **48**
Gillett Dri. *Rothw* —4H **53**
Gillett La. *Rothw* —4H **53**
Gillingham Grn. *B'frd* —4A **36**
Gill La. *Yead* —2F **9**
Gillroyd. —5A **50**
Gillroyd Pde. *Morl* —6H **49**
Gillroyd Pl. *Morl* —6H **49**
Gillroyd Ter. *Morl* —5A **50**
Gills, The. *Morl* —5A **50**
Gilpin Pl. *Leeds* —1B **40**

Gilpin St. *Leeds* —1B **40**
Gilpin Ter. *Leeds* —1B **40**
Gilpin Vw. *Leeds* —1B **40**
Gipsy Hill. *W'ford* —3B **54**
Gipsy La. *Leeds* —1E **51**
Gipsy La. *W'ford* —3B **54**
Gipsy Mead. *W'ford* —3B **54**
Gipsy St. *B'frd* —5A **26**
Gipton. —4E **33**
Gipton App. *Leeds* —4E **33**
Gipton Av. *Leeds* —2A **32**
Gipton Ga. E. *Leeds* —2E **33**
Gipton Ga. W. *Leeds* —2D **32**
Gipton Sq. *Leeds* —4F **33**
Gipton St. *Leeds* —2A **32**
Gipton Wood. —6D **22**
Gipton Wood Av. *Leeds* —6D **22**
Gipton Wood Cres. *Leeds* —6D **22**
Gipton Wood Gro. *Leeds* —6D **22**
Gipton Wood Pl. *Leeds* —6D **22**
Gipton Wood Rd. *Leeds* —6D **22**
Glade, The. *S'ley* —3C **26**
Gladstone Ct. S'ley —3H **27**
 (off Gladstone Ter.)
Gladstone Cres. *Rawd* —4D **8**
Gladstone Rd. *Rawd* —5D **8**
Gladstone Sq. Morl —5H **49**
 (off Middleton Rd.)
Gladstone St. *Fars* —2F **27**
Gladstone St. *Morl* —5G **49**
Gladstone Ter. *S'ley* —3H **27**
Gladstone Vs. *Leeds* —6G **15**
Glanville Ter. *Rothw* —4G **53**
Glasshouse St. *Leeds* —2H **41**
Glasshouse Vw. *Leeds* —5F **51**
Glebe Av. *Leeds* —1H **29**
Glebelands Dri. *Leeds* —5B **20**
Glebe Mt. *Pud* —1G **37**
Glebe Pl. *Leeds* —1H **29**
Glebe St. *Pud* —1G **37**
Glebe Ter. *Leeds* —4B **20**
Gledhow. —4B **22**
Gledhow Av. *Leeds* —3B **22**
Gledhow Ct. *Leeds* —4B **22**
Gledhow Grange Vw. *Leeds* —4B **22**
Gledhow Grange Wlk. *Leeds* —4B **22**
Gledhow La. *Leeds* —4H **21**
Gledhow La. End. *Leeds* —4H **21**
Gledhow Mt. *Leeds* —3A **32**
Gledhow Pk. *Leeds* —4A **22**
Gledhow Pk. Av. *Leeds* —5A **22**
Gledhow Pk. Cres. *Leeds* —5A **22**
Gledhow Pk. Dri. *Leeds* —5H **21**
Gledhow Pk. Gro. *Leeds* —5A **22**
Gledhow Pk. Rd. *Leeds* —5A **22**
Gledhow Pk. Vw. *Leeds* —5A **22**
Gledhow Pl. *Leeds* —3A **32**
Gledhow Ri. *Leeds* —5D **22**
Gledhow Rd. *Leeds* —3A **32**
Gledhow Ter. *Leeds* —3A **32**
Gledhow Towers. *Leeds* —4A **22**
Gledhow Valley Rd. *Leeds* —3H **21**
Gledhow Wood Av. *Leeds* —4B **22**
Gledhow Wood Clo. *Leeds* —4B **22**
Gledhow Wood Ct. *Leeds* —6C **22**
Gledhow Wood Gro. *Leeds* —4B **22**
Gledhow Wood Rd. *Leeds* —5B **22**
Glencoe Vw. *Leeds* —1B **42**
Glendale Ho. *Morl* —6H **49**
Glen Dene. *Men* —2D **6**
Glendower Pk. *Leeds* —1B **20**
Gleneagles Rd. *Leeds* —5F **13**
Glenfield Cvn. Pk. *Leeds* —1H **15**
Glen Gro. *Morl* —6H **49**
Glenholme Rd. *Fars* —3E **27**
Glenhurst. *B'frd* —6A **36**
Glenlea Clo. *S'ley* —2A **28**
Glenlea Gdns. *S'ley* —2A **28**
Glenmere Mt. *Yead* —2F **9**
Glen Mt. *Men* —2D **6**
Glen Mt. *Morl* —6H **49**
Glen Rd. *Leeds* —4A **20**
Glen Rd. *Morl* —6H **49**
Glenroyd Clo. *Pud* —6E **27**
Glensdale Gro. *Leeds* —6B **32**
Glensdale Mt. *Leeds* —6B **32**
Glensdale Rd. *Leeds* —6B **32**
Glensdale St. *Leeds* —6B **32**
Glensdale Ter. *Leeds* —6B **32**
Glenthorpe Av. *Leeds* —5C **32**
Glenthorpe Cres. *Leeds* —5C **32**
Glenthorpe Ter. *Leeds* —5C **32**

Global Av.—Haighside Clo.

Global Av. *Leeds* —6C **40**
Globe Rd. *Leeds* —6E **21**
Glossop Gro. Leeds —1F 31
(off Glossop Vw.)
Glossop Mt. *Leeds* —1F **31**
Glossop St. *Leeds* —1F **31**
Glossop Vw. *Leeds* —1F **31**
Gloucester Ter. *Leeds* —6C **30**
Glover Way. *Leeds* —5G **41**
Golden Acre Park. —1H **11**
Golden Bank. *H'fth* —2C **18**
Golden Ter. *Leeds* —3G **39**
Goodman St. *Leeds* —2A **42**
Goodrick La. *Leeds* —3F **13**
Goodwin Rd. *Leeds* —1A **40**
Goody Cross La. *Swil* —5H **45**
Goody Cross Va. *Swil* —5H **45**
Goose La. *Guis* —4A **6**
Gordale Clo. *B'frd* —4B **36**
Gordon Dri. *Leeds* —5C **20**
Gordon Pl. *Leeds* —5C **20**
Gordon St. *E Ard* —3A **58**
Gordon Ter. *Leeds* —5D **20**
Gordon Vw. *Leeds* —5D **20**
Gorse La. *Leeds* —1H **51**
Gotts Pk. Av. *Leeds* —4F **29**
Gotts Pk. Cres. *Leeds* —4F **29**
Gotts Pk. Vw. *Leeds* —3F **29**
Gotts Rd. *Leeds* —6D **30** (6A **4**)
Gower St. *Leeds* —5H **31** (4G **5**)
Goy Fld. *Lwr W* —3G **39**
Goy Ter. *Leeds* —5C **20**
Grace St. *Leeds* —5E **31** (5B **4**)
Grafton St. *Leeds* —4G **31** (3F **5**)
Grafton Vs. *Leeds* —1D **34**
Graham Av. *Leeds* —2B **30**
Graham Gro. *Leeds* —2B **30**
Graham Ho. Leeds —2F 29
(off Broad La.)
Graham Mt. *Leeds* —2B **30**
Graham St. *Leeds* —2B **30**
Graham Ter. *Leeds* —2B **30**
Graham Vw. *Leeds* —2B **30**
Graham Wlk. *Gild* —2D **48**
Granary Wharf. *Leeds* —6F **31**
Granby Av. *Leeds* —6B **20**
Granby Clo. Leeds —1B 30
(off St Michael's Rd.)
Granby Gro. *Leeds* —1B **30**
Granby Mt. *Leeds* —6B **20**
Granby Pl. *Leeds* —6B **20**
Granby Rd. *Leeds* —1B **30**
Granby St. *Leeds* —6B **20**
Granby Ter. *Leeds* —6B **20**
Granby Vw. *Leeds* —6B **20**
Grand Arc. *Leeds* —4F **5**
Grandstand Rd. *Wren & Loft* —6A **58**
Grand Theatre. —5G **31** (4F **5**)
Grange Av. *B'frd* —5B **26**
(BD3)
Grange Av. *B'frd* —1C **46**
(BD4)
Grange Av. *Leeds* —1A **32**
Grange Av. *Men* —1B **6**
Grange Av. *Yead* —3E **9**
Grange Clo. *H'fth* —3H **17**
Grange Clo. *H'let* —3H **41**
Grange Ct. *Leeds* —6D **20**
(nr. N. Grange Mt.)
Grange Ct. *Leeds* —4G **13**
(nr. Primley Pk. Rd.)
Grange Ct. *Scholes* —5F **25**
Grange Cres. *Leeds* —1A **32**
Grange Cres. *Yead* —3E **9**
Grange Cft. *Leeds* —4G **13**
Grange Dri. *H'fth* —3H **17**
Grangefield Ind. Est. *S'ley* —4G **27**
Grangefield Rd. *S'ley* —3G **27**
(in three parts)
Grange Fields Mt. *Leeds* —2B **52**
Grange Fields Rd. *Leeds* —2B **52**
Grange Fields Way. *Leeds* —3B **52**
Grange Gro. *B'frd* —5B **26**
Grange Holt. *Leeds* —4G **13**
Grange Mt. *Yead* —3E **9**
Grange Pk. Av. *Leeds* —6F **23**
Grange Pk. Clo. *Leeds* —6G **23**
Grange Pk. Clo. *Morl* —2H **49**
Grange Pk. Cres. *Leeds* —6F **23**
Grange Pk. Dri. *Morl* —2H **49**
Grange Pk. Gro. *Leeds* —6F **23**
Grange Pk. M. *Morl* —2H **49**

Grange Pk. M. *Morl* —2H **49**
Grange Pk. Pl. *Leeds* —6F **23**
Grange Pk. Ri. *Leeds* —6F **23**
Grange Pk. Rd. *Leeds* —6F **23**
Grange Pk. Ter. *Leeds* —6G **23**
Grange Pk. Wlk. *Leeds* —6F **23**
Grange Pk. Way. *Morl* —1H **49**
Grange Rd. *H'let* —3H **41**
Grange Rd. *Yead* —3E **9**
Grange Rd., The. *Leeds* —2H **19**
Grange St. *Chur* —1A **50**
Grange Ter. *Leeds* —1H **31**
Grange Ter. *Morl* —2H **49**
Grange Ter. *Pud* —5G **27**
Grange Ter. Yead —3E 9
(off Grange Rd.)
Grange Vw. *B'frd* —5B **26**
Grange Vw. *Colt* —1D **44**
Grange Vw. *Leeds* —1A **32**
Grange Vw. *Pud* —5G **27**
Grange Vw. *Leeds* —2H **23**
Grangewood Ct. Leeds —2H 19
Grangewood Ct. *Out* —6F **59**
Grangewood Gdns. *Leeds* —2H **19**
Granhamthorpe. *Leeds* —3C **28**
Granny Av. *Chur* —1A **50**
Granny La. *Leeds* —2G **39**
Granny Pl. *Chur* —1A **50**
Grant Av. *Leeds* —3A **32**
Granton St. *Leeds* —6H **21**
Granville Rd. *Leeds* —4A **32**
Granville St. *Pud* —5E **27**
Granville St. *S'ley* —3H **27**
Granville Ter. Guis —3H 7
(off Moor La.)
Granville Ter. *Yead* —2E **9**
Grape St. *Leeds* —2H **41**
Grasmere Clo. *Leeds* —1B **40**
Grasmere Ct. *Leeds* —6B **30**
Grasmere Rd. *Leeds* —1B **40**
Graveleythorpe. —4A 34
Graveleythorpe Ri. *Leeds* —4B **34**
Graveleythorpe Rd. *Leeds* —4B **34**
Gray Ct. *Leeds* —5D **34**
Grayrigg Clo. *Leeds* —6G **33**
Grayshon St. *Dlgtn* —4H **47**
Grayson Crest. *Leeds* —2H **29**
Grayson Heights. *Leeds* —2H **29**
Grayswood Cres. *B'frd* —4A **36**
Grayswood Dri. *B'frd* —3A **36**
Gt. George St. *Leeds* —5F **31** (4C **4**)
Gt. Northern St. *Morl* —6G **49**
Gt. Wilson St. *Leeds* —1G **41**
Greaves Yd. *Pud* —2G **37**
Greek St. *Leeds* —5F **31** (5D **4**)
Greenacre Pk. *Rawd* —4D **8**
Greenacre Pk. Av. *Rawd* —4D **8**
Greenacre Pk. M. *Rawd* —4E **9**
Greenacre Pk. Ri. *Rawd* —4D **8**
Greenacres Dri. *Birs* —6A **48**
Green Bank. *Loft* —2F **59**
Greenbanks Av. *H'fth* —1C **18**
Greenbanks Clo. *H'fth* —1C **18**
Greenbanks Dri. *H'fth* —1B **18**
Greenbottom. —1A 8
Green Chase. *Leeds* —4C **20**
Green Clo. *Leeds* —4D **20**
Green Ct. *Leeds* —1H **21**
Green Ct. *Scholes* —4F **25**
Green Cres. *Leeds* —4C **20**
Greenfield Av. *Gild* —2B **48**
Greenfield Av. *Guis* —6D **6**
Greenfield Dri. *Gild* —2B **48**
Greenfield La. *Guis* —6C **6**
Greenfield Rd. *Leeds* —6A **32**
Greengate. *Oult* —3C **54**
Greengates. —5A 16
Greenhead Rd. *Leeds* —3H **19**
Grn. Hill Chase. *Leeds* —1H **39**
Grn. Hill Clo. *Leeds* —4F **29**
Grn. Hill Cres. *Leeds* —1H **39**
Grn. Hill Cft. *Leeds* —1H **39**
Grn. Hill Dri. *Leeds* —4E **29**
Grn. Hill Gth. *Leeds* —1H **39**
Grn. Hill Holt. *Leeds* —1H **39**
Grn. Hill La. *Leeds* —2G **39**
Grn. Hill Mt. *Leeds* —4E **29**
Grn. Hill Pl. *Leeds* —4E **29**
Grn. Hill Rd. *Leeds* —4E **29**
Greenhills. *Rawd* —6E **9**
Grn. Hill Way. *Leeds* —4E **29**
Greenholme Ct. *B'frd* —5B **36**

Greenhow Clo. *Leeds* —3B **30**
Greenhow Gdns. *Leeds* —3B **30**
Greenhow Rd. *Leeds* —3B **30**
Greenhow Wlk. *Leeds* —3B **30**
Green La. *Bees* —6D **40**
Green La. *Cook* —5D **10**
Green La. *Fag* —2A **26**
Green La. *F'ley* —2C **38**
Green La. *H'fth* —4B **18**
Green La. *Leeds* —4B **34**
Green La. *Loft* —2E **59**
Green La. *N Wort* —1C **40**
Green La. *Pud* —1F **37**
Green La. *Whinm* —3A **24**
Green La. *Yead* —4D **8**
Green Lea. *Oult* —3B **54**
Greenlea Av. *Yead* —3B **8**
Greenlea Clo. *Yead* —4B **8**
Greenlea Fold. *Yead* —4B **8**
Greenlea Mt. *Yead* —3B **8**
Greenlea Rd. *Yead* —3B **8**
Greenmoor Av. *Leeds* —6D **28**
Greenmoor Av. *Loft* —2E **59**
Greenmoor Clo. *Loft* —2E **59**
Greenmoor Cres. *Loft* —2F **59**
Greenmount Ct. Leeds —4F 41
(off Fulham St.)
Greenmount La. *Leeds* —4F **41**
Greenmount Pl. *Leeds* —4F **41**
Greenmount St. *Leeds* —4F **41**
Greenmount Ter. *Leeds* —4F **41**
Greenock Pl. *Leeds* —5G **29**
Greenock Rd. *Leeds* —5G **29**
Greenock St. *Leeds* —5G **29**
Greenock Ter. *Leeds* —5G **29**
Green Pk. *Leeds* —1A **22**
Green Rd. *Leeds* —2D **20**
Greenroyd Av. *Cleck* —6A **46**
Greenshank M. *Morl* —5B **50**
Greenshaw Ter. *Guis* —4F **7**
Greenside. *Pud* —1F **37**
Grn. Side Av. *Leeds* —2B **40**
Greenside Clo. *Leeds* —2A **40**
Greenside Ct. *Gild* —2D **48**
Greenside Dri. *Leeds* —2A **40**
Greenside Gro. *Pud* —1F **37**
Greenside Rd. *Leeds* —2A **40**
Grn. Side Ter. *Leeds* —2H **39**
Greenside Wlk. *Leeds* —2H **39**
Green Ter. *Guis* —1A **8**
Green Ter. *Leeds* —4G **41**
Green, The. —1F 27
(nr. Farsley)
Green, The. —6B 24
(nr. Seacroft)
Green, The. *E Bier* —2B **46**
Green, The. *Fars* —1F **27**
Green, The. *Gild* —2D **48**
Green, The. *Guis* —1A **8**
Green, The. *H'fth* —3B **18**
Green, The. *Leeds* —1A **34**
(in two parts)
Green, The. *Seac* —1A **22**
Greenthorpe Hill. *Leeds* —6E **29**
Greenthorpe Mt. *Leeds* —5E **29**
Greenthorpe Rd. *Leeds* —5E **29**
Greenthorpe St. *Leeds* —6E **29**
Greenthorpe Wlk. *Leeds* —5E **29**
Green Top. *Leeds* —2H **39**
Greentop. *Pud* —1F **37**
Grn. Top Gdns. *Leeds* —2H **39**
Greenview Clo. *Leeds* —4C **20**
Greenview Ct. *Leeds* —3C **22**
Greenville Av. *Leeds* —2H **39**
Greenville Gdns. *Leeds* —2H **39**
Greenway. *Guis* —6E **7**
Greenway. *Leeds* —4C **34**
Greenway Clo. *Leeds* —4C **34**
Greenwell Ct. *Leeds* —5E **33**
Greenwood Ct. *Leeds* —3C **20**
Greenwood Mt. *Leeds* —4C **20**
Greenwood Pk. *Leeds* —4C **20**
Greenwood Rd. *Ting* —3D **56**
Greenwood Row. Morl —5H 49
(off Commercial St.)
Greenwood Row. *Pud* —6H **27**
Grenfell Dri. *B'frd* —5A **26**
Grenfell Rd. *B'frd* —5A **26**
Grenfell Ter. *B'frd* —5A **26**
Gresley Ho. H'fth —6C 10
(off Sussex Av.)
Greyshiels Av. *Leeds* —1A **30**

Greyshiels Clo. *Leeds* —1A **30**
Greystone Mt. *Leeds* —6G **33**
Greystones Ct. *Leeds* —5G **13**
Griff Ho. La. *Wake* —3F **57**
Griffin Av. *Leeds* —5F **51**
Griffin Mt. *Leeds* —6F **5**
Grimthorpe Av. *Leeds* —6A **20**
Grimthorpe Pl. *Leeds* —6B **20**
Grimthorpe St. *Leeds* —6A **20**
Grimthorpe Ter. *Leeds* —6B **20**
Grosmont Pl. *Leeds* —2C **28**
Grosmont Rd. *Leeds* —3C **28**
Grosmont Ter. *Leeds* —2C **28**
Grosvenor Ct. Leeds —5D 10
(off Tinshill Rd.)
Grosvenor Hill. *Leeds* —3G **31**
Grosvenor M. *Rawd* —5C **8**
Grosvenor Mt. *Leeds* —1D **30**
Grosvenor Rd. *Leeds* —4G **21**
Grosvenor Pk. Gdns. *Leeds* —1D **30**
Grosvenor Rd. *Leeds* —1D **30**
Grosvenor Ter. *Leeds* —1D **30**
Grove Av. *Leeds* —5C **20**
Grove Av. *Pud* —6F **27**
Grove Ct. *Leeds* —5C **20**
Grove Ct. *Pud* —6F **27**
Gro. Farm Clo. *Leeds* —5F **11**
Gro. Farm Cres. *Leeds* —5E **11**
Gro. Farm Cft. *Leeds* —5E **11**
Gro. Farm Dri. *Leeds* —5E **11**
Grove Gdns. *Leeds* —5C **20**
Grovehall Av. *Leeds* —6D **40**
Grovehall Dri. *Leeds* —6D **40**
Grovehall Pde. *Leeds* —6D **40**
Grovehall Rd. *Leeds* —6D **40**
Grove Ho. Leeds —1A 32
(off Woodland Gro.)
Gro. House Ct. Leeds —5F 23
(off N. Grove Clo.)
Grove La. *Leeds* —5B **20**
Grove Ri. *Leeds* —4D **12**
Grove Rd. *Head* —6C **20**
Grove Rd. *H'fth* —3B **18**
Grove Rd. *H'let* —4A **42**
Grove Rd. *Leeds* —6A **34**
Grove St. *Men* —1C **6**
Grove Rd. *Pud* —6F **27**
Grove St. *Leeds* —5A **4**
Grove St. *S'ley* —3G **27**
Grove Ter. *B'shaw* —5C **46**
Grove Ter. *Pud* —6F **27**
Grove, The. *E Ard* —3F **57**
Grove, The. *Gild* —2D **48**
Grove, The. *Gre* —4A **16**
Grove, The. *H'fth* —3B **18**
Grove, The. *Leeds* —4D **12**
Grove, The. *Pud* —6F **27**
Grove, The. *Swil* —5H **45**
Grove, The. *Yead* —3D **8**
Grovewood. *Leeds* —5B **20**
Grunberg Pl. *Leeds* —6B **20**
Grunberg St. *Leeds* —6B **20**
Guardian M. Leeds —2A 40
(off Lynwood Vw.)
Guillemot App. *Morl* —6B **50**
Guiseley. —4G 7
Guiseley Dri. *Men* —3D **6**
Guiseley Retail Pk. *Guis* —1A **8**
Gulley Rd. *Leeds* —4F **43**
Gurbax Ct. *B'frd* —6A **26**
Gwynne Av. *B'frd* —4A **26**
Haddon Av. *Leeds* —3A **30**
Haddon Pl. *Leeds* —3A **30**
Haddon Rd. *Leeds* —3B **30**
Hadleigh Ct. *Leeds* —1H **21**
Haigh Av. *Rothw* —2E **53**
Haigh Gdns. *Rothw* —2E **53**
Haigh Hall. *B'frd* —4A **16**
Haigh Hall Rd. *B'frd* —4A **16**
Haigh Moor. —5C 56
Haigh Moor Av. *Ting* —5C **56**
Haigh Moor Cres. *Ting* —5C **56**
Haigh Moor Rd. *Ting* —6C **56**
Haigh Moor Vw. *Ting* —5C **56**
Haigh Pk. Rd. *Leeds* —5D **42**
Haigh Rd. *Rothw* —3G **53**
Haighside. *Rothw* —3E **53**
Haighside Clo. *Rothw* —3E **53**

74 A-Z Leeds

Haighside Dri.—Heaton Av.

Haighside Dri. *Rothw* —3E **53**
Haighside Way. *Rothw* —3E **53**
Haigh Ter. *Rothw* —2E **53**
Haigh Vw. *Rothw* —2E **53**
Haigh Wood Cres. *Leeds* —6D **10**
Haigh Wood Grn. *Leeds* —1D **18**
Haigh Wood Rd. *Leeds* —6C **10**
Haines Pk. *Leeds* —3A **32**
Hainsworth Sq. *Far* —2F **27**
Hainsworth St. *Leeds* —1C **40**
Hainsworth St. *Rothw* —5G **53**
Halcyon Hill. *Leeds* —3G **21**
Hales Rd. *Leeds* —2H **39**
Halesworth Cres. *B'frd* —5A **36**
Haley's Yd. *Leeds* —2C **28**
Half Mile. —2H 27
Half Mile. *Leeds* —3H **27**
Half Mile Clo. *S'ley* —3H **27**
Half Mile Ct. *S'ley* —3H **27**
Half Mile Gdns. *Leeds* —3H **27**
Half Mile Grn. *S'ley* —3H **27**
Half Mile La. *S'ley & Leeds* —2H **27**
Hallamfield. *Guis* —1A **8**
Hallam St. *Guis* —5F **7**
Hall Ct. *Leeds* —1H **31**
Hall Gro. *Leeds* —3D **30**
Halliday Av. *Leeds* —5G **29**
Halliday Dri. *Leeds* —5G **29**
Halliday Gro. *Leeds* —5G **29**
Halliday Mt. *Leeds* —5G **29**
Halliday Pl. *Leeds* —5G **29**
Halliday Rd. *Leeds* —5G **29**
Halliday St. *Pud* —5G **27**
Hall La. *A'ley* —6A **30**
Hall La. *Cook* —3E **11**
Hall La. *F'ley* —1C **38**
Hall La. *H'fth* —3H **17**
Hall La. *Leeds* —6H **21**
Hall Pk. Av. *H'fth* —2A **18**
Hall Pk. Clo. *H'fth* —2A **18**
Hall Pk. Gth. *H'fth* —2A **18**
Hall Pk. Mt. *H'fth* —2A **18**
Hall Pk. Ri. *H'fth* —2B **18**
Hall Pl. *Leeds* —6B **32**
Hall Rd. *Leeds* —6A **30**
Hall Rd. *Swil* —6H **45**
Hall Sq. *C'ley* —4D **16**
Hallwood Grn. *B'frd* —6A **16**
Halton. —5H 33
Halton Dri. *Leeds* —5A **34**
Halton Hill. *Leeds* —5H **33**
Halton Moor. —1G 43
Halton Moor Av. *Leeds* —1F **43**
Halton Moor Rd. *Leeds* —1C **42**
(in two parts)
Hamilton Av. *Leeds* —1A **32**
Hamilton Gdns. *Leeds* —2H **31**
Hamilton Pl. *Leeds* —2A **32**
Hamilton Ter. *Leeds* —2A **32**
Hamilton Vw. *Leeds* —1A **32**
Hammerton Gro. *Pud* —6H **27**
Hammerton St. *Pud* —6G **27**
Hammond Cres. *Dlgtn* —2F **47**
Hampton Pl. *Leeds* —6B **32**
Hampton St. *Leeds* —6A **32**
Hampton Ter. *Leeds* —6B **32**
Hanley Rd. *Morl* —6G **49**
Hanover Av. *Leeds* —3A **4**
Hanover Ho. *Yead* —2E **9**
(off Harper La.)
Hanover La. *Leeds* —5E **31** (4B **4**)
Hanover Mt. *Leeds* —3A **4**
Hanover Sq. *Leeds* —4E **31** (3A **4**)
Hanover Wlk. *Leeds* —5E **31**
Hanover Way. *Leeds* —4A **4**
Hansby Av. *Leeds* —6B **24**
Hansby Bank. *Leeds* —6B **24**
Hansby Clo. *Leeds* —1B **34**
Hansby Dri. *Leeds* —6B **24**
Hansby Gdns. *Leeds* —1B **34**
Hansby Ga. *Leeds* —6B **24**
Hansby Grange. *Leeds* —6B **24**
Hansby Pl. *Leeds* —1B **34**
Harborough Grn. App B —3A **16**
(off Leavens, The)
Harcourt Dri. *Morl* —4F **49**
Harcourt St. *Leeds* —5D **30** (5A **4**)
Harden Gro. *Idle* —2A **26**
Hardrow Grn. *Leeds* —2B **40**
Hardrow Gro. *Leeds* —2B **40**
Hardrow Rd. *Leeds* —2A **40**
Hardrow Ter. *Leeds* —2B **40**

Hardwick Cft. *Leeds* —5H **21**
Hardy Av. *Morl* —1A **50**
Hardy Ct. *Morl* —5H **49**
Hardy Gro. *Leeds* —4E **41**
Hardy St. *Leeds* —4E **41**
Hardy St. *Morl* —5H **49**
Hardy Ter. *Leeds* —4F **41**
Hardy Vw. *Leeds* —4E **41**
Hare Farm Av. *Leeds* —6D **28**
Hare Farm Clo. *Leeds* —6D **28**
Harefield E. *Leeds* —6G **33**
Harefield W. *Leeds* —6G **33**
Harehills. —3D 32
Harehills Av. *Leeds* —1A **32**
Harehills Corner. —1C 32
Harehills La. *Leeds* —6A **22**
Harehills Pk. Av. *Leeds* —3D **32**
Harehills Pk. Cotts. *Leeds* —3E **33**
Harehills Pk. Rd. *Leeds* —3D **32**
Harehills Pk. Ter. *Leeds* —3D **32**
Harehills Pk. Vw. *Leeds* —3D **32**
Harehills Pl. *Leeds* —2B **32**
Harehills Rd. *Leeds* —1B **32**
Hare La. *Pud* —2G **37**
Hare Pk. Mt. *Leeds* —6C **28**
Hares Av. *Leeds* —1B **32**
Hares Mt. *Leeds* —1A **32**
Hares Rd. *Leeds* —1B **32**
Hares Ter. *Leeds* —1B **32**
Hares Vw. *Leeds* —1B **32**
Harewood Ct. *Leeds* —1A **34**
(LS14)
Harewood Ct. *Leeds* —2H **21**
(LS17)
Harewood St. *Leeds* —5G **31** (5F **5**)
Harewood Way. *Leeds* —5B **28**
Hargrave Ct. *Men* —1B **6**
Hargreaves Av. *Stan* —6G **59**
Hargreaves Clo. *Morl* —2F **49**
Harker St. *S'ley* —4F **27**
Harlech Av. *Leeds* —5F **41**
Harlech Cres. *Leeds* —5F **41**
Harlech Gro. *Leeds* —5F **41**
Harlech Mt. *Leeds* —5F **41**
Harlech Rd. *Leeds* —5F **41**
Harlech St. *Leeds* —5F **41**
Harlech Ter. *Leeds* —5F **41**
Harley Clo. *Leeds* —5A **28**
Harley Ct. *Leeds* —5A **28**
Harley Dri. *Leeds* —5A **28**
Harley Gdns. *Leeds* —5A **28**
Harley Grn. *Leeds* —5A **28**
Harley Ri. *Leeds* —5A **28**
Harley Rd. *Leeds* —5A **28**
Harley Ter. *Leeds* —5A **28**
Harley Vw. *Leeds* —5A **28**
Harley Wlk. *Leeds* —5A **28**
Harlington Ct. *Morl* —6G **49**
Harlington Rd. *Morl* —6G **49**
Harlow Ct. *Leeds* —4E **23**
Harold Av. *Leeds* —3C **30**
Harold Gro. *Leeds* —3C **30**
Harold Mt. *Leeds* —3C **30**
Harold Pl. *Leeds* —3C **30**
Harold Rd. *Leeds* —3C **30**
Harold Sq. *Leeds* —3C **30**
Harold St. *Leeds* —3C **30**
Harold Ter. *Leeds* —3C **30**
Harold Vw. *Leeds* —3C **30**
Harold Wlk. *Leeds* —3C **30**
Harper La. *Yead* —3D **8**
Harper Rock. *Yead* —3D **8**
(off Harper La.)
Harper St. *Leeds* —6H **31** (6G **5**)
Harper Ter. *Yead* —3D **8**
(off Harper La.)
Harrier Way. *Morl* —5B **50**
Harriet St. *Leeds* —2H **31**
Harrison Cres. *Leeds* —4F **33**
Harrison's Av. *S'ley* —3H **27**
Harrison St. *Leeds* —5G **31** (4F **5**)
Harrogate Pde. *Leeds* —1H **21**
Harrogate Rd. *B'frd* —6A **16**
Harrogate Rd. *B'hpe* —1B **6**
Harrogate Rd. *Leeds* —2G **21**
Harrogate Rd. *Rawd & Leeds* —5D **1**
(in two parts)
Harrogate Vw. *Leeds* —4E **15**
Harrowby Cres. *Leeds* —4H **19**
Harrowby Rd. *Leeds* —4H **19**
Harthill. *Gild* —2D **48**
Harthill Av. *Gild* —2D **48**

Harthill Clo. *Gild* —2D **48**
Harthill La. *Gild* —2D **48**
Harthill Pde. *Gild* —2D **48**
(off Town St.)
Harthill Ri. *Gild* —2D **48**
Hartland Rd. *B'frd* —3A **36**
Hartley Av. *Leeds* —1E **31**
Hartley Cres. *Leeds* —1E **31**
Hartley Gdns. *Leeds* —1F **31**
Hartley Gro. *Leeds* —1E **31**
Hartley Hill. *Leeds* —4G **31** (3F **5**)
Hartley Pl. *Morl* —6H **49**
Hartley's Bldgs. *Morl* —6H **49**
Hartley St. *Chur* —2H **49**
Hartley St. *Morl* —5H **49**
Hartley's Yd. *Leeds* —6H **29**
Hartwell Rd. *Leeds* —3C **30**
Harwill App. *Chur* —2A **50**
Harwill Av. *Chur* —2A **50**
Harwill Cft. *Chur* —2A **50**
Harwill Gro. *Chur* —2A **50**
Harwill Ri. *Chur* —2A **50**
Harwill Rd. *Morl* —2A **50**
Haslemere Clo. *B'frd* —4A **36**
Haslewood Clo. *Leeds* —5A **32**
Haslewood Ct. *Leeds* —5B **32**
Haslewood Dene. *Leeds* —5B **32**
Haslewood Dri. *Leeds* —5A **32**
Haslewood Grn. *Leeds* —5B **32**
Haslewood Lawn. *Leeds* —5B **32**
Haslewood M. *Leeds* —5B **32**
Haslewood Pl. *Leeds* —5B **32**
Haslewood Sq. *Leeds* —5B **32**
Hastings Ct. *Shad* —5G **15**
Hatchard Bldgs. *Leeds* —5H **31** (5F **5**)
Hathaway Dri. *Leeds* —2B **24**
Hathaway La. *Leeds* —2B **24**
Hathaway M. *Leeds* —2B **24**
Hathaway Wlk. *Leeds* —3B **24**
Hauxwell Dri. *Yead* —3D **8**
Haven Chase. *Leeds* —6E **11**
Haven Clo. *Leeds* —5F **11**
Haven Ct. *Leeds* —6F **11**
Haven Cft. *Leeds* —6F **11**
Haven Gdns. *Leeds* —6E **11**
Haven Gth. *Leeds* —6E **11**
Haven Grn. *Leeds* —6E **11**
Haven Mt. *Leeds* —6E **11**
Haven Ri. *Leeds* —6E **11**
Haven, The. *Leeds* —5D **34**
Haven Vw. *Leeds* —6E **11**
Havercroft. *Leeds* —2E **39**
Haw Av. *Yead* —1E **9**
Hawkhill Av. *Guis* —5F **7**
Hawkhill Av. *Leeds* —3B **34**
Hawkhill Dri. *Leeds* —2B **34**
Hawkhill Gdns. *Leeds* —2B **34**
Hawkhills. *Leeds* —4A **22**
Hawkhurst Rd. *Leeds* —1A **40**
Hawkins Dri. *Leeds* —3G **31**
Hawkshead Cres. *Leeds* —2H **33**
Hawksley Ct. *Morl* —2F **49**
Hawk's Nest Gdns. E. *Leeds* —5H **13**
Hawk's Nest Gdns. S. *Leeds* —5H **13**
Hawk's Nest Gdns. W. *Leeds*
—5H **13**
Hawk's Nest Ri. *Leeds* —5H **13**
Hawkstone Av. *Guis* —6E **7**
Hawkstone Vw. *Guis* —6E **7**
Hawkswood Av. *Leeds* —4E **19**
Hawkswood Cres. *Leeds* —4E **19**
Hawkswood Gro. *Leeds* —4E **19**
Hawkswood Mt. *Leeds* —4E **19**
Hawkswood Pl. *Leeds* —5E **19**
Hawkswood St. *Leeds* —5F **19**
Hawkswood Ter. *Leeds* —5F **19**
Hawkswood Vw. *Leeds* —4E **19**
Hawksworth. —5B 6
(nr. Guisley)
Hawksworth. —4E 19
(nr. Horsforth)
Hawksworth Av. *Guis* —6F **7**
Hawksworth Clo. *Men* —2C **6**
Hawksworth Dri. *Guis* —6F **7**
Hawksworth Dri. *Men* —1B **6**
Hawksworth Dri. *Leeds* —5D **18**
Hawksworth La. *Guis* —5B **6**
Hawksworth Rd. *H'fth* —4D **18**
(in two parts)
Haw La. *Yead* —2D **8**
Hawley Clo. *Morl* —6F **49**
Hawley Ter. *B'frd* —1A **26**

Hawley Way. *Morl* —6F **49**
Haworth Ct. *Yead* —2D **8**
(off Chapel La.)
Haworth La. *Yead* —2D **8**
Haworth Rd. *Birs* —6H **47**
Hawthorn Av. *B'frd* —5A **26**
Hawthorn Av. *Yead* —2D **8**
Hawthorn Cres. *Leeds* —4H **21**
Hawthorn Cres. *Yead* —2D **8**
Hawthorn Cft. *Loft* —2E **59**
Hawthorn Dri. *Leeds* —6F **17**
Hawthorn Dri. *Yead* —1E **9**
Hawthorne Clo. *Gild* —2D **48**
Hawthorne Dri. *Gild* —2E **49**
Hawthorne Gdns. *Leeds* —4H **11**
Hawthorne Mills. *Leeds* —3G **39**
(off Cow Clo. Gro.)
Hawthorne Ter. *Gar* —2H **45**
Hawthorne Vw. *Gild* —2E **49**
Hawthorn Gro. *Leeds* —6F **17**
Hawthorn Gro. *Rothw* —5H **53**
Hawthorn La. *Leeds* —4H **21**
Hawthorn Mt. *Leeds* —4H **21**
Hawthorn Ri. *Leeds* —3C **24**
Hawthorn Rd. *Leeds* —4H **21**
Hawthorn Rd. *Yead* —2D **8**
Hawthorns, The. *Wake* —6F **59**
Hawthorn St. *B'frd* —5A **26**
Hawthorn Va. *Leeds* —4H **21**
Hawthorn Vw. *Leeds* —4H **21**
Haw Vw. *Yead* —1E **9**
Haydn Av. *Stan* —5G **59**
Haydn's Ter. *Far* —3G **27**
Hayfield Ter. *Leeds* —1A **40**
Hayleigh Av. *Leeds* —2C **28**
Hayleigh Mt. *Leeds* —2C **28**
Hayleigh St. *Leeds* —3C **28**
Hayleigh Ter. *Leeds* —3C **28**
Hazel Av. *Leeds* —3C **24**
Hazel Clo. *B'shaw* —3C **46**
Hazel Ct. *Rothw* —5H **53**
Hazelcroft. *B'frd* —1A **26**
Hazelhurst Ct. *Pud* —6H **27**
Hazelwood Ct. *Out* —6F **59**
Hazelwood Rd. *Out* —6F **59**
Headingley. —6B 20
Headingley. —1B **30**
Headingley Av. *Leeds* —6A **20**
Headingley Clo. *Leeds* —1D **30**
Headingley Cres. *Leeds* —1B **30**
Headingley Hill. —1C 30
Headingley La. *Leeds* —1C **30**
Headingley Mt. *Leeds* —6A **20**
Headingley Office Pk. *Leeds* —1D **30**
(off Welton Rd.)
Headingley Ri. *Leeds* —2D **30**
Headingley Ter. *Leeds* —1D **30**
Headingley Vw. *Leeds* —1B **30**
Headrow Cen., The. *Leeds*
—5G **31** (5E **5**)
Headrow, The. *Leeds* —5F **31** (4D **4**)
Healey Cft. *Wake* —4F **57**
Healey Cft. La. *E Ard* —4F **57**
Heathcliffe Clo. *Birs* —6H **47**
Heath Cres. *Leeds* —4C **40**
Heathcroft Bank. *Leeds* —5C **40**
Heathcroft Cres. *Leeds* —5C **40**
Heathcroft Dri. *Leeds* —5C **40**
Heathcroft Lawn. *Leeds* —5C **40**
Heathcroft Ri. *Leeds* —5C **40**
Heathcroft Va. *Leeds* —5C **40**
Heather Clo. *Out* —6G **59**
Heather Ct. *Out* —6G **59**
Heathercroft. *Leeds* —5A **22**
Heatherdale Ct. *Wake* —3C **56**
Heatherdale Dri. *Ting* —3C **56**
Heatherdale Rd. *Ting* —3B **56**
Heather Gdns. *Leeds* —5E **29**
Heather Gro. *Leeds* —5E **29**
Heathfield. *Leeds* —5G **11**
Heathfield Clo. *Ting* —4D **56**
Heathfield Cft. *Leeds* —2B **30**
Heathfield Ter. *Leeds* —5B **20**
Heathfield Wlk. *Leeds* —4G **11**
Heath Gro. *Leeds* —4C **40**
Heath Gro. *Pud* —1E **37**
Heath Mt. *Leeds* —4C **40**
Heath Pl. *Leeds* —4C **40**
Heath Ri. *Leeds* —5C **40**
Heath Rd. *Leeds* —4C **40**
Heath Rd. *Pud* —1E **37**
Heaton Av. *Leeds* —4C **40**

A-Z Leeds 75

Heaton's Ct.—Hollywell Gro.

Heaton's Ct. Leeds —6G 31 (6E 5)
Hebden App. Leeds —5B 24
Hebden Chase. Leeds —5B 24
Hebden Clo. Leeds —5B 24
Hebden Grn. Leeds —5B 24
Hebden Path. Leeds —5B 24
Hebden Pl. Leeds —5B 24
Hebden Wlk. Leeds —5B 24
Heddon Pl. Leeds —5C 20
Heddon St. Leeds —5C 20
Hedley Chase. Leeds —6C 30
Hedley Grn. Leeds —6C 30
Heights Bank. Leeds —6F 29
Heights Clo. Leeds —6E 29
Heights Dri. Leeds —5E 29
Heights E., The. Leeds —6F 29
Heights Gth. Leeds —6E 29
Heights Grn. Leeds —6F 29
Heights La. B'frd —3A 36
Heights La. Leeds —6F 29
Heights Pde. Leeds —6E 29
Heights Wlk. Leeds —6F 29
Heights Way. Leeds —6E 29
Heights W., The. Leeds —6E 29
Helmsley Ct. Midd —5G 51
Helmsley Dri. Leeds —4H 19
Helmsley Rd. Leeds —4H 19
Helston Cft. Leeds —4E 51
Helston Gth. Leeds —4E 51
Helston Grn. Leeds —4E 51
Helston Pl. Leeds —4E 51
Helston Rd. Leeds —3E 51
Helston Sq. Leeds —3D 50
Helston St. Leeds —3D 50
Helston Wlk. Leeds —4E 51
 (in three parts)
Helston Way. Leeds —3E 51
Hembrigg Ter. Morl —6G 49
 (off Dartmouth Av.)
Hemingway Clo. Leeds —3A 42
Hemingway Gth. Leeds —4A 42
Hemingway Grn. Leeds —4A 42
Henbury St. Leeds —4H 31 (2H 5)
Henconner Av. Leeds —5G 21
Henconner Cres. Leeds —5G 21
Henconner Dri. Leeds —5G 21
Henconner Gdns. Leeds —5G 21
Henconner Gth. Leeds —5G 21
Henconner Gro. Leeds —5G 21
Henconner La. Bmly —4E 29
Henconner La. Chap A —5G 21
Henconner Rd. Leeds —5G 21
Hendy Pas. Leeds —1G 21
Henley Av. Leeds —3C 28
Henley Av. Rawd —6F 9
Henley Clo. Rawd —6F 9
Henley Cres. Leeds —3C 28
Henley Cres. Rawd —6F 9
Henley Dri. Rawd —6E 9
Henley Gro. Leeds —3C 28
Henley Hill. Rawd —6E 9
Henley Mt. Rawd —6F 9
Henley Pl. Leeds —3C 28
Henley Rd. Leeds —3C 28
Henley St. Leeds —3C 28
Henley Ter. Leeds —3C 28
Henley Vw. Leeds —3C 28
Henley Vw. Rawd —6E 9
Henry Av. Leeds —2A 40
Henry Pl. Morl —5G 49
Henry Price Bldgs. Leeds
—3E 31 (1A 4)
Henry Ter. Yead —2B 8
Henshaw. —3C 8
Henshaw Av. Yead —3D 8
Henshaw Cres. Yead —3D 8
Henshaw La. Yead —4C 8
Henshaw Oval. Yead —3D 8
Hepton Ct. Leeds —5D 32
Hepworth Av. Chur —1H 49
Hepworth Cres. Chur —1H 49
Herbalist St. Leeds —1C 40
Herbert Pl. B'frd —5A 26
Herbrigg Gdns. Morl —6H 49
Hereford Av. Shad —4A 30
Hermon Rd. Leeds —4B 34
Hermon St. Leeds —4B 34
Heron Clo. Leeds —5B 14
Heron Ct. Morl —5B 50
Heron Gro. Leeds —5B 14
Hertford Chase. Leeds —1C 44
Hertford Clo. Leeds —1D 44

Hertford Cft. Leeds —1D 44
Hertford Fold. Leeds —1C 44
Hertford Lawn. Leeds —1C 44
Hesketh Av. Leeds —6G 19
Hesketh Av. Ting —3B 56
Hesketh La. Ting —3B 56
Hesketh Mt. Leeds —6G 19
Hesketh Pl. Leeds —6G 19
Hesketh Rd. Leeds —6G 19
Hesketh Ter. Leeds —1G 29
Hessle Av. Leeds —2C 30
Hessle Mt. Leeds —2C 30
Hessle Pl. Leeds —2C 30
Hessle Rd. Leeds —2C 30
Hessle St. Leeds —2C 30
Hessle Ter. Leeds —2C 30
Hessle Vw. Leeds —2C 30
Hessle Wlk. Leeds —2C 30
Hetton Ct. H'let —4H 41
Hetton Rd. Leeds —6D 22
Hey Beck. —6A 56
Hey Beck La. Dew —6A 56
Heybeck Wlk. B'frd —5B 36
Heysham Dri. B'frd —5A 36
High Ash Av. Leeds —4A 14
High Ash Cres. Leeds —4A 14
High Ash Dri. Leeds —4A 14
High Ash Mt. Leeds —4A 14
High Bank App. Leeds —6D 34
High Bank Clo. Leeds —6D 34
High Bank Gdns. Leeds —6E 35
High Bank Ga. Leeds —6D 34
High Bank Pl. Leeds —6D 34
High Bank Vw. Leeds —6D 34
High Bank Way. Leeds —6E 35
Highbury Clo. Leeds —5C 20
Highbury La. Leeds —5C 20
Highbury Mt. Leeds —5C 20
Highbury Pl. Bmly —5A 28
Highbury Pl. Leeds —5C 20
Highbury Rd. Leeds —5C 20
Highbury St. Leeds —5C 20
Highbury Ter. Leeds —5C 20
Highcliffe Ind. Est. Morl —4F 49
Highcliffe Rd. Morl —4F 49
High Clo. Guis —5D 6
High Clo. Rawd —6F 8
High Ct. Leeds —6H 31 (6G 5)
High Ct. La. Leeds —6H 31 (6G 5)
Highcroft Clo. Pud —5E 27
Higher Grange Rd. Pud —5G 27
Highfield. Ting —2B 56
Highfield Av. Leeds —1A 40
Highfield Clo. Gild —2E 49
Highfield Clo. Leeds —2B 40
Highfield Ct. Leeds —2A 40
 (off Highfield Av.)
Highfield Cres. Leeds —1B 40
Highfield Cres. Pud —5F 27
Highfield Cres. W'ford —2C 54
Highfield Dri. Birs —6G 47
Highfield Dri. Gild —2D 48
Highfield Dri. Rawd —6E 9
Highfield Gdns. Gild —2D 48
Highfield Gdns. Leeds —1A 40
Highfield Gth. Leeds —2B 40
Highfield Grn. Pud —5F 27
Highfield Gro. Leeds —1B 40
Highfield La. W'ford —2C 54
Highfield Mt. Oult —3C 54
Highfield Pl. Morl —6H 49
Highfield Rd. Leeds —3D 28
Highfield St. Leeds —3D 28
Highfield St. Pud —5E 27
Highfield Ter. Pud —6E 27
Highfield Ter. Rawd —6E 9
Highfield Vw. Gild —2E 49
Highfold. Yead —4C 8
High Ga. St. Leeds —3A 42
Highlands Clo. Leeds —1B 52
Highlands Dri. Leeds —1B 52
Highlands Gro. Leeds —1B 52
Highlands Wlk. Leeds —1B 52
Highlea Clo. Yead —4B 8
High Moor Av. Leeds —1A 22
High Moor Clo. Leeds —6A 14
High Moor Ct. Leeds —1A 22
High Moor Cres. Leeds —6A 14
High Moor Dri. Leeds —6A 14
High Moor Gro. Leeds —6A 14
High Ridge Av. Rothw —2F 53

High Ridge Ct. Rothw —3G 53
High Ridge Pk. Rothw —2F 53
High Royds Dri. Men —2D 6
High St. Farsley. Far —2F 27
High St. Morley, Morl —6G 49
High St. Yeadon, Yead —2D 8
Highthorne. Shad —5B 14
Highthorne Dri. Shad —5B 14
Highthorne Gro. A'ley —5G 29
Highthorne Gro. Shad —5C 14
Highthorne Mt. Leeds —5B 14
Highthorne St. A'ley —5G 29
Highthorne Vw. A'ley —5G 29
Highway. Guis —4D 6
Highways. Leeds —4G 33
Highwood Av. Leeds —6G 13
High Wood Ct. Leeds —6C 20
Highwood Cres. Leeds —6G 13
Highwood Gro. Leeds —1G 21
High Woodlands. E Ard —4G 57
Hillary Pl. Leeds —3F 31 (1C 4)
Hill Ct. Av. Leeds —1C 28
Hillcourt Cft. Leeds —1C 28
Hillcourt Dri. Leeds —1C 28
Hill Ct. Fold. Leeds —1C 28
Hillcourt Gro. Leeds —1C 28
Hill Cres. Rawd —4E 9
Hillcrest. Gild —1B 48
Hill Crest. Swil —6G 45
Hillcrest Av. Leeds —2A 32
Hillcrest Clo. Swil —6F 45
Hillcrest Mt. Leeds —5E 11
Hillcrest Pl. Leeds —1A 32
Hillcrest Ri. Leeds —5D 10
Hillcrest Vw. Leeds —1A 32
Hill End Clo. Leeds —5F 29
Hill End Cres. Leeds —5F 29
Hill End Rd. Leeds —5F 29
Hillfoot. —5D 26
Hillfoot Av. Pud —5D 26
Hillfoot Cotts. Pud —5C 26
Hillfoot Cres. Pud —5D 26
Hillfoot Dri. Pud —5D 26
Hillfoot Ri. Pud —5D 26
Hill Green. —5G 37
Hill Grn. Ct. B'frd —5G 37
Hillidge Rd. Leeds —3H 41
 (in three parts)
Hillidge Sq. Leeds —3H 41
Hillingdon Way. Leeds —3E 13
Hillings La. Men & Guis —1A 6
Hill Ri. Av. Leeds —1C 28
Hill Ri. Gro. Leeds —1C 28
Hillside Av. Guis —2F 7
Hillside Bldgs. Leeds —4E 41
 (off Beeston Rd.)
Hillside Ct. Leeds —4A 22
Hillside Ct. Men —1B 6
Hillside Gro. Pud —6H 27
Hill Side Mt. Far —3G 27
Hillside Mt. Pud —6A 28
Hillside Ri. Guis —2F 7
Hillside Rd. Leeds —4H 21
Hillside Vw. Pud —6A 28
Hill St. Leeds —4A 32
 (LS9)
Hill St. Leeds —4F 41
 (LS11)
Hillthorpe Ct. Leeds —6H 51
Hillthorpe Ri. Pud —2G 37
Hillthorpe Rd. Pud —2G 37
Hillthorpe Sq. Pud —2G 37
Hillthorpe St. Pud —2G 37
Hillthorpe Ter. Pud —2G 37
Hill Top. —3C 20
Hilltop Av. Leeds —1B 32
Hill Top Clo. Leeds —5F 29
Hill Top Clo. Ting —5C 56
Hill Top Ct. Ting —5C 56
Hill Top Gdns. Ting —5C 56
Hill Top Grn. Ting —5B 56
Hill Top Gro. Ting —5C 56
Hill Top La. Ting —5B 56
Hill Top Mt. Leeds —1B 32
Hill Top Pl. Leeds —3D 30
 (LS6)
Hill Top Pl. Leeds —1B 32
 (LS8)
Hill Top Rd. Leeds —3D 30
 (LS6)
Hill Top Rd. Leeds —5F 29
 (LS12)

Hill Top St. Leeds —3D 30
Hill Top Vw. Ting —5B 56
Hill Vw. Av. Leeds —4H 21
Hill Vw. Mt. Leeds —4H 21
Hill Vw. Pl. Leeds —4H 21
Hill Vw. Ri. B'frd —3A 36
Hill Vw. Ter. Leeds —4H 21
Hillway. Guis —6E 7
Hilton Gro. Leeds —6B 22
Hilton Pl. Leeds —1B 32
Hilton Rd. Leeds —1B 32
Hilton St. Leeds —1B 32
Hilton Ter. Leeds —1B 32
Hindle Pl. Chur —2H 49
Hird St. Leeds —4E 41
Hirst's Yd. Leeds —6F 5
Hobberley La. Shad —5H 15
Hodgson Av. B'frd —5A 26
Hodgson Av. Leeds —6C 14
Hodgson Cres. Leeds —6C 14
Hodgson La. B'shaw —2D 46
Hodgson La. Dlgtn —3F 47
Hodgson Pl. Morl —1H 49
Hodgson St. Morl —2A 56
Holbeck. —2E 41
Holbeck La. Leeds —1D 40
Holbeck Moor Rd. Leeds —2E 41
Holbeck Towers. Leeds —2E 41
Holborn App. Leeds —2E 31
Holborn Ct. Leeds —2F 31
Holborn Gdns. Leeds —2E 31
Holborn Grn. Leeds —2E 31
Holborn Gro. Leeds —2E 31
Holborn St. Leeds —2F 31
Holborn Ter. Leeds —2F 31
Holborn Towers. Leeds —2F 31
Holborn Vw. Leeds —2E 31
Holborn Wlk. Leeds —2E 31
Holden Ing Way. Bat —5A 48
Holdforth Clo. Leeds —6C 30
Holdforth Gdns. Leeds —6C 30
Holdforth Grn. Leeds —6C 30
Holdforth Pl. Leeds —6C 30
Holdsworth Pl. Leeds —6H 29
Holland St. B'frd —1A 36
Hollerton La. Ting —3D 56
Hollin Ct. Leeds —4B 20
Hollin Cres. Leeds —4B 20
Hollin Dri. Leeds —4C 20
Hollin Gdns. Leeds —4A 20
Hollingbourne Rd. Leeds —3F 35
Hollings, The. Meth —6H 55
Hollin Hill Av. Leeds —6E 23
Hollin Hill Cotts. Leeds —6E 23
Hollin Hill Dri. Leeds —6E 23
Hollin La. Leeds —4B 20
Hollin M. Leeds —4B 20
Hollin Mt. Leeds —4A 20
Hollin Park. —6F 23
Hollin Pk. Av. Leeds —6F 23
Hollin Pk. Ct. C'ley —5C 16
Hollin Pk. Cres. Leeds —6F 23
Hollin Pk. Dri. C'ley —5C 16
Hollin Pk. Mt. Leeds —5F 23
Hollin Pk. Pde. Leeds —6E 23
Hollin Pk. Pl. Leeds —6E 23
Hollin Pk. Rd. Leeds —6E 23
Hollin Pk. Ter. Leeds —6E 23
Hollin Pk. Vw. Leeds —6E 23
Hollin Pl. Leeds —5B 20
Hollin Rd. Leeds —4B 20
Hollins Hill. Bail & Guis —6E 7
Hollinthorpe. —3G 45
Hollin Vw. Leeds —4B 20
Hollis Pl. Leeds —4D 30
Holly Av. Leeds —6D 10
Holly Bank. Guis —4F 7
Holly Bank. Leeds —5B 20
Holly Ct. Guis —5D 7
Holly Ct. Out —6E 59
Holly Ct. Ting —5C 56
Hollycroft Ct. Leeds —6G 11
Holly Dri. Leeds —6D 10
Holly Pk. C'ley —5C 16
Hollyshaw Cres. Leeds —5C 34
Hollyshaw Gro. Leeds —5C 34
Hollyshaw La. Leeds —4C 34
Hollyshaw St. Leeds —5C 34
Hollyshaw Ter. Leeds —5C 34
Hollyshaw Wlk. Leeds —4C 34
Holly Tree La. Leeds —1E 45
Hollywell Gro. Leeds —5H 29

Hollywell La.—Juniper Pl.

Hollywell La. *Leeds* —6H **29**
Holme La. *B'frd* —4B **36**
Holmes St. *Leeds* —1G **41**
Holme Village. —4B 36
Holme Well Rd. *Leeds* —4A **52**
Holme Wood Rd. *B'frd* —4A **36**
Holmfield Dri. *Leeds* —2C **22**
Holmsley Crest. *W'ford* —3A **54**
Holmsley Fld. Ct. *W'ford* —3C **54**
Holmsley Fld. La. *W'ford* —3B **54**
Holmsley Gth. *W'ford* —2B **54**
Holmsley Ho. *Rothw* —3B **54**
Holmsley La. *W'ford* —3A **54**
Holmsley Wlk. *W'ford* —3B **54**
Holmwood. *Leeds* —1C **20**
Holmwood Av. *Leeds* —3C **20**
Holmwood Clo. *Leeds* —3D **20**
Holmwood Cres. *Leeds* —3D **20**
Holmwood Dri. *Leeds* —3C **20**
Holmwood Gro. *Leeds* —3D **20**
Holmwood Mt. *Leeds* —3C **20**
Holmwood Vw. *Leeds* —3C **20**
Holroyd St. *Leeds* —3H **31** (1H **5**)
Holsworthy Rd. *B'frd* —5A **36**
Holt Av. *Leeds* —4A **12**
Holt Clo. *Leeds* —5A **12**
Holt Cres. *Leeds* —4F **11**
Holtdale App. *Leeds* —4E **11**
Holtdale Av. *Leeds* —4F **11**
Holtdale Clo. *Leeds* —4F **11**
Holtdale Cft. *Leeds* —4F **11**
Holtdale Dri. *Leeds* —4F **11**
Holtdale Fold. *Leeds* —4F **11**
Holtdale Gdns. *Leeds* —4F **11**
Holtdale Gth. *Leeds* —4F **11**
Holtdale Grn. *Leeds* —4F **11**
Holtdale Gro. *Leeds* —4E **11**
Holtdale Lawn. *Leeds* —4F **11**
Holtdale Pl. *Leeds* —4F **11**
Holtdale Rd. *Leeds* —4F **11**
Holtdale Vw. *Leeds* —4F **11**
Holtdale Way. *Leeds* —4F **11**
Holt Dri. *Leeds* —4G **11**
Holt Farm Clo. *Leeds* —4F **11**
Holt Farm Ri. *Leeds* —4F **11**
Holt Gdns. *Leeds* —4A **12**
Holt Gth. *Leeds* —4G **11**
Holt Ga. *Leeds* —4G **11**
Holt Grn. *Leeds* —4G **11**
Holt La. *Leeds* —4E **11**
Holt La. Ct. *Leeds* —5H **11**
Holt Park. —4G 11
Holt Pk. App. *Leeds* —4G **11**
Holt Pk. Av. *Leeds* —4G **11**
Holt Pk. Clo. *Leeds* —4G **11**
Holt Pk. Cres. *Leeds* —4F **11**
Holt Pk. Dri. *Leeds* —4G **11**
Holt Pk. Gdns. *Leeds* —4G **11**
Holt Pk. Ga. *Leeds* —4G **11**
Holt Pk. Grange. *Leeds* —4G **11**
Holt Pk. Grn. *Leeds* —4G **11**
Holt Pk. Gro. *Leeds* —4F **11**
Holt Pk. La. *Leeds* —4G **11**
Holt Pk. Ri. *Leeds* —4G **11**
Holt Pk. Rd. *Leeds* —4G **11**
Holt Pk. Vale. *Leeds* —4G **11**
Holt Pk. Vw. *Leeds* —4F **11**
Holt Pk. Way. *Leeds* —4G **11**
Holt Ri. *Leeds* —4G **11**
Holt Rd. *Leeds* —4G **11**
Holt Va. *Leeds* —4G **11**
Holt Wlk. *Leeds* —4G **11**
Holt Way. *Leeds* —4G **11**
Holybrook Av. *B'frd* —5A **16**
Holywell La. *Leeds* —4F **15**
Holywell Vw. *Leeds* —4F **15**
Home Farm. (Rare Breeds) —2B **44**
Home Lea. *Rothw* —2F **53**
Home Lea Dri. *Rothw* —3F **53**
Hopefield Chase. *Rothw* —5D **52**
Hopefield Clo. *Rothw* —5D **52**
Hopefield Ct. *E Ard* —4G **57**
Hopefield Ct. *Rothw* —5D **52**
Hopefield Cres. *Rothw* —5D **52**
Hopefield Dri. *Rothw* —5D **52**
Hopefield Gdns. *Rothw* —5D **52**
Hopefield Grn. *Rothw* —5D **52**
Hopefield Gro. *Rothw* —5D **52**
Hopefield M. *Rothw* —5D **52**
Hopefield Pl. *Rothw* —5D **52**
Hopefield Vw. *Rothw* —5D **52**
Hopefield Wlk. *Rothw* —5D **52**

Hopefield Way. *Rothw* —5D **52**
Hope Rd. *Leeds* —5H **31** (4H **5**)
Hopes Farm Mt. *Leeds* —2B **52**
Hopes Farm Rd. *Leeds* —2B **52**
Hopes Farm Vw. *Leeds* —2B **52**
Hope St. *Morl* —5G **49**
Hopewell Pl. *Leeds* —3C **30**
Hopewell Ter. *H'fth* —4B **18**
Hopewell Vw. *Leeds* —4H **51**
Hopkin St. *B'frd* —6A **36**
Hopton Ct. *Leeds* —6H **29**
 (off Hopton M.)
Hopton M. *Leeds* —6H **29**
Hopwood Bank. *H'fth* —1C **18**
Hopwood Clo. *H'fth* —1C **18**
Hopwood Rd. *H'fth* —1C **18**
Hornbeam Way. *Leeds* —3C **24**
Horsfall St. *Morl* —3F **49**
Horsforth. —3B 18
Horsforth New Rd. *Leeds* —5G **17**
Horsham Rd. *B'frd* —5A **36**
Horsman St. *B'frd* —6A **36**
Horton Clo. *Rod* —1H **27**
Horton Gth. *Rod* —1H **27**
Horton Ri. *Rod* —1H **27**
Hospital La. *Leeds* —1F **19**
Hough Clo. *Leeds* —5B **28**
Hough End. —5C 28
Hough End Av. *Leeds* —4D **28**
Hough End Clo. *Leeds* —4D **28**
Hough End Ct. *Leeds* —4D **28**
Hough End Cres. *Leeds* —4C **28**
Hough End Gdns. *Leeds* —4D **28**
Hough End La. *Leeds* —4C **28**
Hough End La. *Leeds* —4C **28**
Hough Gro. *Leeds* —3C **28**
Houghley Av. *Leeds* —3F **29**
Houghley Clo. *Leeds* —3E **29**
Houghley Cres. *Leeds* —3F **29**
Houghley La. *Leeds* —3E **29**
Houghley Pl. *Leeds* —3F **29**
Houghley Rd. *Leeds* —3F **29**
Houghley Sq. *Leeds* —3F **29**
Hough Side. —6A 28
Hough Side Clo. *Pud* —6B **28**
Hough Side La. *Pud* —6A **28**
Hough Side Rd. *Pud* —6H **27**
Hough Ter. *Leeds* —3C **28**
Hough Top. *Leeds* —6A **28**
Hough Tree Rd. *Leeds* —5C **28**
Hough Tree Ter. *Leeds* —5C **28**
Hovingham Av. *Leeds* —1C **32**
Hovingham Gro. *Leeds* —1C **32**
Hovingham Mt. *Leeds* —1C **32**
Hovingham Ter. *Leeds* —1C **32**
Howard Av. *Leeds* —6H **33**
Howard Ct. *Leeds* —6H **33**
Howden Clo. *B'frd* —6B **36**
Howden Clough. —6B 48
Howden Clough Ind. Est. *Bat*
 —6C **48**
Howden Clough Rd. *Morl* —6C **48**
Howden Gdns. *Leeds* —3C **30**
Howden Pl. *Leeds* —3C **30**
Howden Way. *Morl* —6D **48**
Howson Clo. *Guis* —4H **7**
Hoxton St. *Leeds* —4D **36**
Hudson Gro. *Leeds* —4C **32**
Hudson Pl. *Leeds* —4C **32**
Hudson Rd. *Leeds* —3C **32**
Hudson's Ter. *Yead* —2E **9**
Hudson St. *Fars* —4F **27**
Hudson St. *Leeds* —4C **32**
Hudswell Rd. *Leeds* —3H **41**
Huggan Row. *Pud* —6H **27**
 (off Hammerton Gro.)
Hughenden Vw. *Morl* —3G **49**
Hull St. *Morl* —5H **49**
Hunger Hill. *Morl* —6G **49**
Hunger Hills Av. *H'fth* —2A **18**
Hunger Hills Dri. *H'fth* —2A **18**
Hunslet. —3H 41
Hunslet Carr. —6H **41**
Hunslet Distributor. *Leeds* —3H **41**
Hunslet Grn. Way. *Leeds* —4H **41**
Hunslet Hall Rd. *Leeds* —3F **41**
Hunslet La. *Leeds* —1G **41**
Hunslet Rd. *Leeds* —6G **31**
Hunslet Trad. Est. *Leeds* —3B **42**
Hunslet. —6A 46

Hunsworth La. *Cleck & E Bier*
 —6A **46**
Hurstville Av. *B'frd* —3B **46**
Husler Gro. *Leeds* —2H **31**
Husler Pl. *Leeds* —2H **31**
Hustler's Row. *Leeds* —3B **20**
Hutchinson Pl. *Leeds* —2G **29**
Hutton Ter. *Pud* —6G **27**
Hyde Park. —2D 30
Hyde Pk. Clo. *Leeds* —3D **30**
Hyde Pk. Corner. *Leeds* —2D **30**
Hyde Pk. Pl. *Leeds* —2D **30**
Hyde Pk. Rd. *Leeds* —3D **30**
Hyde Pk. Ter. *Leeds* —2D **30**
Hyde Pl. *Leeds* —4E **31** (3A **4**)
Hyde St. *Leeds* —4E **31** (3A **4**)
Hyde Ter. *Leeds* —4E **31** (2A **4**)

Ibbetson Clo. *Morl* —2G **49**
Ibbetson Ct. *Morl* —2G **49**
Ibbetson Cft. *Morl* —2G **49**
Ibbetson Dri. *Morl* —2G **49**
Ibbetson M. *Morl* —2G **49**
Ibbetson Oval. *Morl* —2G **49**
Ibbetson Ri. *Morl* —2G **49**
Ibbetson Rd. *Morl* —2G **49**
Ida's, The. *Leeds* —5C **42**
Ida St. *Leeds* —5C **42**
Ilford St. *Morl* —5H **49**
Illingworth Clo. *Yead* —4E **9**
Industrial St. *Leeds* —4B **32**
Infirmary St. *Leeds* —5F **31** (5D **4**)
Inghams Av. *Pud* —6D **26**
Inghams Ter. *Pud* —5D **26**
Inghams Vw. *Pud* —5D **26**
Ingle Av. *Morl* —3F **49**
Ingleborough Dri. *Morl* —6A **50**
Ingleby Way. *Leeds* —2A **52**
Ingle Ct. *Morl* —4F **49**
Ingle Cres. *Morl* —3G **49**
Ingledew Clo. *Leeds* —5H **13**
Ingledew Cres. *Leeds* —1D **22**
Ingledew Dri. *Leeds* —2D **22**
Ingle Gro. *Morl* —4F **49**
Ingle Row. *Leeds* —5H **21**
Ingleton Clo. *Leeds* —4F **41**
Ingleton Dri. *Leeds* —6G **33**
Ingleton Gro. *Leeds* —4F **41**
Ingleton Ho. *B'frd* —5A **36**
 (off Arlesford Rd.)
Ingleton Pl. *Leeds* —4F **41**
Ingleton St. *Leeds* —4F **41**
Inglewood App. *Leeds* —2B **34**
Inglewood Dri. *Leeds* —2B **34**
Inglewood Pl. *Leeds* —2B **34**
Inglewood Ter. *Leeds* —1E **31**
 (off Delph La.)
Ingram Clo. *Leeds* —2D **40**
Ingram Ct. *Leeds* —2D **40**
Ingram Cres. *Leeds* —3D **40**
Ingram Gdns. *Leeds* —2D **40**
Ingram Pde. *Rothw* —4G **53**
Ingram Rd. *Leeds* —3D **40**
Ingram Row. *Leeds* —1F **41**
Ingram St. *Leeds* —1F **41**
Ingram Vw. *Leeds* —2D **40**
Ings Av. *Guis* —3F **7**
Ings Ct. *Guis* —3E **7**
Ings Cres. *Leeds* —6D **32**
Ings La. *Guis* —4E **7**
Ings Rd. *Leeds* —6D **32**
Ing St. *B'frd* —6A **26**
Inkerman St. *Haig* —1A **26**
Inner Ring Rd. *Leeds* —4E **31**
Intake. —1H 27
Intake Clo. *Stan* —6H **59**
Intake La. *Leeds* —6G **51**
Intake La. *Rawd* —6F **9**
Intake La. *Rod* —2H **27**
Intake La. *Stan* —6H **59**
 (in two parts)
Intake La. *T'ner* —1D **24**
Intake Mt. *Leeds* —5G **51**
Intake Rd. *Pud* —5H **27**
Intake Sq. *Leeds* —5G **51**
Intake Vw. *Int* —2A **28**
Intake Vw. *Leeds* —5G **51**
Intercity Way. *Leeds* —4H **27**
Invertrees Av. *Rawd* —5E **9**
Ireland Cres. *Leeds* —6F **11**

Ireland Wood. —1F 19
Ironwood App. *Leeds* —2A **34**
Ironwood Cres. *Leeds* —2A **34**
Ironwood Vw. *Leeds* —1A **34**
Irwin App. *Leeds* —6H **33**
Irwin St. *Fars* —3F **27**
 (in two parts)
Islay Clo. *Rothw* —4H **53**
Islington. —3C 40
Ivegate. *Haigh* —2D **8**
Iveson App. *Leeds* —1F **19**
Iveson Clo. *Leeds* —1F **19**
Iveson Cres. *Leeds* —1F **19**
Iveson Dri. *Leeds* —1F **19**
Iveson Gdns. *Leeds* —1F **19**
Iveson Gth. *Leeds* —1G **19**
Iveson Grn. *Leeds* —1F **19**
Iveson Gro. *Leeds* —1F **19**
Iveson Lawn. *Leeds* —1G **19**
Iveson Ri. *Leeds* —1G **19**
Iveson Rd. *Leeds* —1F **19**
Ivory St. *Leeds* —2G **41**
Ivy Av. *Leeds* —5C **32**
Ivy Bank. *Yead* —2C **8**
Ivy Chase. *Leeds* —5B **28**
Ivy Ct. *Leeds* —5H **21**
Ivy Cres. *Leeds* —5C **32**
Ivy Gdns. *Bmly* —1D **28**
Ivy Gth. *Leeds* —5H **21**
Ivy Gro. *Leeds* —6D **32**
Ivy Mt. *Leeds* —5C **32**
Ivy Pl. *Leeds* —1D **28**
Ivy Rd. *Leeds* —6C **32**
Ivy St. *Leeds* —5C **32**
Ivy Vw. *Leeds* —5C **32**

Jackie Smart Ct. *Leeds* —2A **32**
Jack La. *Leeds* —2F **41**
 (in two parts)
Jackman Dri. *H'fth* —3D **18**
Jackson Av. *Leeds* —4B **22**
Jackson Rd. *Leeds* —2G **31**
Jacob St. *Leeds* —4G **31** (3F **5**)
Jail Yd. *Rothw* —4H **53**
Jakeman Clo. *Ting* —3C **56**
Jakeman Ct. *Ting* —3C **56**
Jakeman Dri. *Ting* —3C **56**
James Av. *Leeds* —3B **22**
James Baillie Flats. *Leeds* —6D **20**
James St. *B'shaw* —3D **46**
James St. *Rawd* —5D **8**
Jamie Ct. *B'frd* —5A **16**
Jaques Clo. *Leeds* —1H **29**
Jarvis Sq. *Rob H* —6C **52**
Jarvis Wlk. *Rob H* —6C **52**
Jean Av. *Leeds* —6A **34**
Jenkinson Clo. *Leeds* —2E **41**
Jenkinson Lawn. *Leeds* —2E **41**
Jenkinsons Pl. *Leeds* —1H **51**
Jessamine Av. *Rothw* —4D **52**
Jessop Row. *Leeds* —6G **29**
Jinny Moor La. *Rothw* —1E **55**
Joffre Mt. *Yead* —3E **9**
 (off Springwell Clo.)
John O'Gaunts. —2A 54
John O'Gaunts Trad. Est. *Rothw*
 —2G **53**
John O'Gaunts Wlk. *Rothw* —3H **53**
Johns Av. *Loft* —5E **59**
Johnson Ter. *Morl* —5H **49**
Johnston St. *Leeds* —2F **31**
John St. *B'frd* —6A **36**
John St. *Leeds* —2C **30**
John St. *Rawd* —5D **8**
Joseph Ri. *Leeds* —4H **21**
Joseph St. *B'frd* —6A **36**
Joseph St. *Leeds* —3A **42**
Joseph's Well. *Leeds* —4B **4**
Jubilee Cft. *Morl* —5H **49**
 (off Marshall St.)
Jubilee Cres. *Dlgtn* —2A **48**
Jubilee Cft. *Dlgtn* —2H **47**
Jubilee Pl. *Morl* —5H **49**
Jubilee St. *Cut H* —3A **36**
Jubilee St. *Morl* —5H **49**
Jubilee Ter. *Morl* —5H **49**
Jumbles Ct. *Loft* —2E **59**
Jumbles La. *Loft* —2E **59**
Junction St. *Leeds* —1G **41**
Juniper Av. *Rothw* —5D **53**
Juniper Pl. *Leeds* —4D **32**

A-Z Leeds 77

Karnac Rd.—Landseer Cres.

Karnac Rd. *Leeds* —1B **32**
Kay Clo. *Morl* —3F **49**
Kearsley Ter. *Leeds* —5A **42**
Keats Gro. *Stan* —5G **59**
Kedleston Rd. *Leeds* —1B **22**
Keeble Ho. *B'frd* —3A **26**
 (off St Clare's Av.)
Keel Moorings. *Rod* —6H **17**
Keeper La. *B'frd* —4F **37**
Keeton St. *Leeds* —5B **32**
Keighley Pl. *S'ley* —3G **27**
Kelbrook Ho. *B'frd* —5A **36**
 (off Muirhead Dri.)
Kelcliffe. —3F 7
Kelcliffe Av. *Guis* —4G **7**
Kelcliffe Gro. *Guis* —4G **7**
Kelcliffe La. *Guis* —3F **7**
Keldholme Clo. *Leeds* —6G **17**
Keldholme Rd. *Leeds* —6G **17**
Kellett Av. *Leeds* —3A **40**
Kellett Cres. *Leeds* —3A **40**
Kellett Dri. *Leeds* —3A **40**
Kellett Gro. *Leeds* —3A **40**
Kellett La. *Leeds* —2H **39**
Kellett Mt. *Leeds* —3A **40**
Kellett Pl. *Leeds* —3A **40**
Kellett Rd. *Leeds* —2H **39**
Kellett Ter. *Leeds* —3A **40**
Kellett Wlk. *Leeds* —3A **40**
Kelmscott Av. *Leeds* —2D **34**
Kelmscott Cres. *Leeds* —2D **34**
Kelmscott Gdns. *Leeds* —2D **34**
Kelmscott Grth. *Leeds* —1E **35**
Kelmscott Grn. *Leeds* —2D **34**
Kelmscott Gro. *Leeds* —2D **34**
Kelmscott La. *Leeds* —2D **34**
Kelsall Av. *Leeds* —3C **30**
Kelsall Gro. *Leeds* —4C **30**
Kelsall Pl. *Leeds* —3C **30**
Kelsall Rd. *Leeds* —3C **30**
Kelsall Ter. *Leeds* —3C **30**
Kelso Ct. *Leeds* —4D **30**
Kelso Gdns. *Leeds* —4D **30**
Kelso Pl. *Leeds* —3D **30**
Kelso Rd. *Leeds* —3D **30** (2A **4**)
Kelso St. *Leeds* —4D **30** (2A **4**)
Kelvin Ho. *B'frd* —4B **36**
Kemsing Wlk. *Leeds* —3F **35**
Kendal Bank. *Leeds* —4D **30** (3A **4**)
Kendal Carr. *Leeds* —3A **4**
Kendal Clo. *Leeds* —4D **30** (3A **4**)
Kendal Dri. *Leeds* —6G **33**
Kendal Gro. *Leeds* —4E **31** (3A **4**)
Kendal La. *Leeds* —4D **30** (3A **4**)
Kendal Ri. *Leeds* —4A **4**
Kendal Rd. *Leeds* —4E **31** (3A **4**)
Kendal Wlk. *Leeds* —4A **4**
Kendell St. *Leeds* —6G **31**
Kenilworth Av. *Gild* —3D **48**
Kenilworth Gdns. *Gild* —2D **48**
Kenilworth Rd. *Leeds* —2A **40**
Kennerleigh Av. *Leeds* —4C **34**
Kennerleigh Cres. *Leeds* —4C **34**
Kennerleigh Dri. *Leeds* —4C **34**
Kennerleigh Gth. *Leeds* —4D **34**
Kennerleigh Glen. *Leeds* —4C **34**
Kennerleigh Gro. *Leeds* —4D **34**
Kennerleigh Ri. *Leeds* —4D **34**
Kennerleigh Wlk. *B'frd* —5B **36**
Kennerleigh Wlk. *Leeds* —4C **34**
Kenneth St. *Leeds* —2D **30**
Kensington Ct. *Leeds* —2D **30**
Kensington Ter. *Leeds* —2D **30**
Kent. —6G 27
Kent Av. *Pud* —6A **28**
Kent Clo. *Pud* —6A **28**
Kent Cres. *Pud* —6A **28**
Kent Dri. *Pud* —6A **28**
Kentmere App. *Leeds* —6G **23**
Kentmere Av. *Leeds* —4H **23**
Kentmere Clo. *Leeds* —6A **24**
Kentmere Cres. *Leeds* —5H **23**
Kentmere Gdns. *Leeds* —5H **23**
Kentmere Gth. *Leeds* —6H **23**
Kentmere Grn. *Leeds* —4H **23**
Kentmere Ri. *Leeds* —6A **24**
Kenton Way. *B'frd* —3A **36**
Kent Rd. *Pud* —6H **27**
Kenwood M. *H'fth* —3D **18**
Kenworthy Clo. *Leeds* —4G **11**
Kenworthy Gdns. *Leeds* —4G **11**

Kenworthy Gth. *Leeds* —4G **11**
Kenworthy Ga. *Leeds* —4G **11**
Kenworthy Ri. *Leeds* —4G **11**
Kenworthy Va. *Leeds* —4G **11**
Kepler Gro. *Leeds* —3A **32**
Kepler Mt. *Leeds* —3A **32**
Kepler Ter. *Leeds* —3A **32**
Kepstorn Clo. *Leeds* —6G **19**
Kepstorn Ri. *Leeds* —6G **19**
Kepstorn Rd. *Leeds* —4H **19**
Kerry Gth. *H'fth* —2B **18**
Kerry Hill. *H'fth* —3B **18**
 (in two parts)
Kerry St. *H'fth* —2B **18**
Kerry Vw. *H'fth* —2C **18**
Kershaw St. *B'frd* —6A **26**
Kesteven Clo. *B'frd* —5B **36**
Kesteven Ct. *B'frd* —5B **36**
Kesteven Rd. *B'frd* —5A **36**
Kestrel Clo. *Leeds* —5B **14**
Kestrel Grth. *Morl* —5B **50**
Kestrel Gro. *Leeds* —5B **14**
Keswick St. *B'frd* —2A **36**
Kidacre St. *Leeds* —1G **41**
Kilburn Rd. *Leeds* —6A **30**
Kildare Ter. *Leeds* —1C **40**
Killingbeck. —4G 33
Killingbeck Bri. *Leeds* —4G **33**
Killingbeck Dri. *Leeds* —4G **33**
Killingbeck Retail Pk. *Leeds* —3G **33**
Kilner Ho. *B'frd* —3A **26**
 (off St Clares Av.)
Kilnsea Mt. *B'frd* —4A **36**
Kimberley Pl. *Leeds* —3D **32**
Kimberley Rd. *Leeds* —3D **32**
Kimberley Vw. *Leeds* —4D **32**
King Alfred's Dri. *Leeds* —2E **21**
King Alfred's Grn. *Leeds* —2E **21**
King Alfred's Wlk. *Leeds* —2E **21**
King Alfred's Way. *Leeds* —2E **21**
King Charles St. *Leeds* —5G **31** (5E **5**)
King Clo. *Leeds* —5E **13**
King Dri. *Leeds* —5D **12**
King Edward Av. *H'fth* —3B **18**
King Edward Cres. *Leeds* —2C **18**
King Edward St. *Leeds* —5G **31** (5F **5**)
King Edwins Ct. *Leeds* —6C **22**
Kingfield. *Guis* —3H **7**
Kingfisher Bldgs. *Leeds* —5B **14**
Kingfisher M. *Morl* —6A **50**
Kingfisher Way. *Leeds* —5B **14**
King George Av. *H'fth* —2C **18**
King George Av. *Leeds* —4H **21**
King George Av. *Morl* —3H **49**
King George Cft. *Morl* —4H **49**
King George Gdns. *Leeds* —4H **21**
King George Gro. *Morl* —3H **49**
King George Rd. *H'fth* —2C **18**
King La. *Leeds* —1F **21**
Kings App. *Leeds* —3E **29**
Kings Av. *Leeds* —4C **30**
Kings Chase. *Rothw* —3H **53**
Kings Ct. *Leeds* —2G **21**
King's Cft. Gdns. *Leeds* —2H **21**
Kingsdale Av. *Dlgtn* —3G **47**
Kingsdale Ct. *Leeds* —5G **23**
 (in two parts)
Kingsdale Gdns. *Dlgtn* —3G **47**
Kingsfield. *Rothw* —4D **52**
Kingsley Av. *B'shaw* —5D **46**
Kingsley Av. *Leeds* —4H **11**
Kingsley Clo. *Out* —6D **58**
Kingsley Clo. *B'shaw* —5D **46**
Kingsley Dri. *B'shaw* —5D **46**
Kingsley Dri. *Leeds* —4H **11**
Kingsley Gth. *Wake* —6D **58**
Kingsley Rd. *Leeds* —4H **11**
Kingsmead. *Leeds* —3A **24**
Kings Mead. *Rothw* —3A **54**
Kingsmead Dri. *Leeds* —2H **23**
Kingsmill Clo. *Morl* —4F **49**
King's Mt. *Leeds* —3G **21**
Kings Pl. *Leeds* —1B **30**
King's Rd. *Leeds* —3C **30**
Kingston Gdns. *Leeds* —3B **34**
Kingston Ter. *Leeds* —3F **31**
King St. *Dlgtn* —2G **47**
King St. *Leeds* —6F **31** (6C **4**)
King St. *Morl* —6G **49**
King St. *Rawd* —5C **8**

King St. *S'ley* —4F **27**
King St. *Yead* —2E **9**
Kingsway. *Dlgtn* —3G **47**
Kingsway. *Leeds* —5C **34**
Kingsway Ct. *Leeds* —2H **21**
Kingswear Clo. *Leeds* —4D **34**
Kingswear Cres. *Leeds* —4D **34**
Kingswear Gth. *Leeds* —4D **34**
Kingswear Glen. *Leeds* —4D **34**
Kingswear Pde. *Leeds* —4D **34**
Kingswear Ri. *Leeds* —4D **34**
Kingswear Vw. *Leeds* —4D **34**
Kingswood Av. *Leeds* —6C **14**
Kingswood Cres. *Leeds* —6B **14**
Kingswood Dri. *Leeds* —6B **14**
Kingswood Gdns. *Leeds* —6B **14**
Kingswood Gro. *Leeds* —6C **14**
Kingswood Rd. *Leeds* —1A **40**
Kinross Ho. *B'frd* —5A **36**
 (off Muirhead Dri.)
Kipling Ct. *B'frd* —4A **16**
Kippax Mt. *Leeds* —6B **32**
Kippax Pl. *Leeds* —6B **32**
Kirk Beeston Clo. *Leeds* —5D **40**
Kirkdale Av. *Leeds* —4H **39**
Kirkdale Cres. *Leeds* —4H **39**
Kirkdale Dri. *Leeds* —3H **39**
Kirkdale Gdns. *Leeds* —3H **39**
Kirkdale Gro. *Leeds* —3G **39**
Kirkdale Mt. *Leeds* —4H **39**
Kirkdale Ter. *Leeds* —4H **39**
Kirkdale Vw. *Leeds* —4H **39**
Kirkfield Dri. *Leeds* —6D **34**
Kirkfield Gdns. *Leeds* —6D **34**
Kirkfields Ind. Cen. *Yead* —2C **8**
Kirkfield Vw. *Leeds* —6D **34**
Kirk Ga. *B'shaw* —2B **46**
Kirkgate. *Leeds* —5G **31** (5F **5**)
 (in two parts)
Kirkgate Mkt. *Leeds* —5G **31** (5F **5**)
Kirkham St. *Leeds* —6H **17**
Kirklands Clo. *Men* —1C **6**
Kirkland Vs. *Leeds* —2C **8**
Kirkland Vs. *Pud* —1G **37**
Kirk La. *Yead* —2B **8**
Kirklees Clo. *Fars* —1F **27**
Kirklees Cft. *Fars* —1F **27**
Kirklees Dri. *Fars* —1F **27**
Kirklees Gth. *Fars* —1F **27**
Kirklees Ri. *Fars* —1F **27**
Kirkstall. —1H 29
Kirkstall Abbey. —6F **19**
Kirkstall Av. *Leeds* —2F **29**
Kirkstall Cen., The. *Leeds* —4B **30**
Kirkstall Hill. *Leeds* —1H **29**
Kirkstall La. *Leeds* —1G **29**
Kirkstall Mt. *Leeds* —2F **29**
Kirkstall Rd. *Leeds* —2H **29**
Kirkwall Av. *Leeds* —6D **32**
Kirkwall Dri. *Leeds* —4A **36**
Kirkwood Av. *Leeds* —5D **10**
Kirkwood Clo. *Leeds* —4D **10**
Kirkwood Cres. *Leeds* —4E **11**
Kirkwood Dri. *Leeds* —4D **10**
Kirkwood Gdns. *Leeds* —4E **11**
Kirkwood Gro. *Leeds* —5D **10**
Kirkwood Ri. *Leeds* —4E **11**
Kirkwood Vw. *Leeds* —4E **11**
Kirkwood Way. *Leeds* —4E **11**
Kitchener Av. *Leeds* —4D **32**
Kitchener Gro. *Leeds* —3D **32**
Kitchener Mt. *Leeds* —4D **32**
Kitchener Pl. *Leeds* —4D **32**
Kitchener St. *W'ford* —3C **54**
Kitson Clo. *Leeds* —1A **40**
Kitson Gdns. *Leeds* —1A **40**
Kitson Rd. *Leeds* —2H **41**
Kitson St. *Leeds* —6B **32**
Kitson St. *Ting* —2B **56**
Kitwood Clo. *B'frd* —5B **36**
Knavesmire. *Rothw* —4D **52**
Knights Clo. *Leeds* —5C **34**
Knightscroft Av. *Rothw* —3G **53**
Knightscroft Dri. *Rothw* —3G **53**
Knightshill. *Leeds* —5D **34**
Knightsway. *Leeds* —4E **11**
Knightsway. *Rob H* —1D **58**
Knoll Pk. *E Ard* —4H **57**
Knoll, The. *C'ley* —3C **26**

Knoll Wood Pk. *H'fth* —3D **18**
Knostrop La. *Leeds* —3D **42**
Knott La. *Rawd* —3G **17**
Knowle Av. *Leeds* —2B **30**
Knowle Gro. *Leeds* —2B **30**
Knowle Mt. *Leeds* —2B **30**
Knowle Pl. *Leeds* —2B **30**
Knowle Rd. *Leeds* —2B **30**
Knowles Av. *B'frd* —5A **36**
Knowles La. *B'frd* —5A **36**
Knowles La. *Gom* —6D **46**
Knowles Vw. *B'frd* —5A **36**
Knowle Ter. *Leeds* —3A **30**
Knowsthorpe. —2B 42
Knowsthorpe Cres. *Leeds* —1B **42**
Knowsthorpe Ga. *Leeds* —3D **42**
Knowsthorpe La. *Leeds* —2B **42**
 (in three parts)
Knowsthorpe Rd. *Leeds* —2E **43**
Knowsthorpe Way. *Leeds* —3D **42**
Knox St. *Leeds* —6F **17**
Knutsford Gro. *B'frd* —5A **36**
Kyffin Av. *Leeds* —6G **33**
Kyffin Pl. *B'frd* —2A **36**

Laburnum Clo. *E Ard* —4G **57**
Laburnum Pl. *App B* —3A **16**
Laburnum St. *Far* —4F **27**
Laburnum St. *Pud* —5E **27**
Ladbroke Gro. *B'frd* —6A **36**
Ladybeck Clo. *Leeds* —5H **31** (4G **5**)
Lady La. *Leeds* —5G **31** (5F **5**)
Lady Pk. Ct. *Leeds* —5B **14**
Lady Pit La. *Leeds* —3F **41**
 (in two parts)
Ladyroyd Dri. *E Bier* —3A **46**
Lady Wood. —4E 23
Ladywood Grange. *Leeds* —5F **23**
Ladywood Mead. *Leeds* —5F **23**
Ladywood Rd. *Leeds* —5D **22**
Laith Clo. *Leeds* —6F **11**
Laith Gdns. *Leeds* —6G **11**
Laith Gth. *Leeds* —6F **11**
Laith Grn. *Leeds* —6F **11**
Laith Rd. *Leeds* —6F **11**
Laith Wlk. *Leeds* —6F **11**
Lakeland Cres. *Leeds* —3E **13**
Lakeland Dri. *Leeds* —3F **13**
Lake Lock. —6H 59
Lake Lock Dri. *Stan* —5H **59**
Lake Lock Gro. *Stan* —6H **59**
Lake Lock Rd. *Stan* —6H **59**
Lakeside Chase. *Rawd* —5E **9**
Lakeside Ct. *Halt* —1G **43**
Lakeside Ct. *Leeds* —5H **41**
Lakeside Gdns. *Rawd* —5E **9**
Lakeside Ind. Est. *Leeds* —1F **39**
Lakeside Rd. *Leeds* —1E **39**
Lakeside Ter. *Rawd* —5E **9**
Lakeside Vw. *Rawd* —5E **9**
Lakeside Wlk. *Rawd* —5E **9**
 (off Lakeside Ter.)
Lake Ter. *Leeds* —5H **41**
Lakeview Ct. *Leeds* —3E **23**
Lake Yd. *Stan* —6H **59**
Lambert Av. *Leeds* —5B **22**
Lambert Cres. *Leeds* —5B **22**
Lambert's Arc. *Leeds* —6F **5**
Lambert Ter. *H'fth* —3A **18**
 (nr. Park Side)
Lambert Ter. *H'fth* —3E **19**
 (off Low La.)
Lambourne Av. *B'frd* —6A **16**
Lambrigg Cres. *Leeds* —1A **34**
Lambton Gro. *Leeds* —1B **32**
Lambton Pl. *Leeds* —1B **32**
Lambton St. *Leeds* —1B **32**
Lambton Ter. *Leeds* —1B **32**
Lambton Vw. *Leeds* —1B **32**
Lanark Dri. *H'fth* —5B **10**
Lancaster Pl. *Rothw* —5H **53**
 (off Springfield St.)
Lancastre Av. *Leeds* —2F **29**
 (in two parts)
Lancastre Gro. *Leeds* —2F **29**
Lancefield Ho. *Out* —6D **58**
Landscove Av. *B'frd* —5A **36**
Landseer Av. *Leeds* —2D **28**
Landseer Av. *Ting* —3C **56**
Landseer Clo. *Leeds* —2D **28**
Landseer Cres. *Leeds* —2E **29**

Landseer Dri.—Lincombe Mt.

Landseer Dri. *Leeds* —2D **28**
Landseer Gdns. *Leeds* —2D **28**
Landseer Grn. *Leeds* —2D **28**
Landseer Gro. *Leeds* —2E **29**
Landseer Mt. *Leeds* —2E **29**
Landseer Ri. *Leeds* —2D **28**
Landseer Rd. *Leeds* —2D **28**
Landseer Ter. *Leeds* —2E **29**
Landseer Vw. *Leeds* —2E **29**
Landseer Wlk. *Leeds* —2D **28**
  (off Landseer Clo.)
Landseer Way. *Leeds* —2D **28**
Landsholme Ct. *B'frd* —5B **36**
Lands La. *Guis* —4G **7**
Lands La. *Leeds* —5G **31** (5E **5**)
Land St. *Fars* —2F **27**
Lane End. *Pud* —5H **27**
  (in two parts)
Lane End Ct. *Leeds* —4D **12**
Lane End Cft. *Leeds* —4D **12**
Lane End Fold. *Pud* —5H **27**
Lane End Mt. *Pud* —5H **27**
Lane End Pl. *Leeds* —2F **41**
Lane Ends. —6H 9
Lane End Vw. *Stan* —6G **59**
Lane Fox Ct. *Yead* —3D **8**
  (off Harper La.)
Laneside. *Morl* —2H **49**
Laneside Clo. *Morl* —2H **49**
Laneside Fold. *Morl* —2H **49**
Laneside Gdns. *Morl* —3H **49**
Laneside M. *Morl* —2H **49**
Laneside Ter. *Morl* —2H **49**
Lanes, The. *Pud* —5H **27**
  (in two parts)
Lane, The. *Alw* —4D **12**
Lane, The. *Leeds* —6A **32**
Langbar App. *Leeds* —5D **24**
Langbar Clo. *Leeds* —5D **24**
Langbar Gdns. *Leeds* —6D **24**
Langbar Gth. *Leeds* —5D **24**
Langbar Grange. *Leeds* —6D **24**
Langbar Gro. *Leeds* —6D **24**
Langbar Pl. *Leeds* —5D **24**
Langbar Rd. *Leeds* —6D **24**
Langbar Sq. *Leeds* —6D **24**
Langbar Towers. *Leeds* —6D **24**
  (off Swarcliffe Av.)
Langbar Vw. *Leeds* —5D **24**
Langdale Av. *Leeds* —6A **20**
Langdale Av. *Out* —6F **59**
Langdale Gdns. *Leeds* —1A **30**
Langdale Rd. *B'frd* —1A **26**
Langdale Rd. *W'ford* —3B **54**
Langdale Ter. *Leeds* —1A **30**
Langley. —3D 58
Langley Av. *Leeds* —1A **28**
Langley Clo. *Leeds* —1A **28**
Langley Cres. *Leeds* —1B **28**
Langley Gth. *Leeds* —1A **28**
Langley Mt. *Leeds* —1B **28**
Langley Pl. *Leeds* —1A **28**
Langley Rd. *Leeds* —1A **28**
Langley Ter. *Leeds* —1A **28**
Langthorne Cres. *Morl* —1A **56**
Langtons Wharf. *Leeds* —6G **5**
Lanrick Ho. *B'frd* —3A **36**
  (off Broadstone Way)
Lansdale Ct. *B'frd* —5B **36**
Lansdowne St. *Leeds* —1A **40**
Lanshaw Clo. *Leeds* —3A **52**
Lanshaw Cres. *Leeds* —4A **52**
Lanshaw Pl. *Leeds* —3A **52**
Lanshaw Rd. *Leeds* —3A **52**
Lanshaw Ter. *Leeds* —4A **52**
Lanshaw Vw. *Leeds* —3A **52**
Lanshaw Wlk. *Leeds* —3A **52**
Larchfield Home. *Leeds* —6H **41**
Larchfield Rd. *Leeds* —2A **42**
Larchwood. *Rawd* —2E **17**
Larkfield. —5E 9
Larkfield Av. *Rawd* —5E **9**
Larkfield Cres. *Rawd* —5E **9**
Larkfield Dri. *Rawd* —5E **9**
Larkfield Mt. *Rawd* —5E **9**
Larkfield Rd. *Pud* —5G **27**
Larkfield Rd. *Rawd* —5E **9**
Larkhill Clo. *Leeds* —3A **22**
Larkhill Grn. *Leeds* —2A **22**
Larkhill Rd. *Leeds* —2A **22**
Larkhill Vw. *Leeds* —3A **22**

Larkhill Wlk. *Leeds* —2A **22**
Larkhill Way. *Leeds* —2A **22**
Larwood Av. *B'frd* —1A **26**
Lascelles Mt. *Leeds* —2B **32**
  (off Lascelles Rd. E.)
Lascelles Pl. *Leeds* —2B **32**
Lascelles Rd. E. *Leeds* —2B **32**
Lascelles Rd. W. *Leeds* —2B **32**
Lascelles St. *Leeds* —2B **32**
Lascelles Ter. *Leeds* —2B **32**
Lascelles Vw. *Leeds* —2B **32**
Lastingham Rd. *Leeds* —6H **17**
Latchmere Av. *Leeds* —3F **19**
Latchmere Clo. *Leeds* —3G **19**
Latchmere Crest. *Leeds* —3F **19**
Latchmere Dri. *Leeds* —3F **19**
Latchmere Gdns. *Leeds* —2G **19**
Latchmere Grn. *Leeds* —3F **19**
Latchmere Rd. *Leeds* —3F **19**
Latchmere Vw. *Leeds* —3F **19**
  (in two parts)
Latchmere Wlk. *Leeds* —2G **19**
Latchmore Rd. *Leeds* —3C **40**
Latchmore Rd. Ind. Est. *Leeds*
      —3B **40**
Latham La. *Gom* —6C **46**
Launceston Dri. *B'frd* —5A **36**
Laura St. *Leeds* —1D **40**
Laurel Bank. *Leeds* —1D **34**
Laurel Bank Ct. *Leeds* —1A **30**
Laurel Fold. *Leeds* —6A **30**
Laurel Gro. *Leeds* —6A **30**
Laurel Hill Av. *Leeds* —1D **44**
Laurel Hill Cft. *Leeds* —6D **34**
Laurel Hill Gdns. *Leeds* —6D **34**
Laurel Hill Gro. *Leeds* —6D **34**
Laurel Hill Vw. *Leeds* —6D **34**
Laurel Hill Way. *Leeds* —1D **44**
Laurel Mt. *Leeds* —6H **21**
Laurel Mt. *S'ley* —5G **27**
Laurel Pl. *Leeds* —6A **30**
Laurels, The. *Leeds* —5B **22**
Laurel St. *Leeds* —6A **30**
Laurel Ter. *A'ley* —6A **30**
Laurel Ter. *Leeds* —1D **34**
  (off Laurel Bank)
Laurence Ct. *W'ford* —2D **54**
Lavender Wlk. *Leeds* —6B **32**
Lawefield Av. *Rothw* —3E **53**
Lawns. —5A 58
Lawns. *Wake* —5A **58**
Lawns Av. *Leeds* —4D **38**
Lawns Clo. *Leeds* —4D **38**
Lawns Clo. *Carr G* —6A **58**
Lawns Cres. *Leeds* —4D **38**
Lawns Cft. *Leeds* —4D **38**
Lawns Dene. *Leeds* —4D **38**
Lawns Grn. *Leeds* —4D **38**
Lawns Hall Clo. *Leeds* —6H **11**
Lawns La. *Carr G* —6A **58**
Lawns La. *F'ley* —3D **38**
Lawns La. *Leeds* —4A **42**
Lawns Mt. *Leeds* —4D **38**
Lawns Sq. *Leeds* —4D **38**
Lawns Ter. *E Ard* —4H **57**
Lawns Ter. *Leeds* —4D **38**
Lawnswood. —1G 19
Lawnswood Gdns. *Leeds* —1H **19**
Lawrence Av. *Leeds* —1E **33**
Lawrence Ct. *Pud* —1F **37**
Lawrence Cres. *Leeds* —1E **33**
Lawrence Gdns. *Leeds* —6E **23**
Lawrence Rd. *Leeds* —1E **33**
Lawrence Wlk. *Leeds* —1E **33**
Lawson St. *Leeds* —6H **29**
Laycock Pl. *Leeds* —2H **31**
Lay Gth. *Rothw* —4G **53**
Lay Gth. Clo. *Rothw* —4G **53**
Lay Gth. Fold. *Rothw* —5G **53**
Lay Gth. Gdns. *Rothw* —5G **53**
Lay Gth. Grn. *Rothw* —5G **53**
Lay Gth. Mead. *Rothw* —5G **53**
Lay Gth. Pl. *Rothw* —5G **53**
Lay Gth. Sq. *Rothw* —5G **53**
Layton Av. *Rawd* —6F **9**
Layton Clo. *Rawd* —1G **17**
Layton Cres. *Rawd* —6F **9**
Layton Dri. *Rawd* —6G **9**
Layton La. *Rawd* —1G **17**
Layton Mt. *Rawd* —6F **9**

Layton Pk. Av. *Rawd* —1G **17**
Layton Pk. Clo. *Rawd* —6F **9**
Layton Pk. Cft. *Rawd* —1G **17**
Layton Pk. Dri. *Rawd* —6F **9**
Layton Ri. *H'fth* —6H **9**
Layton Rd. *Rawd & H'fth* —6G **9**
Leadwell La. *Rob H & Rothw*
      —6D **52**
Lea Farm Cres. *Leeds* —5F **19**
Lea Farm Dri. *Leeds* —4F **19**
Lea Farm Gro. *Leeds* —5F **19**
Lea Farm Mt. *Leeds* —4E **19**
Lea Farm Pl. *Leeds* —5F **19**
Lea Farm Rd. *Leeds* —4E **19**
Lea Farm Row. *Leeds* —5F **19**
Lea Farm Wlk. *Leeds* —4F **19**
Leafield Clo. *Leeds* —1F **21**
Leafield Dri. *Leeds* —1F **21**
Leafield Grange. *Leeds* —1F **21**
Leafield Pl. *Yead* —2B **8**
Leafield Towers. *Leeds* —1F **21**
Leah Pl. *Leeds* —1D **40**
Leah Row. *Leeds* —1D **40**
Lea Mill Pk. Clo. *Yead* —2C **8**
Lea Mill Pk. Dri. *Yead* —2C **8**
Leamside Wlk. *Leeds* —5A **36**
Lea Pk. Clo. *Leeds* —2B **52**
Lea Pk. Cft. *Leeds* —2C **52**
Lea Pk. Dri. *Leeds* —2B **52**
Lea Pk. Gdns. *Leeds* —2B **52**
Lea Pk. Gth. *Leeds* —2B **52**
Lea Pk. Gro. *Leeds* —2B **52**
Lea Pk. Va. *Leeds* —2C **52**
Leasowe Av. *Leeds* —5A **42**
Leasowe Clo. *Leeds* —5A **42**
Leasowe Ct. *Leeds* —5A **42**
  (off Woodhouse Hill Rd.)
Leasowe Gdns. *Leeds* —5B **42**
Leasowe Gth. *Leeds* —5B **42**
Leasowe Rd. *Leeds* —5A **42**
Lea Ter. *Leeds* —2G **21**
Leathley Av. *Men* —2D **6**
Leathley Cres. *Men* —2D **6**
Leathley La. *Men* —1D **6**
Leathley Rd. *Leeds* —2G **41**
Leathley Rd. *Men* —1D **6**
Leavens, The. *App B* —3A **16**
Lea Vw. *H'fth* —2B **18**
Ledbury Av. *Leeds* —5B **52**
Ledbury Clo. *Leeds* —5B **52**
Ledbury Cft. *Leeds* —5B **52**
Ledbury Dri. *Leeds* —5B **52**
Ledbury Grn. *Leeds* —5B **52**
Ledbury Gro. *Leeds* —5A **52**
Leddis Ct. *Leeds* —1F **41**
Ledgard Way. *A'ley* —5A **30**
Ledger La. *Loft* —2E **59**
Ledger La. *Wake* —6D **52**
Lee Beck Gro. *Stan* —3G **59**
Leeds. —6G 31 (3F 5)
Leeds 27 Ind. Est. *Morl* —5E **49**
Leeds and Bradford Rd. *S'ley & Leeds*
      —3H **27**
Leeds, Bradford Airport Ind. Est. *Yead*
      —1G **9**
Leeds Bradford International Airport.
      —2G **9**
Leeds Bus. Cen., The. *Gild* —4E **49**
Leeds City Art Gallery. —5F **31** (4D **4**)
Leeds City Museum. —5F **31** (4D **4**)
Leeds City Office Pk. *H'bck* —1G **41**
Leeds District Cen. *Leeds* —4H **51**
Leeds La. *Rothw* —2G **45**
Leeds Old Rd. *B'frd* —5A **26**
Leeds Rhinos Rugby League
      Football Club. —1B **30**
Leeds Rd. *Bar E* —6H **25**
Leeds Rd. *B'hpe* —1G **11**
Leeds Rd. *Dew* —6A **56**
Leeds Rd. *Guis* —1A **8**
Leeds Rd. *Leeds* —1E **35**
Leeds Rd. *Loft & Wake* —1D **58**
Leeds Rd. *Meth* —6H **55**
Leeds Rd. *Rawd* —5D **8**
Leeds Rd. *W'ford & Oult* —2H **53**
Leeds Shop. Plaza. *Leeds*
      —6G **31** (6E **5**)
Leeds Tykes Rugby Union Club.
      —1B **30**
Leeds United Football Club. —4C **40**
Lee La. E. *H'fth* —1B **18**

Lee La. W. *H'fth* —1H **17**
Lee Moor. —5G 59
Lee Moor La. *Stan* —3G **59**
Lee Moor Rd. *Stan* —5G **59**
Lees La. *Far* —1F **27**
Leicester Clo. *Leeds* —3F **31**
Leicester Gro. *Leeds* —3F **31** (1D **4**)
Leicester Pl. *Leeds* —3F **31** (1E **5**)
Leigh Av. *Ting* —3E **57**
Leigh Rd. *Ting* —3E **57**
Leighton Pl. *Leeds* —4C **4**
Leighton St. *Leeds* —5F **31** (4B **4**)
Leigh Vw. *Ting* —3D **56**
Leith Ho. *B'frd* —4A **36**
  (off Stirling Cres.)
Lenham Clo. *Morl* —6G **49**
Lenhurst Av. *Leeds* —2F **29**
Lennox Rd. *Leeds* —4B **30**
Lenton Dri. *Leeds* —5G **41**
Leodis Ho. *Leeds* —6E **43**
Leodis Way. *Leeds* —1D **52**
Leopold Gdns. *Leeds* —2A **32**
Leopold Gro. *Leeds* —2H **31**
Leopold St. *Leeds* —2H **31**
Lepton Pl. *Gild* —2D **48**
Leslie Av. *Yead* —1E **9**
Leslie Ter. *Leeds* —2E **31**
Levens Bank. *Leeds* —1F **43**
Levens Clo. *Leeds* —1G **43**
Levens Gth. *Leeds* —1G **43**
Levens Pl. *Leeds* —1G **43**
Leventhorpe Ct. *W'ford* —4C **54**
Leventhorpe Way. *W'ford* —4C **54**
Levita Gro. *B'frd* —3A **36**
Levita Pl. *B'frd* —3A **36**
Levita Pl. *Leeds* —5G **33**
Lewisham Ct. *Morl* —5H **49**
Lewisham Gro. *Morl* —5H **49**
Lewisham St. *Morl* —6E **49**
Leylands Rd. *Leeds* —4H **31** (3H **5**)
Leylands, The. —4G 31 (3F 5)
Ley La. *Leeds* —5B **30**
Leysholme Cres. *Leeds* —1G **39**
Leysholme Dri. *Leeds* —2H **39**
Leysholme Ter. *Leeds* —1H **39**
Leysholme Vw. *Leeds* —1H **39**
Leywell Ter. *Leeds* —5G **29**
Lickless Av. *H'fth* —2D **18**
Lickless Dri. *H'fth* —2D **18**
Lickless Gdns. *H'fth* —2D **18**
Lickless Ter. *H'fth* —2D **18**
Lidget Hill. *Pud* —6G **27**
Lidgett Av. *Leeds* —4B **22**
Lidgett Ct. *Leeds* —3B **22**
Lidgett Cres. *Leeds* —3B **22**
Lidgett Gro. *Leeds* —4B **22**
Lidgett Hill. *Leeds* —4B **22**
Lidgett La. *Leeds* —2H **21**
Lidgett Mt. *Leeds* —2B **22**
Lidgett Park. —2B 22
Lidgett Pk. Av. *Leeds* —2B **22**
Lidgett Pk. Ct. *Leeds* —2B **22**
Lidgett Pk. Gdns. *Leeds* —3B **22**
Lidgett Pk. Gro. *Leeds* —3B **22**
Lidgett Pk. M. *Leeds* —2C **22**
Lidgett Pk. Rd. *Leeds* —2B **22**
  (in two parts)
Lidgett Pk. Vw. *Leeds* —2B **22**
Lidgett Pl. *Leeds* —3B **22**
Lidgett Towers. *Leeds* —2A **22**
Lidgett Wlk. *Leeds* —4B **22**
  (in three parts)
Lifton Pl. *Leeds* —3E **31** (1A **4**)
Lilac Gro. *B'frd* —1A **36**
Lilacs, The. *Guis* —4G **7**
Lime Gro. *Yead* —5C **8**
Lime Pit La. *Stan* —6G **59**
Lime Tree Av. *Leeds* —1A **22**
Lime Tree Gro. *Rothw* —3D **54**
Limetree Gro. *B'shaw* —2C **46**
Limewood App. *Leeds* —4A **24**
Limewood Ct. *Leeds* —4A **24**
Limewood Rd. *Leeds* —5A **24**
Lincoln Ct. *Fars* —3F **27**
  (off South Dri.)
Lincoln Grn. Rd. *Leeds*
      —4A **32** (3H **5**)
Lincoln Mt. *Leeds* —4A **32**
Lincoln Rd. *Leeds* —4A **32**
Lincombe Bank. *Leeds* —3A **22**
Lincombe Dri. *Leeds* —3A **22**
Lincombe Mt. *Leeds* —3A **22**

Lincombe Ri.—Mnr. Farm Grn.

Lincombe Ri. *Leeds* —3A **22**
Lincroft Cres. *Leeds* —2D **28**
Lindale Clo. *Leeds* —2H **51**
Linden Av. *B'frd* —5A **26**
Linden Av. *Leeds* —4F **41**
Linden Ct. *Leeds* —4B **20**
Linden Gdns. *Leeds* —4G **41**
Linden Gro. *Leeds* —4G **41**
Linden Mt. Av. *Leeds* —4F **41**
Linden Pl. *Leeds* —4G **41**
Linden Rd. *Leeds* —4F **41**
Linden St. *Leeds* —4F **41**
Linden Ter. *Leeds* —4G **41**
Lindsay Acre. *Ting* —3E **57**
Lindsey Ct. *Leeds* —4A **32**
Lindsey Gdns. *Leeds* —4A **32**
Lindsey Rd. *Leeds* —4A **32**
Lingfield App. *Leeds* —6F **13**
Lingfield Bank. *Leeds* —6F **13**
Lingfield Clo. *Leeds* —6G **13**
Lingfield Cres. *Leeds* —6F **13**
Lingfield Dri. *Leeds* —6G **13**
Lingfield Gdns. *Leeds* —6F **13**
Lingfield Grn. *Leeds* —6F **13**
Lingfield Gro. *Leeds* —6G **13**
Lingfield Hill. *Leeds* —5F **13**
Lingfield Mt. *Leeds* —6G **13**
Lingfield Rd. *Leeds* —6F **13**
Lingfield Vw. *Leeds* —6F **13**
Lingfield Wlk. *Leeds* —6F **13**
Ling La. *Leeds* —2H **15**
Lingwell App. *Leeds* —5G **51**
Lingwell Av. *Leeds* —4G **51**
Lingwell Chase. *Loft G* —5E **59**
Lingwell Ct. *Leeds* —5G **51**
Lingwell Ct. *Loft* —5C **58**
Lingwell Cres. *Leeds* —4G **51**
Lingwell Gdns. *Leeds* —5G **51**
Lingwell Gate. —4C 58
Lingwell Ga. Cres. *Wake* —6D **58**
Lingwell Ga. Dri. *Wake* —6C **58**
Lingwell Ga. La. *Loft & Out* —1B **58**
Lingwell Grn. *Leeds* —5G **51**
Lingwell Grn. *Leeds* —5G **51**
Lingwell M. *Leeds* —5G **51**
Lingwell Nook La. *Loft G* —5E **59**
Lingwell Nook La. *Loft* —3C **58**
Lingwell Rd. *Leeds* —4G **51**
Lingwell Vw. *Leeds* —5G **51**
Lingwell Wlk. *Leeds* —5G **51**
Link, The. *Swil* —6F **45**
Linnet Ct. *Morl* —6B **50**
Linton Av. *Leeds* —5A **14**
Linton Clo. *Leeds* —5A **14**
Linton Cres. *Leeds* —5B **14**
Linton Cft. *Leeds* —3F **19**
Linton Dri. *Leeds* —5A **14**
Linton Gro. *Leeds* —5A **14**
Linton Ri. *Leeds* —5A **14**
Linton Rd. *Leeds* —5A **14**
Linton Vw. *Leeds* —4A **14**
Lisbon Sq. *Leeds* —5A **4**
Lisbon St. *Leeds* —5E **31** (5B **4**)
Lismore Clo. *Rothw* —4H **53**
Lister Hill. *H'fth* —1C **18**
Lister St. *Tong* —6A **36**
Lister Wlk. *Morl* —3H **49**
Lit. Church La. *Meth* —6H **55**
Lit. Fountain St. *Morl* —6G **49**
Lit. King St. *Leeds* —6F **31** (6D **4**)
Little La. *Carl* —6G **53**
Little La. *Morl* —1A **50**
Lit. Lane Ct. *Chur* —1A **50**
Little London. —3G 31 (1F 5)
Littlemoor Bottom. —1G 37
Littlemoor Ct. *Pud* —1G **37**
Littlemoor Cres. *Pud* —2G **37**
Littlemoor Cres. S. *Pud* —2G **37**
Littlemoor Gdns. *Pud* —2G **37**
Lit. Moor Pl. *Leeds* —6H **29**
Littlemoor Rd. *Pud* —1G **37**
Littlemoor Vw. *Pud* —1H **37**
Lit. Neville St. *Leeds* —6F **31**
Little Pk. *B'frd* —2A **16**
Little Preston. —6H 45
Lit. Queen St. *Leeds* —6E **31** (6B **4**)
Little Way. *Leeds* —2G **21**
Little Woodhouse. —4E 31 (2A 4)
Lit. Woodhouse St. *Leeds*
—4E **31** (3B **4**)
Litton Way. *Leeds* —3B **24**

Livinia Gro. *Leeds* —3G **31**
Lockwood Clo. *Leeds* —6G **41**
Lockwood Ct. *Leeds* —6G **41**
Lockwood Pk. *Leeds* —6G **41**
Lockwood Way. *Leeds* —6G **41**
Lodge Hill Clo. *Leeds* —4E **39**
Lodge Hill Wlk. *Leeds* —4E **39**
Lodge La. *Leeds* —4F **41**
Lodge Rd. *Pud* —5F **27**
Lodge Row. Leeds —3C ***34***
(off Tranquility Av.)
Lodge St. *Leeds* —3F **31** (1C **4**)
(in two parts)
Lodge Ter. *Leeds* —5F **41**
Lofthouse. —3F 59
Lofthouse Gate. —5D 58
Lofthouse Pl. *Leeds* —3F **31** (1D **4**)
Loiner Ct. *Leeds* —2E **43**
Lombard St. *Leeds* —6H **33**
Lombard St. *Rawd* —5C **8**
Lomond Av. *H'fth* —5B **10**
Londesboro Gro. *Leeds* —6C **32**
Londesboro Ter. *Leeds* —6C **32**
London La. *Rawd* —5C **8**
London Sq. *Rawd* —5C **8**
London St. *Rawd* —5C **8**
Long Causeway. *Leeds* —2B **42**
(LS9)
Long Causeway. *Leeds* —1B **20**
(LS16)
Long Causeway. *Stan* —6H **59**
Long Clo. La. *Leeds* —6B **32**
Longfellow Gro. *Wake* —5G **59**
Longfield Av. *Pud* —6H **27**
Longfield Ct. *Pud* —6H **27**
Longfield Dri. *Halt* —5A **34**
Longfield Dri. *Rod* —6H **17**
Longfield Gth. *Pud* —6H **17**
Longfield Gro. *Pud* —6H **27**
Longfield Mt. *Pud* —6H **27**
Longfield Rd. *Pud* —6G **27**
Longfield Ter. *Pud* —6G **27**
Longfield Vw. Fars —2F ***27***
(off Croft St.)
Longley's Yd. *Leeds* —5A **42**
Long Preston Chase. *App B* —4A **16**
Long Row. *H'fth* —2C **18**
(in two parts)
Longroyd Cres. *Leeds* —4G **41**
Longroyd Cres. *Leeds* —4G **41**
Longroyd Cres. N. *Leeds* —4G **41**
Longroyd Gro. *Leeds* —4G **41**
Longroyd Pl. *Leeds* —4G **41**
Longroyd St. *Leeds* —4G **41**
Longroyd St. N. *Leeds* —4G **41**
Longroyd Ter. *Leeds* —4G **41**
Longroyd Vw. *Leeds* —4G **41**
Longside Ind. Est. *Leeds* —3A **32**
Longthorpe La. *Wake* —2B **58**
Longwood Clo. *Leeds* —4D **14**
Longwood Clo. *Ting* —3B **56**
Longwood Ct. *Ting* —3C **56**
Longwood Cres. *Leeds* —4D **14**
Longwood Fold. *Ting* —3C **56**
Longwood Gth. *Ting* —3C **56**
Longwood Rd. *Ting* —3B **56**
Longwood Va. *Ting* —3C **56**
Longwood Way. *Leeds* —4D **14**
Lonsdale Ri. *Ting* —3C **56**
Lord St. *Leeds* —1D **40**
Lord Ter. *Leeds* —1D **40**
Loris St. *B'frd* —6A **36**
Louis Ct. *Leeds* —2H **31**
Louis Gro. *Leeds* —2A **32**
Louis Le Prince Ct. Leeds —2B ***32***
(off Bayswater Rd.)
Louis St. *Leeds* —2H **31**
Love La. *Rothw* —4G **53**
Lovell Pk. Clo. *Leeds* —4H **31** (2G **5**)
Lovell Pk. Ct. *Leeds* —2F **5**
Lovell Pk. Ga. *Leeds* —4G **31** (2G **5**)
Lovell Pk. Grange. *Leeds* —2G **5**
Lovell Pk. Heights. *Leeds* —2G **5**
Lovell Pk. Hill. *Leeds* —4H **31** (2F **5**)
Lovell Pk. Rd. *Leeds* —4G **31** (3F **5**)
Lovell Pk. Towers. *Leeds* —2F **5**
Lovell Pk. Vw. *Leeds* —4H **31** (2G **5**)
Low Bank St. *Fars* —2F **27**
Low Clo. St. *Leeds* —2E **31**
Lowell Gro. *Leeds* —3A **28**
Lowell Pl. *Leeds* —5A **28**
Lwr. Bankhouse. *Pud* —3F **37**

Lwr. Bank St. *Far* —2F **27**
Lwr. Basinghall St. *Leeds*
—5F **31** (5D **4**)
Lwr. Brunswick St. *Leeds*
—4H **31** (3G **5**)
Lower Fagley. —2A 26
Lower La. *E Bier* —4A **46**
Lwr. Rushton Rd. *B'frd* —6A **26**
Lwr. Tofts Rd. *Pud* —6G **27**
Lwr. Town St. *Leeds* —2D **28**
Lwr. Wortley Rd. *Leeds* —3G **39**
Low Farm. —5F 11
Low Fields Av. *Leeds* —3C **40**
Low Fields Rd. *Leeds* —3C **40**
(in two parts)
Low Fields Way. *Leeds* —3C **40**
Low Fold. —3H 17
Low Fold. *H'fth* —4A **18**
Low Fold. *Leeds* —1A **42**
Low Fold. *Rawd* —5D **8**
Low Gipton Cres. *Leeds* —2F **33**
Low Grange Cres. *Leeds* —6A **42**
Low Grange Vw. *Leeds* —1A **52**
Low Green. —6E 9
Low Grn. *Rawd* —6E **9**
Low Hall Clo. *Men* —1C **6**
Low Hall Pl. *Leeds* —1E **41**
Low Hall Rd. *H'fth & Rawd* —3G **17**
Low Hall Rd. *Men* —1D **6**
Low La. *H'fth* —1C **18**
Low Mills Rd. *Leeds* —3H **39**
Low Moor Side. —5C 38
Low Moor Side. *Leeds* —4D **38**
Low Moorside Clo. *Leeds* —4E **39**
Low Moorside La. Leeds —4E ***39***
(off Low Moorside Clo.)
Low Moor Side La. *Leeds* —5C **38**
Low Moor Ter. *Leeds* —5F **41**
Lowood La. *Birs* —6G **47**
Low Rd. *Leeds* —3A **42**
Lowry Rd. *Ting* —3B **56**
Low Shops La. *Rothw* —3E **53**
Low St. *Ting* —2C **56**
Lowther Cres. *Swil* —5G **45**
Lowther Dri. *Swil* —6F **45**
Lowther St. *Leeds* —2B **32**
Lowther Ter. *Swil C* —1G **45**
Lowtown. *Pud* —5H **27**
Low Town End. —6H 49
Low Whitehouse Row. *Leeds*
—2H **51**
Lucas Ct. *Leeds* —2G **31**
Lucas Pl. *Leeds* —1E **31**
Lucas St. *Leeds* —1E **31**
Lucy Av. *Leeds* —5G **33**
Ludgate Hill. *Leeds* —5G **31** (5F **5**)
Ludolf Dri. *Leeds* —5G **15**
Lulworth Av. *Leeds* —4D **34**
Lulworth Clo. *Leeds* —4D **34**
Lulworth Cres. *Leeds* —4D **34**
Lulworth Dri. *Leeds* —5D **34**
Lulworth Gth. *Leeds* —5D **34**
Lulworth Gro. *B'frd* —5A **36**
(in two parts)
Lulworth Vw. *Leeds* —4D **34**
Lulworth Wlk. *Leeds* —4D **34**
Lumb Bottom. *Dlgtn* —2H **47**
Lumby Clo. *Pud* —2H **37**
Lumby La. *Pud* —2H **37**
Lumley Av. *Leeds* —2B **30**
Lumley Gro. *Leeds* —2B **30**
Lumley Mt. *Leeds* —2B **30**
Lumley Pl. *Leeds* —2B **30**
Lumley Rd. *Leeds* —2B **30**
Lumley St. *Leeds* —2B **30**
Lumley Ter. *Leeds* —2B **30**
Lumley Vw. *Leeds* —2B **30**
Lumley Wlk. *Leeds* —2B **30**
Lunan Pl. *Leeds* —1B **32**
Lunan Ter. *Leeds* —1B **32**
Lupton Av. *Leeds* —5C **32**
Lupton Flats. *Leeds* —6B **20**
Lupton's Bldgs. *Leeds* —6H **29**
Lupton St. *Leeds* —4A **42**
Luther St. *Leeds* —6G **17**
Luttrell Clo. *Leeds* —1G **19**
Luttrell Cres. *Leeds* —1G **19**
Luttrell Gdns. *Leeds* —1G **19**
Luttrell Pl. *Leeds* —1G **19**
Luttrell Rd. *Leeds* —1G **19**
Luxor Av. *Leeds* —1B **32**
Luxor Rd. *Leeds* —1B **32**

Luxor St. *Leeds* —1B **32**
Luxor Vw. *Leeds* —1B **32**
Lyddon Ter. *Leeds* —3E **31** (1A **4**)
Lydgate. *Leeds* —4B **32**
Lydgate Pl. *C'ley* —4C **16**
Lydgate St. *C'ley* —4C **16**
Lydia Ct. *Leeds* —4G **5**
(off Bridge St.)
Lydia St. *Leeds* —5G **5**
Lyme Chase. *Leeds* —3H **33**
Lymington Dri. *B'frd* —3A **36**
Lyndhurst Clo. *Scholes* —4F **25**
Lyndhurst Cres. *Scholes* —4F **25**
Lyndhurst Rd. *Scholes* —5F **25**
Lyndhurst Vw. *Scholes* —5F **25**
Lyndsay Acre. *Ting* —3E **57**
Lynnfield Gdns. *Scholes* —5F **25**
Lynton Av. *Thpe* —1A **58**
Lynwood Av. *Leeds* —2A **40**
Lynwood Av. *W'ford* —3D **54**
Lynwood Clo. *B'shaw* —5D **46**
Lynwood Cres. *Leeds* —2A **40**
Lynwood Cres. *W'ford* —3D **54**
Lynwood Gdns. *Pud* —1E **37**
Lynwood Gth. *Leeds* —2A **40**
Lynwood Gro. *Leeds* —3A **40**
Lynwood M. *B'frd* —5B **36**
Lynwood Mt. *Leeds* —2A **40**
Lynwood Ri. *Leeds* —2A **40**
Lynwood Vw. *Leeds* —2A **40**
Lytham Gro. *Leeds* —3G **39**
Lytham Pl. *Leeds* —3G **39**
Lytton St. *Leeds* —4H **41**

Mabgate. —4H 31 (3G 5)
Mabgate. *Leeds* —5H **31** (4H **5**)
Mabgate Grn. *Leeds* —5H **31** (4H **5**)
Macaulay St. *Leeds* —4A **32** (4H **5**)
McClaren Fields. *Leeds* —3D **28**
Madison Av. *B'frd* —6A **36**
Mafeking Av. *Leeds* —6E **41**
Mafeking Gro. *Leeds* —6E **41**
Mafeking Mt. *Leeds* —6E **41**
Magdalene Clo. *Leeds* —6G **11**
Magpie La. *Morl* —6H **49**
Mail Clo. *Leeds* —2E **35**
Main St. *Carl* —6F **53**
Main St. *Guis* —5A **6**
Main St. *Men* —1B **6**
Main St. *Scholes* —5F **25**
Main St. *Shad* —4F **15**
Main St. *Wake* —4H **57**
Maitland Pl. *Leeds* —3E **41**
Malham Clo. *Leeds* —1A **34**
Mallard Clo. *Leeds* —2B **52**
Mallard Way. *Morl* —5B **50**
Malmesbury Clo. *B'frd* —6A **36**
Malmesbury Clo. *Leeds* —1A **40**
Malmesbury Gro. *Leeds* —1A **40**
Malmesbury Pl. *Leeds* —1A **40**
Malmesbury Ter. *Leeds* —1A **40**
Maltby Ct. *Leeds* —6D **34**
Malting Clo. *Rob H* —6D **52**
Malting Ri. *Rob H* —6D **52**
Maltings Ct. Leeds —3G ***41***
(off Moorside Maltings)
Maltings Rd. *Leeds* —4G **41**
Maltings, The. Leeds —3C ***30***
(off Alexandra Rd.)
Maltings, The. *Rob H* —6D **52**
Malvern Gro. *Leeds* —3E **41**
Malvern Ri. *Leeds* —3E **41**
Malvern Rd. *Leeds* —3E **41**
Malvern St. *Leeds* —3E **41**
Malvern Vw. *Leeds* —3E **41**
Mandarin Way. *Leeds* —2B **52**
Mandela Ct. *Leeds* —1H **31**
Manitoba Pl. *Leeds* —5A **22**
Manor Av. *Leeds* —1C **30**
Manor Clo. *Rothw* —3G **53**
Manor Clo. *Yead* —2D **8**
Manor Ct. *Leeds* —5H **15**
Manor Cres. *Rothw* —3F **53**
Manor Cft. *Leeds* —6C **34**
Manor Dri. *Leeds* —1C **30**
Mnr. Farm Clo. *Leeds* —3H **51**
Mnr. Farm Cres. *Chur* —1A **50**
Mnr. Farm Dri. *Chur* —1A **50**
Mnr. Farm Dri. *Leeds* —3G **51**
Mnr. Farm Gdns. *Leeds* —3G **51**
Mnr. Farm Grn. *Leeds* —3G **51**

80 A-Z Leeds

Mnr. Farm Gro.—Mill La.

Mnr. Farm Gro. *Leeds* —3G **51**
Mnr. Farm Ri. *Leeds* —3H **51**
Mnr. Farm Rd. *Leeds* —3G **51**
Mnr. Farm Wlk. *Leeds* —3H **51**
Mnr. Farm Way. *Leeds* —4G **51**
Manorfield. *Leeds* —4D **40**
Manor Gth. *Leeds* —6C **34**
Manor Gro. *Leeds* —5H **21**
Mnr. House Cft. *Leeds* —6B **12**
Mnr. House La. *Leeds* —2B **14**
Mnr. House St. *Pud* —6G **27**
Mnr. Mill La. *Leeds* —6C **40**
Mnr. Park Gdns. *Gom* —6D **46**
Manor Rd. *Chur* —1A **50**
Manor Rd. *H'fth* —3A **18**
Manor Rd. *Leeds* —1F **41**
Manor Rd. *Rothw* —3F **53**
Manor Sq. *Yead* —2D **8**
Manor St. *Leeds* —3H **31** (1H **5**)
Manor Ter. *Leeds* —1C **30**
Manor Ter. *Yead* —2D **8**
Manor, The. Leeds —5E **23**
 (off Ladywood Rd.)
Manor Vw. *Leeds* —1C **30**
Manor Vw. *Pud* —6G **27**
Mansel M. *B'frd* —6A **36**
Mansfield Pl. *Leeds* —5B **20**
Mansion La. *Leeds* —2D **22**
Manston. —2C 34
Manston App. *Leeds* —2C **34**
Manston Av. *Leeds* —2C **34**
Manston Cres. *Leeds* —2C **34**
Manston Dri. *Leeds* —2C **34**
Manston Gdns. *Leeds* —2D **34**
Manston Gro. *Leeds* —2C **34**
Manston La. *Leeds* —3D **34**
Manston Ri. *Leeds* —2C **34**
Manston Ter. *Leeds* —2D **34**
Manston Towers. *Leeds* —6D **24**
Manston Way. *Leeds* —2C **34**
Maple Av. *B'frd* —5A **26**
Maple Ct. *Leeds* —5D **40**
Maple Cft. *Moort* —6A **14**
Maple Cft. *N Farn* —2D **38**
Maple Dri. *N Farn* —2D **38**
Maple Fold. *N Farn* —2D **38**
Maple Gro. *N Farn* —2E **39**
Maple Ri. *Rothw* —5G **53**
Maple Ter. *Pud* —2B **8**
Maple Way. *Leeds* —3C **24**
Mardale Cres. *Leeds* —2A **34**
Margaret Clo. *Morl* —4A **50**
Margate. *W'ford* —3C **54**
Margetson Rd. *Dlgtn* —4A **48**
Marian Gro. *Leeds* —4F **41**
Marian Rd. *Leeds* —2F **31**
Marian Ter. *Leeds* —2F **31**
Marina Cres. *Morl* —6F **49**
Market Hall. Morl —5G **49**
 (off Hope St.)
Market Pl. *Pud* —6G **27**
Market Sq. Morl —5G **49**
 (off Queen St.)
Market St. Arc. *Leeds* —6G **31** (6F **5**)
Markham Av. *Leeds* —1B **32**
Markham Cres. *Rawd* —4E **9**
Markham Cft. *Rawd* —4E **9**
Markington M. *Leeds* —6G **51**
Markington Pl. *Leeds* —6G **51**
Mark La. *Leeds* —5G **31** (4E **5**)
Marlborough Ct. *Men* —1D **6**
Marlborough Gdns. *Leeds* —1C **4**
Marlborough Grange. *Leeds* —4A **4**
Marlborough Gro. *Leeds* —1C **4**
Marlborough St. *Leeds*
 —5E **31** (5A **4**)
Marlborough Towers. *Leeds*
 —5E **31** (4A **4**)
Marlborough Vs. *Men* —1D **6**
Marley Gro. *Leeds* —4D **40**
Marley Pl. *Leeds* —4D **40**
Marley St. *Leeds* —4D **40**
Marley Ter. *Leeds* —4D **40**
Marley Vw. *Leeds* —4D **40**
Marlowe Clo. *Pud* —2H **37**
Marlowe Ct. Guis —4F **7**
 (off Renton Dri.)
Marsden Av. *Leeds* —5E **41**
Marsden Ct. Far —2F **27**
 (off Water La.)
Marsden Gro. *Leeds* —5E **41**

Marsden Mt. *Leeds* —5E **41**
Marsden Pl. *Leeds* —5E **41**
Marsden St. *Leeds* —1F **39**
Marsden Ter. *Guis* —4F **7**
Marsden Vw. *Leeds* —5E **41**
Marsett Way. *Leeds* —3B **24**
Marsh. *Pud* —6E **27**
Marshall Av. *Leeds* —3D **34**
Marshall Clo. Morl —5G **49**
 (off Commercial St.)
Marshall Mill. *Leeds* —1E **41**
Marshall St. *C'gts* —3C **34**
Marshall St. *Leeds* —1F **41**
Marshall St. *Morl* —5G **49**
Marshall St. *Stan* —6H **59**
Marshall St. *Yead* —2D **8**
Marshall Ter. *Leeds* —3C **34**
Marsh La. *Leeds* —6H **31**
 (in two parts)
Marsh Ri. *Pud* —6E **27**
Marsh St. *Leeds* —2E **31**
Marsh St. *Rothw* —5G **53**
Marsh Ter. *Pud* —6E **27**
Marsh, The. B'frd —2B **46**
Marsh Va. *Leeds* —2F **31**
Marsland Pl. *B'frd* —6A **26**
Marston Av. *Morl* —6G **49**
Martin Clo. *Morl* —5A **50**
Martin Ct. *Leeds* —5D **34**
Martindale Dri. *Leeds* —4E **29**
Martingale Dri. *Leeds* —6G **51**
Martin Ter. *Leeds* —3A **30**
Marwood Rd. *Leeds* —6E **29**
Maryfield Av. *Leeds* —3A **34**
Maryfield Clo. *Leeds* —3A **34**
Maryfield Ct. *Leeds* —3B **34**
Maryfield Cres. *Leeds* —3B **34**
Maryfield Gdns. *Leeds* —3A **34**
Maryfield Grn. *Leeds* —3A **34**
Maryfield M. *Leeds* —3A **34**
Maryfield Va. *Leeds* —3A **34**
Mary St. *E Ard* —3A **58**
Mary St. *Fars* —1G **27**
Mary Sunley Ho. Leeds —2B **32**
 (off Banstead St. W.)
Masefield St. *Guis* —1B **8**
Masham Ct. *Leeds* —5B **20**
Masham Gro. *Leeds* —6B **30**
Masham St. *Leeds* —6B **30**
Matty La. *Rothw* —5D **52**
Maud Av. *Leeds* —5F **41**
Maude St. *Leeds* —6H **31** (6G **5**)
Maud Pl. *Leeds* —5F **41**
Mavis Av. *Leeds* —3E **11**
Mavis Gro. *Leeds* —4E **11**
Mavis La. *Leeds* —3E **11**
Mawcroft Clo. *Yead* —4C **8**
Mawcroft Grange Dri. Yead —4C **8**
Maxwell St. *Morl* —6F **49**
Maybrook Ind. Pk. *Leeds* —5C **30**
Mayfield Rd. *Leeds* —5B **34**
Mayflower Ho. *Leeds* —5C **42**
Mayo Clo. *Leeds* —5F **23**
May Ter. *Leeds* —1B **42**
Mayville Av. *Leeds* —2C **30**
Mayville Pl. *Leeds* —2C **30**
Mayville Rd. *Leeds* —2C **30**
Mayville St. *Leeds* —2C **30**
Mayville Ter. *Leeds* —2C **30**
Mead Clo. *Leeds* —1E **45**
Mead Gro. *Leeds* —1E **45**
Meadow Clo. *Out* —6E **59**
 (in two parts)
Meadow Cft. *Leeds* —2F **41**
Meadowcroft. *Men* —2C **6**
Meadowcroft Clo. *Out* —6F **59**
Meadowcroft La. *Rawa* **32**
Meadowcroft M. *Out* —6F **59**
Meadowcroft Rd. *Out* —6F **59**
Meadow Gth. *Wake* —6E **59**
Meadowgate Clo. *Loft* —1D **58**
Meadowgate Dri. *Loft* —1D **58**
Meadowgate Va. *Loft* —2D **58**
Meadowhurst Gdns. *Pud* —6F **27**
Meadow La. *Leeds* —1H **41**
Mdw. Park Cres. *S'ley* —3D **26**
Mdw. Park Dri. *S'ley* —3D **26**
Meadow Rd. *B'frd* —5A **36**
Meadows, The. Leeds —6A **12**
Meadow Va. *Out* —6E **59**
Meadow Valley. *Leeds* —4F **13**

Meadow Vw. *Leeds* —2C **30**
Meadow Way. *Leeds* —4E **13**
Meadow Way. *Ting* —4B **56**
Mead Rd. *Leeds* —1E **45**
Mead Vw. *B'frd* —4A **36**
Mead Way. *Leeds* —1E **45**
Meanwood. —5D 20
Meanwood Clo. *Leeds* —1F **31**
Meanwood Grove. —2B 20
Meanwood Gro. *Leeds* —2C **20**
Meanwood Rd. *Leeds* —5D **20** (1G **5**)
Meanwood Towers. *Leeds* —3E **21**
Meanwood Valley Clo. *Leeds* —5D **20**
Meanwood Valley Dri. *Leeds* —5D **20**
Meanwood Valley Grn. *Leeds*
 —5D **20**
Meanwood Valley Gro. *Leeds*
 —5D **20**
Meanwood Valley Mt. *Leeds* —5D **20**
Meanwood Valley Urban Farm.
 —6E **21**
Meanwood Valley Wlk. *Leeds*
 —5D **20**
Medeway. *S'ley* —3E **27**
Melbourne Gro. *B'frd* —5A **26**
Melbourne Gro. *Leeds* —3C **28**
Melbourne Pl. *S'ley* —3G **27**
Melbourne St. *Bmly* —3C **28**
Melbourne St. *Fars* —3F **27**
Melbourne St. *Leeds* —4H **31** (3G **5**)
Melbourne St. *Morl* —5H **49**
Melbourne Ter. *S'ley* —3H **27**
Melcombe Wlk. *B'frd* —3A **36**
Melrose Gro. *H'fth* —3E **19**
Melrose Ho. B'frd —3A **36**
 (off Ned La.)
Melrose Pl. *H'fth* —3D **18**
Melrose Pl. *Pud* —1F **37**
Melrose Ter. *H'fth* —3D **18**
Melrose Wlk. *H'fth* —3D **18**
Melton Av. *Leeds* —5B **52**
Melton Clo. *Leeds* —5B **52**
Melton Gth. *Leeds* —5B **52**
Melton Ter. *B'frd* —1A **26**
Melville Clo. *Leeds* —2F **31**
Melville Gdns. *Leeds* —1F **31**
Melville Pl. *Leeds* —1F **31**
Melville Rd. *Leeds* —2F **31**
Memorial Dri. *Leeds* —4D **20**
Menston. —1B 6
Menston Dri. *Men* —2C **6**
Menston Hall. *Men* —1D **6**
Mercia Way. *Leeds* —2E **35**
Merlin Clo. *Morl* —6A **50**
Merrion Cen. *Leeds* —4G **31** (3E **5**)
Merrion Pl. *Leeds* —5G **31** (4F **5**)
 (in two parts)
Merrion St. *Leeds* —5G **31** (4E **5**)
 (in two parts)
Merrion Way. *Leeds* —4G **31** (3E **5**)
Merriville. *H'fth* —4D **18**
Merton Av. *Fars* —3F **27**
Merton Dri. *Fars* —3F **27**
Merton Gdns. *Fars* —3E **27**
Methley Dri. *Leeds* —5G **21**
Methley Gro. *Leeds* —5G **21**
Methley La. *Leeds* —5F **21**
Methley La. *Meth* —5C **54**
Methley Mt. *Leeds* —5H **21**
Methley Pl. *Leeds* —5G **21**
Methley Ter. *Leeds* —5H **21**
Methley Vw. *Leeds* —5H **21**
Mexborough Av. *Leeds* —1H **31**
Mexborough Dri. *Leeds* —1H **31**
Mexborough Gro. *Leeds* —1H **31**
Mexborough Pl. *Leeds* —2H **31**
Mexborough Rd. *Leeds* —2H **31**
Mexborough St. *Leeds* —1H **31**
Meynell App. *Leeds* —2E **41**
Meynell Av. *Rothw* —4G **53**
Meynell Ct. *Leeds* —6D **34**
Meynell Heights. *Leeds* —2E **41**
Meynell Mt. *Rothw* —4H **53**
Meynell Rd. *Leeds* —6D **34**
Meynell Sq. *Leeds* —2E **41**
Meynell Wlk. *Leeds* —2E **41**
Michael Av. *Stan* —6G **59**
Mickelfield Ct. *Rawd* —5D **8**
 (off Micklefield La.)
Micklefield La. *Rawd* —5C **8**
Micklefield Rd. *Rawd* —5D **8**
Mickley St. *Leeds* —6B **30**

Middlecroft Clo. *Leeds* —1B **52**
Middlecroft Rd. *Leeds* —1B **52**
Middle Cross St. *Leeds* —6B **30**
 (in two parts)
Middle Fold. *Leeds* —5H **31** (4H **5**)
Middlemoor. *Leeds* —3B **24**
Middle Rd. *Leeds* —5F **43**
Middlethorne Clo. *Leeds* —4D **14**
Middlethorne Ri. *Leeds* —4D **14**
Middleton. —5F 51
Middleton Av. *Leeds* —4B **32**
Middleton Av. *Rothw* —4C **52**
Middleton Clo. *Morl* —5H **49**
Middleton Cres. *Leeds* —5F **41**
Middleton Gro. *Leeds* —6F **41**
Middleton Gro. *Morl* —5A **50**
Middleton La. *Midd & Thor* —6G **51**
Middleton La. *Rothw* —4C **52**
 (in two parts)
Middleton Pk. Av. *Leeds* —5F **51**
Middleton Pk. Cir. *Leeds* —4F **51**
Middleton Pk. Ct. *Leeds* —5F **51**
Middleton Pk. Cres. *Leeds* —5F **51**
Middleton Pk. Grn. *Leeds* —5F **51**
Middleton Pk. Gro. *Leeds* —4F **51**
Middleton Pk. Mt. *Leeds* —5F **51**
Middleton Pk. Rd. *Leeds* —4F **51**
Middleton Pk. Ter. *Leeds* —5F **51**
Middleton Railway. —6G **41**
Middleton Rd. *Leeds* —2A **52**
Middleton Rd. *Morl* —5H **49**
Middleton Ter. *Morl* —5A **50**
Middleton Way. *Leeds* —3B **52**
Middle Wlk. *Leeds* —2E **23**
Midgley Clos. *Leeds* —2E **31**
Midgley Pl. *Leeds* —2F **31**
Midgley Ter. *Leeds* —2F **31**
Midland Clo. *Leeds* —4B **42**
Midland Gth. *Leeds* —4A **42**
Midland Ho. *Rothw* —3D **54**
 (off Midland St.)
Midland Pas. *Leeds* —1E **41**
Midland Pl. *Leeds* —1E **41**
Midland Rd. *Leeds* —2D **30**
 (LS6)
Midland Rd. *Leeds* —4A **42**
 (LS10)
Midland St. *W'ford* —3C **54**
Milan Rd. *Leeds* —2B **32**
Milan St. *Leeds* —2C **32**
Miles Hill. —5F 21
Miles Hill Av. *Leeds* —5F **21**
Miles Hill Cres. *Leeds* —5F **21**
Miles Hill Gro. *Leeds* —5F **21**
Miles Hill Mt. *Leeds* —4E **21**
Miles Hill Pl. *Leeds* —4F **21**
Miles Hill Rd. *Leeds* —4F **21**
Miles Hill Sq. *Leeds* —5F **21**
Miles Hill St. *Leeds* —5F **21**
Miles Hill Ter. *Leeds* —5F **21**
Miles Hill Vw. *Leeds* —5F **21**
Milestone Ct. *S'ley* —3H **27**
Milford Gro. *Gom* —6C **46**
Milford Pl. *Leeds* —4B **30**
Millbank Ct. *Pud* —1H **37**
Millbank Fold. *Pud* —1H **37**
Millbank Vw. *Pud* —1H **37**
Millbeck App. *Morl* —5A **50**
Mill Cft. *Gild* —2D **48**
Millcroft. *Loft* —5G **59**
Millcroft Clo. *Loft* —5G **59**
Millcroft Ri. *Loft* —5G **59**
Millers Dale. *Morl* —3F **49**
Mill Fold. *Gild* —2D **48**
Mill Gth. *Gild* —2D **48**
Millgarth St. *Leeds* —5H **31** (5G **5**)
Mill Green. —6C 24
Mill Grn. *Leeds* —1D **40**
Mill Grn. Clo. *Leeds* —6C **24**
Mill Grn. Gdns. *Leeds* —6C **24**
Mill Grn. Gth. *Leeds* —6C **24**
Mill Grn. Pl. *Leeds* —6C **24**
Mill Grn. Rd. *Leeds* —6C **24**
Mill Grn. Vw. *Leeds* —6C **24**
Mill Hill. *Leeds* —6G **31** (6E **5**)
Mill Hill. *Pud* —2D **37**
Mill Hill. *Rothw* —4G **53**
Mill Hill Sq. *Rothw* —4G **53**
Mill La. *B'shaw* —3C **46**
Mill La. *Birs* —6B **48**
Mill La. *Cleck* —6A **46**

A-Z Leeds 81

Mill La.—Napier Rd.

Mill La. *E Ard* —3H **57**
Mill La. *Gild* —2D **48**
Mill La. *Guis* —5A **6**
Mill La. *Leeds* —2A **28**
Mill La. *Tong* —4H **37**
Mill Pit La. *Rothw* —2F **53**
Mill Pond Clo. *Leeds* —5C **20**
Mill Pond Gro. *Leeds* —5C **20**
Mill Pond La. *Leeds* —4C **20**
Mill Pond Sq. *Leeds* —4C **20**
Mill Shaw. —6C 40
Millshaw. *Leeds* —6B **40**
Millshaw Mt. *Leeds* —1C **50**
Millshaw Pk. Av. *Leeds* —1B **50**
Millshaw Pk. Clo. *Leeds* —1B **50**
Millshaw Pk. Dri. *Leeds* —6B **40**
Millshaw Pk. La. *Leeds* —1B **50**
Millshaw Pk. Way. *Leeds* —6B **40**
Millshaw Rd. *Leeds* —2C **50**
Millside Wlk. *Morl* —5A **50**
Mill St. *Leeds* —4A **32** (6H **5**)
Mill St. *Morl* —6G **49**
Millwright St. *Leeds* —4H **31** (3H **5**)
Milne Ct. *Colt* —1D **44**
Milner Fold. *Pud* —2F **37**
Milner Gdns. *Leeds* —1B **42**
Milner La. *Rob H* —6C **52**
(in two parts)
Milner's Rd. *Yead* —2D **8**
Milnes St. *Leeds* —1C **40**
Milton Ct. *Wake* —5H **59**
Milton Dri. *Scholes* —4F **25**
Milton Ter. *Leeds* —1G **29**
Milton Ter. *Yead* —2B **8**
Minerva Ter. *Rothw* —2E **55**
Mirycarr La. *T'ner* —1E **25**
Miry La. *Yead* —2D **8**
Mistress La. *Leeds* —5A **30**
Mitford Pl. *Leeds* —6B **30**
Mitford Rd. *Leeds* —6B **30**
Mitford Ter. *Leeds* —6B **30**
Mitford Vw. *Leeds* —6B **30**
Modder Av. *Leeds* —6H **29**
Modder Pl. *A'ley* —6H **29**
Model Av. *Leeds* —6B **30**
Model Rd. *Leeds* —6B **30**
Model Ter. *Leeds* —6B **30**
Monk Bri. Av. *Leeds* —5D **20**
Monk Bri. Dri. *Leeds* —5D **20**
Monk Bri. Gro. *Leeds* —5C **20**
Monk Bri. Mt. *Leeds* —5D **20**
Monk Bri. Pl. *Leeds* —5C **20**
Monk Bri. Rd. *Leeds* —5C **20**
Monk Bri. St. *Leeds* —5D **20**
Monk Bri. Ter. *Leeds* —5C **20**
Monkswood. *Leeds* —5F **19**
Monkswood Av. *Leeds* —3H **23**
Monkswood Bank. *Leeds* —3H **23**
Monkswood Clo. *Leeds* —3H **23**
Monkswood Dri. *Leeds* —3H **23**
Monkswood Ga. *Leeds* —3A **24**
Monkswood Grn. *Leeds* —3H **23**
Monkswood Hill. *Leeds* —3H **23**
Monkswood Ho. Leeds —1F **29**
(off Broad La.)
Monkswood Ri. *Leeds* —3H **23**
Monkswood Wlk. *Leeds* —3A **24**
Monkwood Rd. *Wake* —6D **58**
Monson Av. *C'ley* —5D **16**
Montagu Av. *Leeds* —6D **22**
Montagu Ct. *Leeds* —5D **22**
Montagu Cres. *Leeds* —6E **23**
Montagu Dri. *Leeds* —5D **22**
Montague Ct. *Leeds* —6G **29**
Montagu Gdns. *Leeds* —6D **22**
Montagu Gro. *Leeds* —6E **23**
Montagu Pl. *Leeds* —6D **22**
Montagu Ri. *Leeds* —6E **23**
Montagu Vw. *Leeds* —6E **23**
Montcalm Cres. *Leeds* —5A **42**
Montfort Clo. *H'fth* —6B **10**
Montpelier Ter. *Leeds* —1E **31**
Montreal Av. *Leeds* —5H **21**
Montreal Ter. *Leeds* —1E **31**
Montserrat Rd. *B'frd* —6B **36**
Moor Allerton. —6G 13
Moor Allerton Av. *Leeds* —1A **22**
Moor Allerton Cen. *Leeds* —1F **21**
Moor Allerton Cres. *Leeds* —1A **22**
Moor Allerton Dri. *Leeds* —1A **22**
Moor Allerton Gdns. *Leeds* —1H **21**
Moor Allerton Way. *Leeds* —1A **22**

Moor Av. *Leeds* —6H **33**
Moor Av. *Stan* —5G **59**
Moor Bank. *B'frd* —2C **46**
Moorbank Ct. *Leeds* —6C **20**
Moor Clo. *Leeds* —5H **41**
Moor Cres. *Leeds* —3G **41**
Moor Cres. Chase. *Leeds* —3G **41**
Moor Cft. *Leeds* —5B **12**
Moorcroft Av. *B'frd* —4A **26**
Moorcroft Dri. *E Bier* —6B **36**
Moorcroft Rd. *B'frd* —6B **36**
Moorcroft Ter. *B'frd* —6B **36**
Moor Dri. *Leeds* —5C **20**
Moor Dri. *Pud* —2H **37**
Moor Farm Gdns. *Leeds* —4G **21**
Moorfield. *Gild* —2C **48**
Moorfield Av. *B'frd* —4A **26**
Moorfield Av. *Leeds* —5G **29**
Moorfield Av. *Men* —1B **6**
Moorfield Bus. Pk. *Yead* —3F **9**
Moorfield Clo. *Yead* —3F **9**
Moorfield Ct. *Yead* —3F **9**
Moorfield Cres. *Leeds* —5G **29**
Moorfield Cres. *Pud* —1F **37**
Moorfield Cres. *Yead* —3E **9**
Moorfield Cft. *Yead* —3F **9**
Moorfield Dri. *Yead* —3F **9**
Moorfield Gdns. *Pud* —1E **37**
Moorfield Gro. *Leeds* —5G **29**
Moorfield Gro. *Pud* —1E **37**
Moorfield Ind. Est. *Yead* —2F **9**
Moorfield Rd. *Leeds* —5G **29**
Moorfield Rd. *Yead* —3F **9**
Moorfields. *Bmly* —2C **28**
Moorfields. *Leeds* —1H **21**
Moorfield St. *A'ley* —5G **29**
Moorfield St. *Leeds* —2E **31**
Moorfield Ter. *Yead* —2E **9**
Moor Flatts Av. *Leeds* —4G **51**
Moor Flatts Rd. *Leeds* —4G **51**
Moorgarth Av. *B'frd* —4A **26**
Moor Grange. Yead —3F **9**
(off Victoria Av.)
Moor Grange Ct. *Leeds* —3F **19**
Moor Grange Dri. *Leeds* —3G **19**
Moor Grange Ri. *Leeds* —3G **19**
Moor Grange Vw. *Leeds* —3G **19**
Moor Gro. *Pud* —2H **37**
Moor Gro. *Stan* —5G **59**
Moor Haven. *Leeds* —6E **13**
Moor Haven Ct. *Leeds* —6E **13**
Moor Head. —1B 48
Moorhead Vs. *Morl* —6B **38**
Moorhouse Av. *Leeds* —6D **40**
Moor Ho. Ct. *Leeds* —5D **14**
Moorhouse Dri. *B'shaw* —2B **46**
Moorhouse La. *B'shaw* —2C **46**
Moorings, The. *App B* —3A **16**
Moorings, The. *Leeds* —4D **42**
(LS10)
Moorings, The. *Leeds* —4A **14**
(LS17)
Moor Knoll Clo. *E Ard* —3H **57**
Moor Knoll Dri. *E Ard* —3G **57**
Moor Knoll La. *E Ard* —2G **57**
Moorland Av. *Gild* —1B **48**
Moorland Av. *Guis* —4G **7**
Moorland Av. *Leeds* —3D **30**
Moorland Clo. *Gild* —1C **48**
Moorland Clo. *Leeds* —2H **21**
Moorland Cres. *Gild* —1B **48**
Moorland Cres. *Guis* —3G **7**
Moorland Cres. *Leeds* —2G **21**
Moorland Cres. *Men* —3E **7**
Moorland Cres. *Pud* —5C **26**
Moorland Dri. *B'shaw* —2D **46**
Moorland Dri. *Guis* —3G **7**
Moorland Dri. *Leeds* —2G **21**
Moorland Dri. *Pud* —4C **26**
Moorland Gdns. *Leeds* —2H **21**
Moorland Gth. *Leeds* —2G **21**
Moorland Gro. *Leeds* —1G **21**
Moorland Gro. *Pud* —4C **26**
Moorland Ings. *Leeds* —2G **21**
Moorland Leys. *Leeds* —2G **21**
Moorland Pl. *Stan* —4G **59**
Moorland Rd. *Dlgtn* —3G **47**
Moorland Rd. *Leeds* —3D **30** (1A **4**)
Moorland Rd. *Pud* —4C **26**
Moorlands Av. *B'shaw* —2C **46**
Moorlands Av. *Yead* —3F **9**

Moorlands Dri. *Yead* —3F **9**
Moorlands Rd. *B'shaw* —2C **46**
Moorlands, The. *Leeds* —5A **14**
Moorland Vw. *Leeds* —1G **21**
Moorland Vw. *Rod* —1B **28**
Moorland Wlk. *Leeds* —1G **21**
Moor La. *B'shaw & Gom* —5E **47**
Moor La. *Guis* —2G **7**
Moor La. *Men* —1A **6**
Moor Pk. *B'shaw* —5B **20**
Moor Pk. Dri. *Leeds* —5B **20**
Moor Pk. Mt. *Leeds* —5B **20**
Moor Pk. Vs. *Leeds* —5C **20**
Moor Rd. *B'hpe* —1D **10**
Moor Rd. *H'let* —3G **41**
(in two parts)
Moor Rd. *Leeds* —5B **20**
Moor Rd. *Stan* —5G **59**
Moorside. —1C 28
(nr. Bramley)
Moorside. —4H 47
(nr. Drighlington)
Moorside App. *Dlgtn* —4H **47**
Moorside Av. *B'shaw* —2C **46**
Moorside Av. *Dlgtn* —4H **47**
Moorside Clo. *Dlgtn* —4H **47**
Moorside Cres. *Dlgtn* —4G **47**
Moorside Dri. *Dlgtn* —4H **47**
Moorside Dri. *Leeds* —1C **28**
Moorside Gdns. *Dlgtn* —4H **47**
Moorside Grn. *Dlgtn* —4H **47**
Moorside Maltings. *Leeds* —3G **41**
Moorside Mt. *Dlgtn* —4G **47**
Moorside Pde. *Dlgtn* —4H **47**
Moorside Rd. *Dlgtn* —4H **47**
Moorside St. *Leeds* —1C **28**
Moorside Ter. *Dlgtn* —4H **47**
Moorside Ter. *Leeds* —1C **28**
Moorside Va. *Dlgtn* —3H **47**
Moorside Vw. *Dlgtn* —4H **47**
Moorside Wlk. *Dlgtn* —3H **47**
Moor Top. *Dlgtn* —3F **47**
(in two parts)
Moor Top. *Leeds* —6C **38**
Moor Top. *Men & Guis* —1F **7**
Moortown. —6H 13
Moortown Corner. *Leeds* —1H **21**
Moor Vw. *A'ley* —6H **29**
Moor Vw. *B'frd* —2C **46**
Moor Vw. Head —2D **30**
(off Hyde Pk. Rd.)
Moor Vw. *Leeds* —2E **41**
Moorview Cft. *Men* —1B **6**
Moorville Clo. *Leeds* —3F **41**
Moorville Ct. *Leeds* —3F **41**
Moorville Dri. *B'shaw* —2C **46**
Moorville Gro. *Leeds* —3E **41**
Moorville Rd. *Leeds* —3F **41**
Moorway. *Guis* —4D **6**
Moresdale La. *Leeds* —2H **33**
Morley. —6H 49
Morley Av. *B'frd* —4A **26**
Morley Bottoms. *Morl* —4G **49**
Morley Hole. —4F 49
Morley Mkt. Morl —5G **49**
(off Queen St.)
Morpeth Pl. *Leeds* —6A **32**
Morris Av. *Leeds* —6G **19**
Morris Gro. *Leeds* —1G **29**
Morris La. *Leeds* —6G **19**
Morris Mt. *Kirks* —1G **29**
Morris Pl. *Morl* —4F **49**
Morris Vw. *Leeds* —1G **29**
Morritt Av. *Leeds* —4B **34**
Morritt Dri. *Leeds* —5H **33**
Morritt Gro. *Leeds* —5H **33**
Mortimer Av. *B'frd* —4A **26**
Morton Ter. *Guis* —4F **7**
Morwick Gro. *Scholes* —5F **25**
Moseley Pl. *Leeds* —2F **31**
Moseley Wood App. *Leeds* —5D **10**
Moseley Wood Av. *Leeds* —4D **10**
Moseley Wood Bank. *Leeds* —4D **10**
Moseley Wood Clo. *Leeds* —5D **10**
Moseley Wood Cres. *Leeds* —5D **10**
Moseley Wood Cft. *Leeds* —4D **10**
Moseley Wood Dri. *Leeds* —4D **10**
Moseley Wood Gdns. *Leeds* —4D **10**
Moseley Wood Grn. *Leeds* —4D **10**
Moseley Wood Gro. *Leeds* —4D **10**
Moseley Wood La. *Leeds* —4E **11**
Moseley Wood Ri. *Leeds* —4D **10**

Moseley Wood Vw. *Leeds* —4E **11**
Moseley Wood Wlk. *Leeds* —5D **10**
Moseley Wood Way. *Leeds* —3D **10**
Moss Bri. Rd. *Leeds* —6H **17**
Moss Cotts. *Leeds* —5B **12**
Moss Gdns. *Leeds* —4E **13**
Moss Grn. *Men* —1C **6**
Mosslea. *Chur* —2H **49**
Moss Pl. *Swil* —6G **45**
Moss Ri. *Leeds* —4E **13**
Moss Ri. *Mean* —5D **20**
Moss Rd. *Leeds* —6B **22**
Moss St. *Gild* —2D **48**
Moss Valley. *Leeds* —4E **13**
Motley La. *Guis* —3G **7**
Motley Row. Guis —3G **7**
(off Motley La.)
Mountbatten Av. *Out* —6E **59**
Mountbatten Cres. *Wake* —6E **59**
Mountbatten Gro. *Wake* —6F **59**
Mt. Cliffe Vw. *Morl* —2H **49**
Mount Dri. *Leeds* —3F **13**
Mount Gdns. *Leeds* —3F **13**
Mt. Pleasant. *Bmly* —1B **28**
Mt. Pleasant. *Guis* —3G **7**
Mt. Pleasant. *Leeds* —4G **51**
Mt. Pleasant Av. *Leeds* —6B **22**
Mt. Pleasant Ct. *Pud* —5G **27**
Mt. Pleasant Gdns. Leeds —6B **22**
(off Mt. Pleasant Av.)
Mt. Pleasant Rd. *Pud* —5G **27**
Mt. Pleasant St. *Pud* —5H **27**
Mt. Preston St. *Leeds* —4E **31** (2A **4**)
Mount Ri. *Leeds* —3F **13**
Mount Rd. *Stan* —5H **59**
Mt. Royal. *H'fth* —3B **18**
Mt. Tabor St. *Pud* —6E **27**
Mount, The. *Alw* —3F **13**
Mount, The. *Leeds* —4B **34**
Mount, The. *Rothw* —2H **53**
Mt. Vernon Rd. *Rawd* —5E **9**
Mount Vw. *Morl* —2H **49**
Mowbray Chase. *W'ford* —2B **54**
Mowbray Ct. *Leeds* —2A **34**
Mowbray Cres. *Leeds* —2A **34**
Moxon St. *Wake* —6E **59**
Moxon Way. *Wake* —6E **59**
Muir Ct. *Leeds* —1B **30**
(off St Michael's Gro.)
Muirhead Dri. *B'frd* —5A **36**
Mulberry Av. *Leeds* —5B **12**
Mulberry Gdns. *Meth* —6H **55**
Mulberry Gth. *Leeds* —6C **12**
Mulberry Ri. *Leeds* —5B **12**
Mulberry St. *Pud* —6G **27**
Mulberry Vw. *Leeds* —6B **12**
Mullins Ct. *Leeds* —6B **32**
Murton Clo. *Leeds* —1A **34**
Museum St. *Leeds* —4B **32**
Musgrave Bank. *Leeds* —3E **29**
Musgrave Bldgs. *Pud* —5H **27**
Musgrave Dri. *Leeds* —3E **29**
Musgrave Ri. *Leeds* —3E **29**
Musgrave Vw. *Leeds* —3E **29**
Mushroom St. *Leeds* —4H **31** (2H **5**)

Nab La. *Birs* —6A **48**
(in two parts)
Naburn App. *Leeds* —2B **24**
Naburn Chase. *Leeds* —4C **24**
Naburn Clo. *Leeds* —4C **24**
Naburn Ct. *Leeds* —3B **24**
Naburn Dri. *Leeds* —4B **24**
Naburn Fold. *Leeds* —4C **24**
Naburn Gdns. *Leeds* —4B **24**
Naburn Grn. *Leeds* —4B **24**
Naburn Pl. *Leeds* —3B **24**
Naburn Rd. *Leeds* —4B **24**
Naburn Vw. *Leeds* —4C **24**
Naburn Wlk. *Leeds* —4B **24**
Nancroft Cres. *Leeds* —6A **30**
Nancroft Mt. *Leeds* —6A **30**
Nancroft Ter. *Leeds* —6A **30**
Nansen Av. *Leeds* —3B **28**
Nansen Gro. *Leeds* —3B **28**
Nansen Mt. *Leeds* —3B **28**
Nansen Pl. *Leeds* —3B **28**
Nansen St. *Leeds* —3A **28**
Nansen Ter. *Leeds* —3B **28**
Nansen Vw. *Leeds* —3B **28**
Napier Rd. *B'frd* —6A **26**

Napier St.—Nunroyd St.

Napier St. *B'frd* —6A **26**
Napier Ter. *B'frd* —6A **26**
Naseby Gdns. *Leeds* —5A **32**
Naseby Gth. *Leeds* —5A **32**
Naseby Ho. *Leeds* —6B **36**
Naseby Pl. *Leeds* —5A **32**
Naseby Ter. *Leeds* —5A **32**
Naseby Vw. *Leeds* —5A **32**
Naseby Wlk. *Leeds* —5A **32**
Nassau Pl. *Leeds* —2A **32**
National Rd. *Hun P* —2A **42**
Navigation Wlk. *Leeds* —6G **31** (6F **5**)
Naylor Gth. *Leeds* —6D **20**
Naylor Pl. *Leeds* —3F **41**
Neal Pl. *Leeds* —1H **41**
Neath Gdns. *Leeds* —2F **33**
Ned La. *B'frd* —3A **36**
Needless Inn La. *W'ford* —2C **54**
Nelson Pl. *Morl* —4G **49**
 (off S. Nelson St.)
Nepshaw La. *Gild* —5D **48**
Nepshaw La. *Morl* —4F **49**
Nepshaw La. N. *Gild* —4E **49**
Nepshaw La. S. *Gild* —4E **49**
Neptune St. *Leeds* —6H **31**
Nesfield Clo. *Leeds* —3B **52**
Nesfield Cres. *Leeds* —3B **52**
Nesfield Gdns. *Leeds* —3A **52**
Nesfield Gth. *Leeds* —3A **52**
Nesfield Grn. *Leeds* —3A **52**
Nesfield Rd. *Leeds* —3A **52**
Nesfield Vw. *Leeds* —3A **52**
Nesfield Wlk. *Leeds* —3A **52**
Nethercliffe Cres. *Guis* —3F **7**
Nethercliffe Rd. *Guis* —3F **7**
Netherfield Clo. *Yead* —2D **8**
Netherfield Ct. *Guis* —4F **7**
 (off Netherfield Rd.)
Netherfield Dri. *Guis* —3F **7**
Netherfield Ri. *Guis* —4F **7**
Netherfield Rd. *Guis* —3F **7**
Netherfield Ter. *Guis* —4F **7**
 (off Netherfield Rd.)
Netherfield Ter. *Yead* —2D **8**
Nether St. *Fars* —2F **27**
Nethertown. —2A 48
Nether Yeadon. —5D 8
Nettleton Clo. *B'frd* —5G **37**
Nettleton Ct. *Leeds* —5D **34**
Neville App. *Leeds* —1E **43**
Neville Av. *Leeds* —1E **43**
Neville Clo. *Leeds* —1E **43**
Neville Cres. *Leeds* —5F **33**
Neville Gth. *Leeds* —1E **43**
Neville Gro. *Leeds* —1E **43**
Neville Gro. *Swil* —5G **45**
Neville Mt. *Leeds* —1E **43**
Neville Pde. *Leeds* —1E **43**
Neville Pl. *Leeds* —6F **33**
Neville Rd. *Leeds* —5F **33**
Neville Row. *Leeds* —1E **43**
Neville Sq. *Leeds* —6F **33**
Neville St. *Leeds* —1F **41** (6D **4**)
Neville Ter. *Leeds* —1E **43**
Neville Vw. *Leeds* —1E **43**
Neville Wlk. *Leeds* —6E **33**
New Adel Av. *Leeds* —6G **11**
New Adel Gdns. *Leeds* —6G **11**
New Adel La. *Leeds* —1G **19**
New Bank St. *Morl* —4H **49**
New Briggate. *Leeds* —5G **31** (5F **5**)
New Brighton. —5G 49
Newby Gth. *Leeds* —4D **14**
Newcastle Clo. *Dlgtn* —4F **47**
New Craven Ga. *Leeds* —2G **41**
New Cres. *H'fth* —3B **18**
New Cft. *H'fth* —3B **18**
New Farmers Hill. *W'ford* —2D **54**
New Farnley. —4D 38
Newfield Dri. *Men* —1C **6**
Newhall Bank. *Leeds* —4H **51**
Newhall Chase. *Leeds* —3H **51**
Newhall Clo. *Leeds* —3H **51**
Newhall Cres. *Leeds* —3H **51**
Newhall Cft. *Leeds* —4A **52**
Newhall Gdns. *Leeds* —4H **51**
Newhall Gth. *Leeds* —4H **51**
Newhall Ga. *Leeds* —2H **51**
Newhall Grn. *Leeds* —3A **52**
Newhall Mt. *Leeds* —4H **51**
Newhall Rd. *Leeds* —3H **51**
Newhall Wlk. *Leeds* —3A **52**

New Inn St. *Leeds* —6G **29**
Newlaithes Gdns. *H'fth* —4B **18**
Newlaithes Mnr. *H'fth* —5A **18**
Newlaithes Rd. *H'fth* —5A **18**
Newlands. *Fars* —3F **27**
Newlands Av. *B'frd* —4A **26**
Newlands Av. *Yead* —1C **8**
Newlands Cres. *Morl* —5B **50**
Newlands Dri. *Morl* —4B **50**
Newlands Dri. *Stan* —6A **59**
Newlands Ri. *Yead* —2C **8**
Newlands Wlk. *Stan* —6G **59**
New La. *B'frd* —1A **36**
New La. *Dlgtn* —1A **48**
New La. *E Ard* —3F **57**
 (in two parts)
New La. *Leeds* —4F **51**
 (LS10)
New La. *Leeds* —1F **41**
 (LS11)
New La. *Tong* —5D **36**
Newlay. —5B 18
Newlay Bridle Path. *H'fth* —4B **18**
Newlay Clo. *B'frd* —4A **16**
Newlay Gro. *H'fth* —5B **18**
Newlay La. *Bmly* —1C **28**
Newlay La. *H'fth* —4B **18**
Newlay La. Pl. *Leeds* —1C **28**
Newlay Mt. *H'fth* —5B **18**
Newlay Wood Av. *H'fth* —4C **18**
Newlay Wood Clo. *H'fth* —4C **18**
Newlay Wood Cres. *H'fth* —4C **18**
Newlay Wood Dri. *H'fth* —4C **18**
Newlay Wood Fold. *H'fth* —4B **18**
Newlay Wood Gdns. *H'fth* —4C **18**
Newlay Wood Ri. *H'fth* —4C **18**
Newlay Wood Rd. *H'fth* —4B **18**
New Leeds. *Leeds* —6B **18**
New Line. *B'frd* —4A **16**
Newmarket App. *Leeds* —2D **42**
Newmarket Grn. *Leeds* —1D **42**
Newmarket La. *Leeds* —2D **42**
New Mkt. St. *Leeds* —6G **31** (6F **5**)
New Occupation La. *Pud* —1E **37**
New Pk. Av. *Fars* —2G **27**
New Pk. Clo. *Fars* —2G **27**
New Pk. Cft. *Fars* —2G **27**
New Pk. Gro. *Fars* —3F **27**
New Pk. Pl. *Fars* —2G **27**
New Pk. St. *Morl* —6F **49**
New Pk. Va. *Fars* —2G **27**
New Pk. Vw. *Fars* —3G **27**
New Pk. Wlk. *Fars* —3F **27**
New Pk. Way. *Fars* —2G **27**
New Pepper Rd. *Leeds* —4B **42**
Newport Av. *Leeds* —3A **28**
Newport Cres. *Leeds* —2B **30**
Newport Gdns. *Leeds* —2B **30**
Newport Mt. *Leeds* —2B **30**
Newport Rd. *Leeds* —2B **30**
Newport Vw. *Leeds* —1B **30**
New Princess St. *Leeds* —2F **41**
New Pudsey Sq. *Far* —4E **27**
New Rd. *Carl* —6F **53**
New Rd. *Yead* —2B **8**
New Rd. Side. *H'fth* —3A **18**
New Rd. Side *Rawd* —4D **8**
New Row. *C'ley* —2B **26**
New Row. *Leeds* —1E **45**
Newsam Ct. *Leeds* —6A **34**
Newsam Dri. *Leeds* —6A **33**
Newsam Green. —5D 44
Newsam Grn. Rd. *Leeds* —5D **44**
New Scarborough. —4D 28
 (nr. Bramley)
New Scarborough. —2A 8
 (nr. Guisley)
New Station St. *Leeds* —6F **31** (6D **4**)
Newstead Av. *Wake* —6C **58**
New St. *Far* —4F **27**
New St. *H'fth* —3B **18**
New St. *Pud* —1F **37**
New St. Clo. *Pud* —1G **37**
New St. Gdns. *Pud* —1G **37**
New St. Gro. *Pud* —1G **37**
New Temple La. *Leeds* —1A **44**
New Toftshaw. *B'frd* —1A **46**
Newton Clo. *Rothw* —5D **52**
Newton Ct. *Leeds* —5F **21**
Newton Ct. *Rothw* —5D **52**
Newton Gth. *Leeds* —6A **22**
Newton Gro. *Leeds* —1A **32**

Newton Hill Rd. *Leeds* —6H **21**
Newton Lodge Clo. *Leeds* —6G **21**
Newton Lodge Dri. *Leeds* —6G **21**
Newton Pde. *Leeds* —6H **21**
Newton Pk. Ct. *Leeds* —6A **22**
Newton Pk. Dri. *Leeds* —6A **22**
Newton Pk. Vw. *Leeds* —1A **32**
Newton Rd. *Leeds* —1H **31**
Newton Sq. *Leeds* —4D **38**
Newton Vw. *Leeds* —6H **21**
Newton Vs. *Leeds* —5G **21**
Newton Wlk. *Leeds* —1A **32**
New Town. —3A 32
New Wlk. *Leeds* —2D **22**
New Way. *Guis* —4D **6**
New Windsor Dri. *Rothw* —3H **53**
New York Cotts. *Rawd* —1F **17**
New York La. *Rawd* —1F **17**
New York Rd. *Leeds* —5H **31** (4G **5**)
 (in two parts)
New York St. *Leeds* —6H **31** (6F **5**)
Nice Av. *Leeds* —1B **32**
Nice St. *Leeds* —1C **32**
Nice Vw. *Leeds* —1B **32**
Nickleby Rd. *Leeds* —5C **32**
Nile St. *Leeds* —4H **31** (3G **5**)
Nineveh Gdns. *Leeds* —2E **41**
Nineveh Pde. *Leeds* —2E **41**
Nineveh Rd. *Leeds* —2E **41**
Nippet La. *Leeds* —5A **32**
Nixon Av. *Leeds* —6D **32**
Nook Gdns. *Scholes* —3F **25**
Nook Rd. *Scholes* —3F **25**
Nooks, The. *Gild* —2D **48**
Nook, The. *Leeds* —4H **13**
Nook, The. *Ting* —5C **56**
Nook Vw. *Ting* —5C **56**
Noon Clo. *Stan* —6G **59**
Nora Pl. *Leeds* —2A **28**
Nora Rd. *Leeds* —2A **28**
Nora Ter. *Leeds* —2A **28**
Norbury Rd. *B'frd* —6A **16**
Norfolk Clo. *Leeds* —4H **21**
Norfolk Clo. *Oult* —4D **54**
Norfolk Dri. *Oult* —4D **54**
Norfolk Gdns. *Leeds* —4H **21**
Norfolk Grn. *Leeds* —4H **21**
Norfolk Mt. *Leeds* —4H **21**
Norfolk Pl. *Leeds* —4H **21**
Norfolk Ter. *Leeds* —4H **21**
Norfolk Vw. *Leeds* —4H **21**
Norfolk Wlk. *Leeds* —4H **21**
Norman Gro. *Leeds* —1G **29**
Norman Mt. *Leeds* —1G **29**
Norman Pl. *Leeds* —1C **22**
Norman Row. *Leeds* —1G **29**
Norman St. *Leeds* —1G **29**
Norman Ter. *Leeds* —1C **22**
Normanton Gro. *Leeds* —3E **41**
Normanton Pl. *Leeds* —3E **41**
Norman Towers. *Leeds* —5G **19**
Norman Vw. *Leeds* —1G **29**
Norquest Ind. Pk. *Birs* —6A **48**
Nortech Clo. *Leeds* —3H **31** (1H **5**)
N. Broadgate La. *H'fth* —2C **18**
Northbrook St. *Leeds* —4H **21**
Northbrook St. *Leeds* —4H **21**
North Clo. *Leeds* —5F **23**
Northcote Cres. *Leeds* —3F **41**
Northcote Dri. *Leeds* —3F **41**
Northcote Grn. *Leeds* —3F **41**
Northcote St. *Fars* —3F **27**
North Ct. *Leeds* —5G **31** (4F **5**)
Northern St. *Leeds* —6E **31** (6B **4**)
N. Farm Rd. *Leeds* —2F **33**
Northfield Av. *Rothw* —5E **53**
Northfield Pl. *Rothw* —5D **52**
Northgate. *Oult* —3C **54**
N. Grange M. *Leeds* —1D **30**
N. Grange Mt. *Leeds* —6C **20**
N. Grange Rd. *Leeds* —1C **30**
N. Grove Clo. *Leeds* —5F **23**
N. Grove Dri. *Leeds* —5F **23**
N. Grove Ri. *Leeds* —5F **23**
N. Hill Clo. *Leeds* —5E **23**
N. Hill Ct. *Leeds* —6D **20**
N. Hill Rd. *Leeds* —1D **30**
North La. *Head* —6B **20**
North La. *Round* —4E **23**
North La. *W'ford & Oult* —3C **54**
N. Lane Gdns. *Leeds* —5E **23**
N. Lingwell Rd. *Leeds* —4G **51**

Northolme Av. *Leeds* —4H **19**
Northolme Cres. *Leeds* —4H **19**
North Pde. *Leeds* —3G **19**
North Pde. *Morl* —6H **49**
 (off Wide La.)
N. Park Av. *Leeds* —3B **22**
N. Park Gro. *Leeds* —3C **22**
N. Park Pde. *Leeds* —2B **22**
N. Park Rd. *Leeds* —3C **22**
 (in two parts)
N. Parkway. *Leeds* —6G **23**
North Rd. *H'fth* —6B **10**
North Rd. *Leeds* —4E **43**
 (LS9)
North Rd. *Leeds* —3C **34**
 (LS15)
N. Road E. *Leeds* —4F **43**
Northrop Yd. *Pud* —6G **27**
Northside Bus. Pk. *Leeds* —1G **5**
Northside Shop. Cen. *Leeds* —4D **20**
North St. *Leeds* —4H **31** (3G **5**)
North St. *Pud* —5G **27**
North St. *Rawd* —5D **8**
North Ter. Leeds —3C **34**
 (off Tranquility Av.)
North Ter. *Yead* —2D **8**
North Vw. *Leeds* —5F **23**
North Vw. *Men* —1C **6**
North Vw. Rothw —5H **53**
 (off Royds La.)
N. View Bus. Pk. *Leeds* —2F **31**
N. West Rd. *Leeds* —2F **31**
North Way. *Leeds* —5F **23**
N. West Bus. Pk. *Leeds* —2F **31**
N. West Rd. *Leeds* —2F **31**
Northwood Clo. *Pud* —2H **37**
Northwood Clo. *W'ford* —2C **54**
Northwood Falls. *W'ford* —2C **54**
Northwood Gdns. *Colt* —6E **35**
Northwood Mt. *Pud* —2H **37**
Northwood Pk. *W'ford* —2C **54**
Northwood Vw. *Pud* —2H **37**
Norton Rd. *Leeds* —1C **22**
Norton Way. *Morl* —3G **49**
Norwich Av. *Leeds* —5H **41**
Norwood Av. *B'shaw* —5D **46**
Norwood Cres. *B'shaw* —5D **46**
Norwood Cres. *S'ley* —3H **27**
Norwood Cft. *S'ley* —3H **27**
Norwood Dri. *B'shaw* —5D **46**
Norwood Gro. *B'shaw* —5D **46**
Norwood Gro. *Leeds* —2C **30**
Norwood Pl. *Leeds* —2C **30**
Norwood Rd. *Leeds* —2C **30**
Norwood Ter. *Leeds* —2C **30**
Norwood Vw. *Leeds* —2C **30**
Noster Gro. *Leeds* —4D **40**
Noster Hill. *Leeds* —4D **40**
Noster Pl. *Leeds* —4D **40**
Noster Rd. *Leeds* —4D **40**
Noster St. *Leeds* —4D **40**
Noster Ter. *Leeds* —4D **40**
Noster Vw. *Leeds* —4D **40**
Nottingham St. *B'frd* —6A **26**
Nova La. *Birs* —6F **47**
Nowell App. *Leeds* —4D **32**
Nowell Av. *Leeds* —4D **32**
Nowell Clo. *Leeds* —4D **32**
Nowell Cres. *Leeds* —4D **32**
Nowell End Row. *Leeds* —4D **32**
Nowell Gdns. *Leeds* —4D **32**
Nowell Gro. *Leeds* —4D **32**
Nowell La. *Leeds* —4D **32**
Nowell Mt. *Leeds* —4D **32**
Nowell Pde. *Leeds* —4D **32**
Nowell Pl. *Leeds* —4D **32**
Nowell Sq. *Leeds* —4D **32**
Nowell St. *Leeds* —4D **32**
Nowell Ter. *Leeds* —4D **32**
Nowell Vw. *Leeds* —4D **32**
Nowell Wlk. *Leeds* —4D **32**
Nunington Av. *Leeds* —5A **30**
Nunington St. *Leeds* —5A **30**
Nunington Ter. *Leeds* —5A **30**
Nunington Vw. *Leeds* —4A **30**
Nunroyd Av. *Guis* —1B **8**
Nunroyd Av. *Leeds* —2H **21**
Nunroyd Gro. *Leeds* —2H **21**
Nunroyd Lawn. *Leeds* —2H **21**
Nunroyd Rd. *Leeds* —2H **21**
Nunroyd St. *Leeds* —2H **21**

A-Z Leeds 83

Nunroyd Ter.—Pk. Gate Cres.

Nunroyd Ter. *Leeds* —2H 21
Nunthorpe Rd. *Leeds* —6H 17
Nursery Clo. *Leeds* —5G 13
Nursery Gro. *Leeds* —5E 13
Nursery La. *Leeds* —5E 13
Nursery Mt. *Leeds* —6A 42
Nursery Mt. Rd. *Leeds* —5A 42
Nursery Rd. *Guis* —2F 7
Nussey Av. *Birs* —6G 47
Nutter La. *Birs* —6F 47
Nutting Gro. Ter. *Leeds* —2E 39

Oak Av. *Morl* —6H 49
Oak Cres. *Leeds* —6H 33
Oakdale Clo. *B'frd* —2A 26
Oakdale Clo. *Loft* —5D 58
Oakdale Dri. *B'frd* —2A 26
Oakdale Gth. *Leeds* —2B 24
Oakdale Mdw. *Leeds* —2B 24
Oakdene Clo. *Pud* —2H 37
Oakdene Ct. *Leeds* —5C 14
Oakdene Dri. *Leeds* —5C 14
Oakdene Gdns. *Leeds* —5C 14
Oakdene Va. *Leeds* —5C 14
Oakdene Way. *Leeds* —5C 14
Oak Dri. *Leeds* —1H 19
Oakfield. *Leeds* —1C 30
Oakfield Av. *Rothw* —3G 53
Oakfield Ter. *H'fth* —3E 19
 (off Low La.)
Oak Gro. *Morl* —6H 49
Oakhampton Ct. *Leeds* —4E 23
Oak Ho. *Leeds* —1G 43
Oak Ho. *Msde* —1F 29
Oakhurst Av. *Leeds* —6E 41
Oakhurst Gro. *Leeds* —6D 40
Oakhurst Mt. *Leeds* —6D 40
Oakhurst Rd. *Leeds* —6D 40
Oakhurst St. *Leeds* —6E 41
Oaklands. *Rob H* —6C 52
Oaklands Av. *Adel* —6B 12
Oaklands Av. *Leeds* —6G 17
Oaklands Dri. *Adel* —1B 20
Oaklands Fold. *Adel* —6B 12
Oaklands Gro. *Adel* —6B 12
Oaklands Gro. *Leeds* —6G 17
Oaklands Rd. *Rod* —6G 17
Oaklands Rd. Trad. Est. *Leeds*
 —6G 17
Oaklea Gdns. *Leeds* —1B 20
Oaklea Hall Clo. *Leeds* —1B 20
Oaklea Rd. *Scholes* —5F 25
Oakley Gro. *Leeds* —4G 41
Oakley St. *Thpe* —2A 58
Oakley Ter. *Leeds* —5G 41
Oakley Vw. *Leeds* —5G 41
Oakridge Av. *Men* —1D 6
Oak Rd. *A'ley* —6C 30
Oak Rd. *Leeds* —6H 33
Oak Rd. *Morl* —6D 49
Oak Rd. *Pott* —6H 21
Oakroyd. *Rothw* —6H 53
Oakroyd Clo. *B'shaw* —4C 46
Oakroyd Dri. *B'shaw* —5C 46
Oakroyd Fold. *Chur* —1A 50
Oakroyd Mt. *S'ley* —5G 27
Oakroyd Ter. *Chur* —1A 50
Oakroyd Ter. *S'ley* —5G 27
Oaks, The. *Guis* —3G 7
Oaks, The. *Morl* —2H 49
Oak St. *Chur* —2H 49
Oak St. *Pud* —5E 27
Oak Ter. *Leeds* —2D 34
 (off Church La.)
Oak Tree Bus. Pk. *Leeds* —4A 24
Oak Tree Clo. *Leeds* —2E 33
Oak Tree Ct. *Leeds* —2E 33
 (off Oak Tree Pl.)
Oak Tree Cres. *Leeds* —2E 33
Oak Tree Dri. *Leeds* —2E 33
Oak Tree Gro. *Leeds* —2E 33
Oak Tree Mt. *Leeds* —2E 33
Oak Tree Pl. *Leeds* —2E 33
Oak Tree Wlk. *Leeds* —2E 33
Oakway. *B'shaw* —5D 46
Oakwell. —6F 47
Oakwell Av. *Leeds* —5C 22
Oakwell Cotts. *B'shaw* —4A 48
Oakwell Ct. *Bat* —6A 48
Oakwell Cres. *Leeds* —5C 22
Oakwell Dri. *Leeds* —5C 22

Oakwell Gdns. *Leeds* —5C 22
Oakwell Gro. *Leeds* —2C 28
Oakwell Hall *—6F 47*
Oakwell Ind. Est. *Bat* —6B 48
Oakwell Ind. Pk. *Bat* —6A 48
Oakwell Mt. *Leeds* —5C 22
Oakwell Oval. *Leeds* —5C 22
Oakwell Rd. *Dlgtn* —4A 48
Oakwell Ter. *Fars* —2F 27
Oakwell Way. *Birs* —6A 48
Oakwood. —5D 22
Oakwood Av. *B'shaw* —5C 46
Oakwood Av. *Leeds* —5D 22
Oakwood Boundary Rd. *Leeds*
 —5D 22
Oakwood Ct. *Leeds* —5E 23
Oakwood Dri. *Leeds* —5D 22
Oakwood Dri. *Rothw* —2F 53
Oakwood Gdns. *Leeds* —5D 22
Oakwood Gth. *Leeds* —5E 23
Oakwood Grange. *Leeds* —5E 23
Cakwood Grange La. *Leeds* —5E 23
Oakwood Grn. *Leeds* —5E 23
Oakwood Gro. *Leeds* —5D 22
Oakwood La. *Leeds* —5D 22
Oakwood Mt. *Leeds* —5D 22
Oakwood Nook. *Leeds* —5D 22
Oakwood Pk. *Leeds* —6E 23
Oakwood Pl. *Leeds* —5D 22
Oakwood Ri. *Leeds* —5E 23
Oakwood Ter. *Pud* —1G 37
Oakwood Vw. *Leeds* —5E 23
Oakwood Wlk. *Leeds* —5E 23
Oasby Cft. *B'frd* —6A 36
Oast Ho. Cft. *Rob H* —6D 52
Oastler Rd. *C'ley* —5D 16
Oatland Clo. *Leeds* —3G 31
Oatland Ct. *Leeds* —3G 31 (1F 5)
Oatland Dri. *Leeds* —3G 31 (1F 5)
Oatland Gdns. *Leeds* —1F 5
Oatland Grn. *Leeds* —3G 31 (1F 5)
Oatland La. *Leeds* —3G 31 (1F 5)
Oatland Pl. *Leeds* —2G 31
Oatland Rd. *Leeds* —3G 31
Oatland Towers. *Leeds*
 —3G 31 (1F 5)
Oban Clo. *Ting* —2B 56
Oban Pl. *Leeds* —5G 29
Oban St. *Leeds* —5H 29
Oban Ter. *Leeds* —5H 29
Oban Ter. *Ting* —2B 56
Occupation La. *Pud* —1E 37
Odda La. *Guis* —4A 6
Oddfellow St. *Morl* —5G 49
Oddy Pl. *Leeds* —5B 20
Oddy's Fold. *Leeds* —3C 20
Oddy St. *B'frd* —6A 36
Ogden Ho. *B'frd* —4B 36
Ogilby Ct. *W'ford* —2B 54
Ogilby M. *W'ford* —2B 54
O'Grady Sq. *Leeds* —6B 32
Old Barn Clo. *Leeds* —4E 13
Old Brandon La. *Leeds* —5G 15
Old Clo. *Leeds* —1B 50
Old Farm App. *Leeds* —3F 19
Old Farm Cres. *Leeds* —3G 19
Old Farm Cross. *Leeds* —3G 19
Old Farm Dri. *Leeds* —3F 19
Old Farm Gth. *Leeds* —3G 19
Old Farm Pde. *Leeds* —3G 19
Old Farm Wlk. *Leeds* —3F 19
Oldfield Av. *Leeds* —1A 40
Oldfield La. *Leeds* —1A 40
Oldfield St. *Leeds* —1A 40
Old Fold. *Fars* —2F 27
Old Hall Rd. *Ting* —3D 56
Old Haworth La. *Yead* —2D 8
Old Hollins Hill. *Esh & Guis* —6E 7
Old La. *B'shaw* —3C 46
Old La. *Dlgtn* —2H 47
Old La. *Guis* —5A 6
Old La. *Leeds* —5D 40
Old Marsh. *Pud* —6E 27
Old Mill La. *Hun P* —3A 42
Old Oak Clo. *Leeds* —4G 19
Old Oak Dri. *Leeds* —4G 19
Old Oak Gth. *Leeds* —4F 19
Old Oak Lawn. *Leeds* —4G 19
Old Pk. Rd. *Leeds* —3C 22
 (in two parts)
Old Rd. *Chur* —1A 50
Old Rd. *Far* —4E 27

Oldroyd Cres. *Leeds* —5C 40
Old Run Rd. *Leeds* —5H 41
Old Run Vw. *Leeds* —1H 51
Old Sch. M. *Chur* —1A 50
Old Whack Ho. La. *Yead* —3B 8
Oliver Ct. *Dlgtn* —4F 47
Oliver Hill. *H'fth* —4C 18
Oliver's Mt. *Kirks* —1H 29
Ontario Pl. *Leeds* —5H 21
Orange Tree Gro. *E Ard* —4G 57
Orchard Av. *Stan* —6H 59
Orchard Clo. *E Ard* —5H 57
Orchard Ct. *Guis* —4G 7
 (off Orchard La.)
Orchard Ct. *Leeds* —5B 20
 (off St Chads Rd.)
Orchard Cft. *Leeds* —3B 34
Orchard Gro. *B'frd* —5A 16
Orchard Gro. *Men* —1C 6
Orchard La. *Guis* —4G 7
Orchard Mt. *Leeds* —3C 34
Orchard Rd. *Leeds* —3B 34
Orchard Sq. *Leeds* —3B 34
Orchards, The. *Halt* —3B 34
Orchard Way. *Guis* —4G 7
Orchard Way. *Rothw* —3G 53
Orchid Ct. *Loft* —1D 58
Oriental St. *Leeds* —6A 30
Orion Cres. *Leeds* —2A 52
Orion Dri. *Leeds* —2A 52
Orion Gdns. *Leeds* —2B 52
Orion Vw. *Leeds* —2B 52
Orion Wlk. *Leeds* —1B 52
Ormonde Pl. *Leeds* —2G 31
Orville Gdns. *Leeds* —1C 30
Osbourne Ct. *Leeds* —4D 28
Osmondthorpe. —6F 33
Osmondthorpe Cotts. *Leeds* —6E 33
Osmondthorpe La. *Leeds* —5E 33
Osmondthorpe Ter. *Leeds* —5D 32
Osprey Clo. *Leeds* —5B 14
Osprey Grn. *Leeds* —5B 14
Osprey Mdw. *Morl* —5B 50
Osterley Gro. *B'frd* —6A 16
Oswaldthorpe Av. *B'frd* —4A 26
Otley La. *Yead* —2D 8
Otley Old Rd. *H'fth & B'hpe* —1B 10
Otley Old Rd. *Leeds* —4E 11
Otley Rd. *Guis* —4E 7
Otley Rd. *Leeds & Head* —1H 11
Ottawa Pl. *Leeds* —5H 21
Otterburn Gdns. *Leeds* —6H 11
Oulton. —4C 54
Oulton Dri. *Oult* —6C 54
Oulton La. *Oult* —2C 54
Oulton La. *Rothw* —4H 53
Out Gang. *Leeds* —2D 28
Out Gang. La. *Leeds* —2E 29
Outwood Av. *H'fth* —4D 18
Outwood Chase. *H'fth* —3D 18
Outwood La. *H'fth* —4C 18
Outwood Wlk. *H'fth* —4C 18
Ouzlewell Green. —2F 59
Ouzlewell Grn. *Loft* —1F 59
Oval, The. —5H 35
Oval, The. *Guis* —5E 7
Oval, The. *H'let* —3H 41
Oval, The. *Leeds* —3H 33
Oval, The. *Rothw* —4H 53
Overdale Av. *Leeds* —4C 14
Overdale Ter. *Leeds* —5A 34
Overland Cres. *B'frd* —3A 16
Overland Trad. Est. *Gild* —4C 48
Over La. *Rawd* —6E 9
Ovington Dri. *B'frd* —6A 36
Owlcotes Dri. *Pud* —5E 27
Owlcotes Gdns. *Pud* —5E 27
Owlcotes Gth. *Pud* —5D 26
Owlcotes La. *Far* —4E 27
 (in two parts)
Owlcotes La. *Pud* —5E 27
Owlcotes Rd. *Pud* —5E 27
Owlcotes Shop. Cen. *S'ley* —4F 27
Owlcotes Ter. *Pud* —5E 27
Owler La. *Birs* —6G 47
Owlett Mead. *Thpe* —2A 58
Owlett Mead Clo. *Thpe* —2A 58
Owl Ridge. *Morl* —6A 50
Oxenford Ct. *Leeds* —6G 11
Oxford Av. *Guis* —3F 7
Oxford Pl. *Leeds* —5F 31 (4C 4)
Oxford Pl. *S'ley* —4G 27

Oxford Rd. *Gom* —6D 46
Oxford Rd. *Guis* —4F 7
Oxford Rd. *Leeds* —2G 31
Oxford Row. *Leeds* —5F 31 (4C 4)
 (in two parts)
Oxford St. *E Ard* —3A 58
Oxford St. *Guis* —4G 7
Oxford Vs. *Guis* —4G 7
Oxley St. *Leeds* —6B 32
Oxton Clo. *Leeds* —5B 32
Oxton Gdns. *Leeds* —5B 32
Oxton Mt. *Leeds* —5B 32
Oxton Pl. *Leeds* —5B 32
Oxton Way. *Leeds* —5B 32
Oyster Clo. *Morl* —6A 50

Paddock Clo. *Dlgtn* —4G 47
Paddock Corner. *Leeds* —6C 34
 (off Colton Rd.)
Paddock Dri. *Dlgtn* —4G 47
Paddock, The. *Leeds* —4D 20
Paddock, The. *Rothw* —4G 53
Padstow Av. *Leeds* —4E 51
Padstow Gdns. *Leeds* —4E 51
Padstow Pl. *Leeds* —5E 51
Padstow Row. *Leeds* —5E 51
Paignton Ct. *Leeds* —4D 28
Paisley Gro. *Leeds* —5G 29
Paisley Pl. *Leeds* —5G 29
Paisley Rd. *Leeds* —5G 29
Paisley St. *Leeds* —5G 29
Paisley Ter. *Leeds* —5G 29
Paisley Vw. *Leeds* —5G 29
Palmer Bldgs. *Leeds* —3C 32
Palmer Cres. *Guis* —4G 7
Palmer Cft. *Leeds* —2B 52
Palmer Mans. *Yead* —2D 8
Palmer M. *Ting* —3C 56
Parade, The. *Head* —6B 20
 (off North La.)
Parade, The. *H Wd* —4A 36
Parade, The. *Leeds* —6A 32
Parade, The. *Yead* —3B 8
 (off Westfield Dri.)
Paradise Pl. *H'fth* —3E 19
Parc Mont. *Leeds* —3E 23
Park Av. *A'ley* —5H 29
Park Av. *C'gts* —3D 34
Park Av. *Dlgtn* —3G 47
Park Av. *Loft* —5E 59
Park Av. *Morl* —6F 49
Park Av. *Pud* —6G 27
Park Av. *Rawd* —5E 9
Park Av. *Round* —3E 23
Park Av. *Swil* —6G 45
Park Av. *Yead* —2C 8
Park Clo. *Dlgtn* —4G 47
Park Clo. *Leeds* —2C 28
Park Copse. *H'fth* —2A 18
Park Cotts. *Leeds* —2D 22
Park Cres. *A'ley* —5H 29
Park Cres. *Gild* —3D 48
Park Cres. *Guis* —6E 7
Park Cres. *Leeds* —1C 22
Park Cres. *Rothw* —3A 54
Parkcroft. *Fars* —3G 27
Park Cross St. *Leeds* —5F 31 (5C 4)
Park Dale. *Men* —1C 6
Park Dri. *H'fth* —3H 17
Park Dri. *Loft* —4E 59
Pk. Edge Clo. *Leeds* —4E 23
Parker St. *E Ard* —4G 57
Pk. Farm Ind. Est. *Leeds* —1F 51
Park Fld. *Men* —1C 6
Parkfield Av. *Leeds* —4E 41
Parkfield Clo. *Pud* —6F 27
Parkfield Gdns. *Leeds* —2G 33
Parkfield Gro. *Leeds* —4E 41
Parkfield Mt. *Leeds* —4E 41
Parkfield Mt. *Pud* —6G 27
Parkfield Pl. *Leeds* —4E 41
Parkfield Rd. *Leeds* —4E 41
Parkfield Row. *Leeds* —4E 41
Parkfield St. *Leeds* —2G 41
Parkfield Ter. *Pud* —6G 27
Parkfield Ter. *S'ley* —4G 27
 (in two parts)
Parkfield Vw. *Leeds* —4E 41
Parkfield Way. *Leeds* —2G 33
Pk. Gate Clo. *H'fth* —3B 18
Pk. Gate Cres. *Guis* —5F 7

Park Gro.—Poxon Ct.

Park Gro. *Gild* —3D **48**
Park Gro. *H'fth* —3H **17**
Park Gro. *Leeds* —5G **51**
Park Gro. *Midd* —5B **20**
Park Gro. *Swil* —1G **55**
Park Gro. *Yead* —2C **8**
Pk. Holme. *Leeds* —1A **32**
Parkin La. *B'frd* —3B **16**
Parkland Av. *Morl* —6E **49**
Parkland Cres. *Leeds* —2E **21**
Parkland Dri. *Leeds* —2E **21**
Parkland Gdns. *Leeds* —3E **21**
Parklands. —1A 34
Parkland Ter. *Leeds* —3E **21**
Parkland Vw. Yead —2D 8
(off Town St.)
Park La. *Guis* —6E **7**
Park La. *Leeds* —5D **30** (4A **4**)
Park La. *Rothw* —4H **53**
Park La. *Round* —1D **22**
Park La. M. *Leeds* —5D **14**
Park Lea. *Leeds* —4G **51**
Park Mt. *A'ley* —5G **29**
Park Mt. *Kirks* —1G **29**
Park Pde. *Leeds* —1C **42**
Park Pde. *Morl* —6F **49**
Park Pl. *Leeds* —5F **31** (5C **4**)
Park Ri. *Leeds* —1C **28**
Park Rd. *A'ley* —5G **29**
Park Rd. *Eccl* —6A **16**
(in two parts)
Park Rd. *Guis* —6E **7**
Park Rd. *Leeds* —2C **28**
(LS13)
Park Rd. *Leeds* —1D **44**
(LS15)
Park Rd. *Men* —1C **6**
Park Rd. *Rawd* —5D **8**
Park Rd. *Yead* —2C **8**
Park Row. *Leeds* —5B **30** (5F **31** (5D **4**)
Park Row. *S'ley* —4G **27**
Park Side. *H'fth* —3A **18**
Parkside Av. *Leeds* —4D **20**
Parkside Clo. *Leeds* —3D **20**
Parkside Cres. *Leeds* —3D **20**
Parkside Gdns. *Leeds* —4D **20**
Parkside Grn. *Leeds* —4D **20**
Parkside Gro. *Leeds* —6E **41**
Parkside Ind. Est. *Leeds* —6G **41**
Parkside La. *Leeds* —5G **41**
Parkside Lawns. *Leeds* —4D **20**
Parkside Mt. *Leeds* —6E **41**
Parkside Pde. *Leeds* —6E **41**
Parkside Pl. *Leeds* —3D **20**
Parkside Rd. *Fars* —3F **27**
Parkside Rd. *Leeds* —2C **20**
Parkside Row. *Leeds* —6E **41**
Parkside Vw. *Leeds* —3D **20**
Parkside Wlk. *Leeds* —3G **27**
Park Spring. —6C 28
Pk. Spring Gdns. *Leeds* —4B **28**
Pk. Spring Ri. *Leeds* —5B **28**
Park Sq. *Loft* —5E **59**
Park Sq. *Pud* —6G **27**
Park Sq. E. *Leeds* —5F **31** (5C **4**)
Park Sq. N. *Leeds* —5F **31** (5C **4**)
Park Sq. S. *Leeds* —5F **31** (5C **4**)
Park Sq. W. *Leeds* —5F **31** (5C **4**)
Parkstone Av. *Leeds* —2G **19**
Parkstone Grn. *Leeds* —2G **19**
Parkstone Gro. *Leeds* —2G **19**
Parkstone Mt. *Leeds* —2G **19**
Parkstone Pl. *Leeds* —2G **19**
Park St. *A'ley* —5G **29**
Park St. *Chur* —1A **50**
Park St. *Halt* —5B **34**
Park St. *Leeds* —5F **31** (4C **4**)
Park St. *Yead* —2C **8**
Park Ter. *Leeds* —5B **20**
Park Top. *S'ley* —4G **27**
Park Vw. *B'shaw* —4C **46**
Park Vw. *Leeds* —4E **41**
(LS11)
Park Vw. *Leeds* —2C **28**
(LS13)
Park Vw. *Loft* —5E **59**
Park Vw. *Pud* —6G **27**
Park Vw. *Swil* —6G **45**
Park Vw. *Yead* —2B **8**
Pk. View Av. *Leeds* —2B **30**
Pk. View Av. *Rawd* —5E **9**
Parkview Ct. *Leeds* —1D **22**

Pk. View Cres. *Leeds* —2D **22**
Pk. View Gro. *Leeds* —2B **30**
Pk. View Rd. *Leeds* —3B **30**
Pk. View Ter. Leeds —5A 34
(off Park St.)
Pk. View Ter. *Rawd* —5D **8**
Pk. Villa Ct. *Leeds* —2C **22**
Park Villas. —2C 22
Park Vs. *Leeds* —2C **22**
Parkville Pl. *Leeds* —2C **28**
Parkville Rd. *Leeds* —2C **28**
Parkway. *Gild* —3C **48**
Park Way. *Men* —1C **6**
Parkway Clo. *Leeds* —1G **33**
Parkway Ct. *Leeds* —2G **33**
Parkway Grange. *Leeds* —2G **33**
Parkway M. *Leeds* —6B **24**
Parkways. *W'ford* —3B **54**
Parkways Av. *W'ford* —4B **54**
Parkways Clo. *W'ford* —3B **54**
Parkways Ct. *W'ford* —3B **54**
Parkways Dri. *W'ford* —3B **54**
Parkways Gth. *W'ford* —4B **54**
Parkways Gro. *W'ford* —3B **54**
Parkway Towers. *Leeds* —1G **33**
Parkway Va. *Leeds* —2G **33**
(in two parts)
Park W. *Rothw* —4G **53**
Pk. Wood Av. *Leeds* —1D **50**
Parkwood Av. *Round* —4C **22**
Pk. Wood Clo. *Leeds* —2D **50**
Parkwood Ct. *Round* —3C **22**
Pk. Wood Cres. *Leeds* —2D **50**
Pk. Wood Dri. *Leeds* —1D **50**
Parkwood Gdns. *C'ley* —5C **16**
Parkwood Gdns. *Round* —4C **22**
Pk. Wood Rd. *C'ley* —5D **16**
Pk. Wood Rd. *Leeds* —2D **50**
Parkwood Way. *Round* —4C **22**
Parliament Pl. *Leeds* —5B **30**
Parliament Rd. *Leeds* —6B **30**
Parnaby Av. *Leeds* —6B **42**
Parnaby Rd. *Leeds* —6B **42**
Parnaby St. *Leeds* —6B **42**
Parnaby Ter. *Leeds* —6B **42**
Parrish Rd. *Leeds* —4F **41**
Parrott St. *B'frd* —6A **36**
Parsonage Rd. *Lais* —2A **36**
Partons Pl. *Loft* —5E **59**
Partridge Clo. *Morl* —5B **50**
Pasture Av. *Leeds* —4H **21**
Pasture Cres. *Leeds* —4H **21**
Pasture Grn. Clo. *Leeds* —5E **33**
Pasture Gro. *Leeds* —4H **21**
Pasture La. *Leeds* —4H **21**
Pasture Mt. *Leeds* —5H **29**
Pasture Pde. *Leeds* —4H **21**
Pasture Pl. *Leeds* —4H **21**
Pasture Rd. *Leeds* —1A **32**
Pasture St. *Leeds* —4H **21**
Pasture Ter. *Leeds* —4H **21**
Pasture Vw. *Leeds* —5H **29**
Pasture Vw. Rd. *Rothw* —4G **53**
Pawson St. *Loft* —1D **58**
Pawson St. *Morl* —6F **49**
Pawson St. *Wake* —3A **58**
Peacock Grn. *Morl* —6A **50**
Pearson Av. *Leeds* —2C **30**
Pearson Gro. *Leeds* —2C **30**
Pearson St. *C'ley* —4H **16**
Pearson St. *Leeds* —2H **41**
Pearson Ter. *Leeds* —2C **30**
Peasehill Clo. *Rawd* —5E **9**
Peasehill Pk. *Rawd* —5E **9**
Peckover Dri. *Pud* —4B **26**
Peel Clo. *Tyer* —2A **36**
Peel La. *Leeds* —1G **29**
Peel St. *Morl* —5H **49**
Pelham Pl. *Leeds* —4G **21**
Pembroke Clo. *Morl* —4F **49**
Pembroke Dri. *Morl* —4F **49**
Pembroke Dri. *Pud* —5G **27**
Pembroke Grange. *Leeds* —3F **3**
Pembroke Ho. B'frd —5A 36
(off Launceston Dri.)
Pembroke Pud —6C **27**
Pembroke Towers. *Leeds* —2F **33**
Pembury Mt. *Leeds* —2F **35**
Penarth Rd. *Leeds* —6B **32**
Pendas Dri. *Leeds* —3D **34**
Pendas Fields. —2F 35
Pendas Gro. *Leeds* —2D **34**

Pendas Wlk. *Leeds* —3D **34**
Pendas Way. *Leeds* —3D **34**
Pendil Clo. *Leeds* —5C **34**
Pendragon Ter. *Guis* —4F **7**
Penfield Rd. *Dlgtn* —3H **47**
Penlands Cres. *Leeds* —6D **34**
Penlands Lawn. *Leeds* —6D **34**
Penlands Wlk. *Leeds* —6D **34**
Pennine Vw. *Birs* —6A **48**
Pennington Ct. *Leeds* —2E **31**
Pennington Gro. *Leeds* —1E **31**
Pennington Pl. *Leeds* —2E **31**
Pennington St. *Leeds* —2E **31**
Pennington Ter. *Leeds* —1E **31**
Pennwell Cft. Leeds —6D 24
(off Whinmoor Way)
Pennwell Dean. *Leeds* —6D **24**
Pennwell Fld. *Leeds* —6E **25**
Pennwell Gth. *Leeds* —6D **24**
Pennwell Ga. *Leeds* —6D **24**
Pennwell Grn. *Leeds* —6D **24**
Pennwell Lawn. *Leeds* —6D **24**
Penny Hill Cen., The. *Leeds* —3A **42**
Penny La. Way. *Leeds* —3H **41**
Penraevon Av. *Pen I* —2G **31**
Penrith Gro. *Leeds* —1A **40**
Pentland Way. *Morl* —6G **49**
Pepper Gdns. *Bmly* —1E **29**
Pepper Hills. *Leeds* —5H **13**
Pepper La. *Leeds* —4B **42**
Pepper La. *Msde* —1D **28**
Pepper Rd. *Leeds* —5B **42**
Percival St. *Leeds* —4F **31** (3D **4**)
Percy St. *Leeds* —1B **40**
Peregrine Av. *Morl* —5B **50**
Perseverance St. *Pud* —6E **27**
Perseverance Ter. *Rothw* —5G **53**
Perth Dri. *Ting* —3D **56**
Perth Mt. *H'fth* —5B **10**
Peter La. *Morl* —6A **50**
Petersfield Av. *Leeds* —2A **52**
Petrel Way. *Morl* —6A **50**
Petrie Cres. *Leeds* —6F **17**
Petrie Gro. *B'frd* —6A **26**
Petrie Rd. *B'frd* —6A **26**
Petrie St. *Leeds* —6F **17**
Peverell Clo. *B'frd* —4H **36**
Pheasant Dri. *Birs* —6A **48**
Philip Gth. *Wake* —6D **58**
Philip Ho. *Leeds* —3A **4**
Philippa Way. *Leeds* —4A **40**
Philip's Gro. *Loft* —5E **59**
Phil May Ct. Leeds —1C 40
(off Green La.)
Phipp Av. *Leeds* —1B **32**
Phoenix Way. *B'frd* —1A **36**
Pickard Bank. *Leeds* —6D **20**
Pickard Ct. *Leeds* —5C **34**
Pickering Mt. *Leeds* —5B **30**
Pickering St. *Leeds* —5B **30**
Pickpocket La. *Rothw* —2A **54**
Piece Wood Rd. *Leeds* —6D **10**
Pigeon Cote Clo. *Leeds* —5A **24**
Pigeon Cote Rd. *Leeds* —5A **24**
Pilden La. *E Ard* —5G **57**
Pilot St. *Leeds* —4A **32** (2H **5**)
Pinder Av. *Leeds* —3F **39**
Pinder Gro. *Leeds* —3F **39**
Pinder Vw. *Leeds* —3F **39**
Pine Ct. *Leeds* —6H **31** (6G **5**)
Pinfold Ct. *Leeds* —5B **34**
Pinfold Gro. *Leeds* —5A **34**
Pinfold Hill. *Leeds* —5B **34**
Pinfold La. *A'ley* —6H **29**
Pinfold La. *Cook* —3E **11**
Pinfold La. *Leeds* —5A **34**
Pinfold Mt. *Leeds* —6B **34**
Pinfold Rd. *Leeds* —6B **34**
Pinfold Sq. *Leeds* —5A **34**
Pipe & Nook La. *Leeds* —6F **29**
Pipit Mdw. *Morl* —6A **50**
Pitchstone Ct. *Leeds* —6D **28**
Pitfall St. *Leeds* —6G **31** (6F **5**)
Pit Fld. Rd. *Carl* —1F **59**
Pit Row. *Leeds* —6G **31**
Pitt Row. *Leeds* —6E **5**
Place's Rd. *Leeds* —6A **32**
Plaid Row. *Leeds* —5A **32**
Plane Tree Av. *Leeds* —5B **14**
Plane Tree Clo. *Leeds* —5B **14**
Plane Tree Cft. *Leeds* —5B **14**

Plane Tree Gdns. *Leeds* —5B **14**
Plane Tree Gro. *Yead* —3F **9**
Plane Tree Ri. *Leeds* —5B **14**
Plane Trees Clo. *Cleck* —6A **46**
Plane Tree Vw. *Leeds* —5B **14**
Plantation Av. *Leeds* —6H **33**
Plantation Av. *Shad* —4C **14**
Plantation Gdns. *Leeds* —4C **14**
Playfair Rd. *Leeds* —5H **41**
Playground. *Leeds* —4D **38**
Pleasance, The. *Swil* —6G **45**
Pleasant Ct. Leeds —2E 31
(off Rampart Rd.)
Pleasant Mt. *Leeds* —2E **41**
Pleasant Pl. *Leeds* —2E **41**
Pleasant St. *Leeds* —2E **41**
Pleasant Ter. *Leeds* —2E **41**
Pleasant Vw. *Loft* —4B **58**
Pleasant Vw. Ter. Rothw —5D 52
(off Copley La.)
Plevna St. *Leeds* —5C **42**
Plover Way. *Morl* —6A **50**
Poets Pl. *H'fth* —1C **18**
Pogson's Cotts. Leeds —6B 24
(off York Rd.)
Pollard La. *Leeds* —5B **18**
Pollard St. *Loft* —5E **59**
Ponderosa Clo. *Leeds* —2B **32**
Pontefract Av. *Leeds* —6B **32**
Pontefract La. *Leeds* —5B **32**
Pontefract La. Clo. *Leeds* —6B **32**
Pontefract Rd. *Leeds* —5C **42**
Pontefract Rd. *Rothw* —1F **53**
Pontefract St. *Leeds* —6B **32**
Poole Cres. *Leeds* —3B **34**
Poole Mt. *Leeds* —4B **34**
Poole Rd. *Leeds* —3B **34**
Poole Sq. *Leeds* —4B **34**
Poplar Av. *Leeds* —3D **34**
Poplar Clo. *Leeds* —5F **29**
Poplar Ct. *Leeds* —5E **29**
Poplar Cres. *Ting* —2A **56**
Poplar Cft. *Leeds* —5E **29**
Poplar Dri. *H'fth* —3H **17**
Poplar Gdns. *Leeds* —5E **29**
Poplar Gth. *Leeds* —5E **29**
Poplar Ga. *Leeds* —5E **29**
Poplar Grn. *Leeds* —5E **29**
Poplar Mt. *Leeds* —5E **29**
Poplar Pl. *Pud* —6D **26**
Poplar Ri. *Leeds* —4E **21**
Poplar Sq. *Fars* —3F **27**
Poplars, The. *Guis* —3G **7**
Poplars, The. *Leeds* —1C **30**
Poplars, The. *Loft* —3E **59**
Poplar St. *Loft* —5E **59**
Poplar Vw. *Leeds* —5E **29**
Poplar Way. *Leeds* —5E **29**
Poppleton Ct. *Ting* —2C **56**
Poppleton Dri. *Ting* —2C **56**
Poppleton Ri. *Ting* —3C **56**
Poppleton Rd. *Ting* —2C **56**
Poppleton Way. *Ting* —2C **56**
Portage Av. *Leeds* —6H **33**
Portage Cres. *Leeds* —6G **33**
Portland Cres. *Leeds* —5F **31** (4D **4**)
Portland Ga. *Leeds* —4F **31** (3D **4**)
(in two parts)
Portland Rd. *Leeds* —1A **40**
Portland St. *Leeds* —5F **31** (4C **4**)
Portland St. *Pud* —5A **28**
Portland Way. *Leeds* —4F **31** (3D **4**)
Portman St. *C'ley* —5D **16**
Post Hill Ct. *Leeds* —6D **28**
Potovens Ct. *Loft* —6D **58**
Potovens La. *Loft* —6D **58**
Potternewton. —1A 32
Potternewton Av. *Leeds* —5F **21**
Potternewton Ct. *Leeds* —5G **21**
Potternewton Cres. *Leeds* —6F **21**
Potternewton Gro. *Leeds* —5F **21**
Potternewton Heights.
—5G **21**
Potternewton La. *Leeds* —5E **21**
Potternewton Mt. *Leeds* —5F **21**
Potternewton Vw. *Leeds* —5F **21**
Potters Cft. *Loft* —5E **59**
Pottery Field. —2H 41
Pottery La. *W'ford* —2D **54**
Pottery Rd. *Leeds* —3H **41**
Poulton Pl. *Leeds* —4G **41**
Poxon Ct. *Leeds* —6G **51**

A-Z Leeds 85

Poxon Yd.—Regency Pk. Rd.

Poxon Yd. *Leeds* —3B **24**
Preston Pde. *Leeds* —5E **41**
Preston Vw. *Swil* —6H **45**
Pretoria Rd. *B'frd* —6A **26**
Priesthorpe. —1E 27
Priesthorpe Av. *S'ley* —3D **26**
Priesthorpe Ct. *Fars* —1F **27**
Priesthorpe La. *Fars* —2D **26**
Priesthorpe Rd. *Fars* —1C **26**
 (in two parts)
Priestley Clo. *Pud* —5H **27**
Priestley Dri. *Pud* —5H **27**
Priestley Gdns. *Pud* —5H **27**
Priestley Vw. *Pud* —5H **27**
Priestley Wlk. *Pud* —5H **27**
Primitive St. *Carl* —6F **53**
Primley Gdns. *Leeds* —5G **13**
Primley Pk. Av. *Leeds* —5G **13**
Primley Pk. Clo. *Leeds* —5H **13**
Primley Pk. Ct. *Leeds* —4G **13**
Primley Pk. Cres. *Leeds* —5G **13**
Primley Pk. Dri. *Leeds* —5G **13**
Primley Pk. Gth. *Leeds* —4H **13**
Primley Pk. Grn. *Leeds* —4H **13**
Primley Pk. Gro. *Leeds* —5G **13**
Primley Pk. La. *Leeds* —5G **13**
Primley Pk. Mt. *Leeds* —5H **13**
Primley Pk. Ri. *Leeds* —5H **13**
Primley Pk. Rd. *Leeds* —5G **13**
Primley Pk. Vw. *Leeds* —4G **13**
Primley Pk. Wlk. *Leeds* —4H **13**
Primley Pk. Way. *Leeds* —4G **13**
Primrose Av. *Leeds* —5A **34**
Primrose Clo. *Swil* —5A **34**
Primrose Ct. Guis —4G **7**
 (off Orchard Way)
Primrose Ct. *Leeds* —4H **13**
Primrose Cres. *Leeds* —4A **34**
Primrose Dri. *Leeds* —5A **34**
Primrose Gdns. *Leeds* —4A **34**
Primrose Gth. *Leeds* —5H **33**
Primrose Gro. *Leeds* —4A **34**
Primrose Hill. *S'ley* —4G **27**
Primrose Hill Clo. *Swil* —6H **45**
Primrose Hill Dri. *Swil* —6H **45**
Primrose Hill Gdns. *Swil* —6H **45**
Primrose Hill Grn. *Swil* —1H **55**
Primrose Hill Grn. *Swil* —1H **55**
Primrose Hill Gro. *Swil* —6H **45**
Primrose La. *Halt* —5H **33**
 (in three parts)
Primrose La. *Leeds* —4G **41**
Primrose Rd. *Leeds* —5A **34**
Primrose Wlk. *Chur* —1A **50**
Primrose Yd. *Oult* —4C **54**
Prince Edward Gro. *Leeds* —3G **39**
Prince Edward Rd. *Leeds* —3G **39**
Princes Av. *Leeds* —4D **22**
Prince's Ct. *Leeds* —2G **21**
Prince's Gro. *Leeds* —6B **20**
Princess Ct. *Colt* —1D **44**
Princess Ct. *Leeds* —6H **13**
Princess Fields. *Colt* —1D **44**
Princess St. *Rawd* —5C **8**
Priory M. *Stan* —5H **59**
Privilege St. *Leeds* —1H **39**
Prospect Av. *Pud* —5F **27**
Prospect Cres. *Leeds* —4H **41**
Prospect Gdns. *Leeds* —5B **34**
Prospect Gro. *Pud* —5F **27**
Prospect La. *B'shaw* —4D **46**
Prospect Pl. *H'fth* —3B **18**
Prospect Pl. *Leeds* —2C **28**
Prospect Pl. *Loft* —1D **58**
Prospect Pl. *Rothw* —5H **53**
Prospect Sq. *Fars* —3F **27**
Prospect St. *Far* —2F **27**
Prospect St. *Pud* —5E **27**
Prospect St. *Rawd* —6E **9**
Prospect Ter. *Bmly* —2C **28**
Prospect Ter. *Fars* —3F **27**
Prospect Ter. *H'fth* —2C **18**
Prospect Ter. *Leeds* —6B **32**
Prospect Ter. *Rod* —6G **17**
Prospect Ter. *Rothw* —5H **53**
Prospect Vw. *Leeds* —2C **28**
Prosper St. *Leeds* —3A **42**
Providence Av. *Leeds* —1E **21**
Providence Ct. *Morl* —4G **49**
 (nr. Victoria Rd.)

Providence Ct. *Morl* —6H **49**
 (nr. Wide La.)
Providence Ct. Morl —4G **49**
 (off Troy Rd.)
Providence Pl. *Leeds* —4G **31** (2E **5**)
Providence Pl. *Morl* —5E **49**
Providence Pl. *S'ley* —4G **27**
Providence Pl. *Swil C* —1G **45**
Providence Rd. *Leeds* —1E **31**
Providence St. *Fars* —3F **27**
 (in two parts)
Providence Ter. *Leeds* —2E **31**
Pudsey. —1F 37
Pudsey Bus. Cen. *Pud* —6H **27**
Pudsey Rd. *Leeds* —6B **28**
Pump La. *Wake* —6C **56**
Purbeck Ct. H Wd —5A **36**
 (off Dorchester Cres.)
Pymont Ct. *Loft* —2E **59**
Pymont Dri. *W'ford* —2A **54**
Pymont Gro. *W'ford* —2B **54**
Pym St. *Leeds* —2H **41**

Quakers La. *Rawd* —4D **8**
Quarrie Dene Ct. *Leeds* —5G **21**
Quarry Bank Ct. *Leeds* —5F **19**
Quarry Cotts. *H'fth* —2B **18**
Quarry Dene. *Leeds* —3B **20**
Quarryfield Ter. *E Ard* —4H **57**
Quarry Gdns. *Leeds* —3E **13**
Quarry Hill. —5H 31 (5H 5)
Quarry Hill. Far —2F **27**
 (off Wesley St.)
Quarry Ho. *Leeds* —5A **32** (5H **5**)
Quarry La. *Dew* —5A **56**
Quarry La. *Morl* —6H **49**
Quarry Mt. Yead —2E **9**
 (off King St.)
Quarry Mt. Pl. *Leeds* —1E **31**
Quarry Mt. St. *Leeds* —1E **31**
Quarry Mt. Ter. *Leeds* —1E **31**
Quarry Pl. *Leeds* —2E **31**
Quarry Rd. *W'ford* —3D **54**
Quarry St. *Leeds* —2E **31**
Quarry Ter. *H'fth* —2B **18**
Quarry, The. *Leeds* —3E **13**
Quayside, The. *App B* —3A **16**
Quebec St. *Leeds* —6F **31** (5D **4**)
Queen's Arc. *Leeds* —5G **31** (5E **5**)
Queensbury Av. *Out* —6E **59**
Queen's Ct. *Leeds* —3G **21**
Queen's Ct. *Leeds* —6F **5**
Queens Ct. *Moort* —2G **21**
Queens Dri. *Carl* —6F **53**
Queens Dri. *Morl* —6F **49**
Queens Gro. *Morl* —6F **49**
Queenshill App. *Leeds* —1G **21**
Queenshill Av. *Leeds* —1G **21**
Queenshill Clo. *Leeds* —1G **21**
Queenshill Ct. *Leeds* —1G **21**
Queenshill Cres. *Leeds* —6G **13**
Queenshill Dri. *Leeds* —1F **21**
Queenshill Gdns. *Leeds* —1F **21**
Queenshill Gth. *Leeds* —1G **21**
Queenshill Lawn. Leeds —1G 21
 (off Queenshill App.)
Queenshill Rd. *Leeds* —1G **21**
Queenshill Vw. *Leeds* —1G **21**
Queenshill Wlk. *Leeds* —1G **21**
Queenshill Way. *Leeds* —1G **21**
Queens Pde. *Guis* —4F **7**
Queen's Promenade. *Morl* —4G **49**
Queen Sq. *Leeds* —4G **31** (3D **4**)
Queen's Rd. *Leeds* —3C **30**
Queens Rd. *Morl* —6F **49**
Queensthorpe Av. *Leeds* —5D **28**
Queensthorpe Clo. *Leeds* —5E **29**
Queensthorpe Ri. *Leeds* —5D **28**
Queen St. *Carl* —6F **53**
Queen St. *E Ard* —3H **57**
Queen St. *Gre* —4A **16**
Queen St. *H'let* —5C **42**
Queen St. *Leeds* —6E **31** (5B **4**)
Queen St. *Morl* —4G **49**
 (in two parts)
Queen St. *Rawd* —5D **8**
Queensview. *Leeds* —6B **24**
Queen's Wlk. *Leeds* —5G **19**
Queensway. *Guis & Yead* —4G **7**

Queensway. *Leeds* —5C **34**
Queensway. *Morl* —5G **49**
Queensway. *Rothw* —3G **53**
Queenswood Clo. *Leeds* —5G **19**
Queenswood Ct. *Leeds* —1A **30**
Queenswood Dri. *Leeds* —4G **19**
Queenswood Gdns. *Leeds* —1A **30**
Queenswood Grn. *Leeds* —4G **19**
Queenswood Heights. *Leeds* —6A **20**
Queenswood Mt. *Leeds* —6H **19**
Queenswood Ri. *Leeds* —6H **19**
Queenswood Rd. *Leeds* —6H **19**

Raby Av. *Leeds* —2H **31**
Raby St. *Leeds* —2H **31**
Raby Ter. *Leeds* —2H **31**
Radcliffe Gdns. *Pud* —1G **37**
Radcliffe Gro. *Pud* —1G **37**
Radcliffe La. *Pud* —6G **27**
Radcliffe Ter. *Pud* —1G **37**
Radnor St. *Leeds* —1C **40**
Rae Ct. *Stan* —6G **59**
Raglan Dri. *Leeds* —6A **26**
Raglan Rd. *Leeds* —2E **31**
 (in two parts)
Raglan St. *B'frd* —6A **26**
Raglan Ter. *B'frd* —6A **26**
Raikes Av. *Birs* —6H **47**
Raikes La. *B'frd* —5C **36**
Raikes La. *E Bier* —1A **46**
Raikes Wood Dri. *E Bier* —2A **46**
Railsfield Mt. *Leeds* —4C **28**
Railsfield Ri. *Leeds* —4C **28**
Railsfield Way. *Leeds* —3D **28**
Railway Rd. *C'gts* —3C **34**
 (in two parts)
Railway St. *Leeds* —6A **32** (6H **5**)
Railway Ter. *E Ard* —2G **57**
Railway Ter. *Wake* —6C **58**
Raincliffe Gro. *Leeds* —5C **32**
Raincliffe Mt. *Leeds* —6C **32**
Raincliffe Rd. *Leeds* —5C **32**
Raincliffe St. *Leeds* —5C **32**
Raincliffe Ter. *Leeds* —6C **32**
Rakehill Rd. *Bar E* —4H **25**
Rakehill Rd. *Scholes* —4F **25**
 (in three parts)
Rampart Rd. *Leeds* —2E **31**
Ramsgate. *Loft* —2D **58**
Ramsgate Cres. *Loft* —2D **58**
Ramshead App. *Leeds* —5A **24**
Ramshead Clo. *Leeds* —4A **24**
Ramshead Cres. *Leeds* —4A **24**
Ramshead Dri. *Leeds* —4H **23**
Ramshead Gdns. *Leeds* —4H **23**
Ramshead Gro. *Leeds* —5A **24**
Ramshead Heights. *Leeds* —5A **24**
 (in two parts)
Ramshead Hill. *Leeds* —5A **24**
Ramshead Pl. *Leeds* —5A **24**
Ramshead Vw. *Leeds* —5A **24**
Randolph St. *B'frd* —6A **26**
Randolph St. *Leeds* —3A **28**
Ranelagh Av. *B'frd* —6A **16**
Rathmell Rd. *Leeds* —6G **33**
Ravenham Wlk. B'frd —5A 36
 (off Launceston Dri.)
Raven Rd. *Leeds* —1C **30**
Ravenscar Av. *Leeds* —5C **22**
Ravenscar Mt. *Leeds* —5C **22**
Ravenscar Ter. *Leeds* —5C **22**
Ravenscar Vw. *Leeds* —5C **22**
Ravenscar Wlk. *Leeds* —5C **22**
Ravenscliffe. —1A 26
Ravenscliffe Av. *B'frd* —6A **16**
Ravenscliffe Rd. *C'ley* —5B **16**
Ravens Mt. *Pud* —6H **27**
Ravensworth Clo. *Leeds* —2F **35**
Ravensworth Way. *Leeds* —2F **35**
Rawdon. —5E 9
Rawdon Dri. *Rawd* —6D **8**
Rawdon Hall Dri. *Rawd* —6D **8**
Rawdon Rd. *H'fth* —1G **17**
Rawfolds Av. *Birs* —6H **47**
Rawling Way. *Leeds* —6E **21**
Rawson Av. *B'frd* —4A **26**
Rawson Ter. *Leeds* —4G **41**
Raygill Clo. *Leeds* —4D **14**
Raylands Clo. *Leeds* —3B **52**
Raylands Ct. *Leeds* —3B **52**
Raylands Fold. *Leeds* —3B **52**

Raylands Gth. *Leeds* —3B **52**
Raylands La. *Leeds* —3B **52**
Raylands Pl. *Leeds* —3B **52**
Raylands Rd. *Leeds* —3B **52**
Raylands Way. *Leeds* —4A **52**
Raynel App. *Leeds* —6G **11**
Raynel Clo. *Leeds* —5F **11**
Raynel Dri. *Leeds* —6G **11**
Raynel Gdns. *Leeds* —5G **11**
Raynel Gro. *Leeds* —6G **11**
Raynel Grn. *Leeds* —6G **11**
Raynel Mt. *Leeds* —5G **11**
Raynel Way. *Leeds* —5F **11**
Raynville App. *Leeds* —3E **29**
Raynville Av. *Leeds* —2E **29**
Raynville Clo. *Leeds* —2E **29**
Raynville Cres. *Leeds* —3F **29**
Raynville Dene. *Leeds* —2F **29**
Raynville Grange. Leeds —3E 29
 (off Raynville Rd.)
Raynville Grn. *Leeds* —3E **29**
Raynville Gro. *Leeds* —2E **29**
Raynville Mt. *Leeds* —2E **29**
Raynville Pl. *Leeds* —3E **29**
Raynville Ri. *Leeds* —3E **29**
Raynville Rd. *Leeds* —2D **28**
Raynville St. *Leeds* —2E **29**
Raynville Ter. *Leeds* —2E **29**
Raynville Wlk. *Leeds* —3E **29**
Raywood Clo. *Yead* —1C **8**
Recreation Cres. *Leeds* —3D **40**
Recreation Gro. *Leeds* —3D **40**
Recreation Mt. *Leeds* —3D **40**
Recreation Pl. *Leeds* —3D **40**
Recreation Rd. *Leeds* —5D **40**
Recreation Row. *Leeds* —3D **40**
Recreation St. *Leeds* —3D **40**
Recreation Ter. *Leeds* —3D **40**
Recreation Vw. *Leeds* —3D **40**
Rectory St. *Leeds* —4A **32**
Redbeck Cotts. *H'fth* —3G **17**
Redcar Rd. *B'frd* —5A **16**
Redcote La. *Leeds* —5H **29**
 (in two parts)
Redesdale Gdns. *Leeds* —6G **11**
Red Hall App. *Leeds* —2A **24**
Red Hall Av. *Leeds* —2H **23**
Red Hall Chase. *Leeds* —2A **24**
Redhall Clo. *Leeds* —6C **40**
Red Hall Ct. *Leeds* —2A **24**
Redhall Cres. *Leeds* —6C **40**
Red Hall Cft. *Leeds* —2A **24**
Red Hall Dri. *Leeds* —2A **24**
Red Hall Gdns. *Leeds* —2H **23**
Red Hall Ga. *Leeds* —6C **40**
Red Hall Grn. *Leeds* —2A **24**
Red Hall La. *Leeds* —2H **23**
Red Hall Va. *Leeds* —3A **24**
Red Hall Vw. *Leeds* —2A **24**
Red Hall Wlk. *Leeds* —2A **24**
Red Hall Way. *Leeds* —2A **24**
Redhill Av. *Ting* —6C **56**
Redhill Clo. *Ting* —6C **56**
Redhill Cres. *Ting* —6C **56**
Redhill Dri. *Ting* —6C **56**
Redhouse La. *Leeds* —4A **22**
Red La. *Fars* —2E **27**
Red Lodge Clo. *Leeds* —1F **33**
Redmire Ct. *Leeds* —1A **34**
Redmire Dri. *Leeds* —1A **34**
Redmire St. *B'frd* —6A **26**
Redmire Vw. *Leeds* —1A **34**
Redshaw Rd. *Leeds* —1B **40**
Redvers Clo. *Leeds* —2G **19**
Redwood Av. *Ting* —3E **57**
Redwood Clo. *Rothw* —3E **55**
Redwood Gro. *Yead* —2C **8**
Redwood Gro. *Yead* —2B **8**
Redwood Way. *Yead* —2B **8**
Reedling Dri. *Morl* —6A **50**
Reed Rd. *Leeds* —1C **40**
Reedsdale Av. *Gild* —2C **48**
Reedsdale Dri. *Gild* —2C **48**
Reedsdale Gdns. *Gild* —2C **48**
Regal Pde. *Leeds* —3B **34**
Regency Ct. *Leeds* —1C **30**
Regency Gdns. *Ting* —3E **57**
Regency Pk. Gro. *Pud* —2G **37**
Regency Pk. Rd. *Pud* —2G **37**

Regent Av.—Roydstone Rd.

Regent Av. *H'fth* —4C **18**
Regent Clo. *H'fth* —4C **18**
Regent Ct. *H'fth* —4C **18**
Regent Ct. *Leeds* —6F **5**
Regent Cres. *H'fth* —4B **18**
Regent Pk. Av. *Leeds* —1D **30**
Regent Pk. Cross Av. Leeds —1D **30**
(off Regent Pk. Av.)
Regent Pk. Ter. *Leeds* —1D **30**
Regent Rd. *H'fth* —4B **18**
Regent St. *Chap A* —4H **21**
Regent St. *Gre* —4A **16**
Regent St. *Leeds* —5H **31** (4H **5**)
Regent Ter. *Chap A* —4H **21**
Regent Ter. *Leeds* —3D **30**
Regina Dri. *Leeds* —5H **21**
Regina Ho. *Leeds* —5D **28**
Reginald Mt. *Leeds* —1H **31**
Reginald Pl. *Leeds* —1H **31**
Reginald Row. *Leeds* —1H **31**
Reginald St. *Leeds* —1H **31**
Reginald Ter. *Leeds* —1H **31**
Reginald Vw. *Leeds* —1H **31**
Reighton Cft. *B'frd* —5A **16**
Rein Gdns. *Ting* —3A **56**
Rein M. *Ting* —3A **56**
Rein Rd. *H'fth* —5B **18**
(in two parts)
Rein Rd. *Morl & Ting* —2A **56**
Rein St. *Morl* —2A **56**
Rein, The. *Leeds* —5H **23**
Reinwood Av. *Leeds* —6F **23**
Rembrandt Av. *Wake* —3D **56**
Rembrant Av. *Wake* —3D **56**
Renton Av. *Guis* —4F **7**
Renton Dri. *Guis* —5F **7**
Renton Lea. *Guis* —5F **7**
Restmore Av. *Guis* —2F **7**
Revie Rd. *Leeds* —4D **40**
Revie Rd. Ind. Est. *Leeds* —4D **40**
Rhodes Gdns. *Loft* —5E **59**
Rhodes Ter. *Leeds* —1C **40**
Riccall Nook. *B'frd* —5A **16**
Richardshaw Dri. *S'ley* —4G **27**
Richardshaw La. *S'ley* —4G **27**
Richardshaw Rd. *S'ley* —4G **27**
Richardson Cres. *Leeds* —6D **32**
Richardson Rd. *Leeds* —6D **32**
Richmond Av. *Leeds* —1C **30**
Richmond Clo. *Bmly* —3A **28**
Richmond Clo. *Morl* —6G **49**
Richmond Clo. *Rothw* —3H **53**
Richmond Ct. *Leeds* —6B **32**
Richmond Ct. *Rothw* —3H **53**
Richmond Cft. *Leeds* —6B **32**
Richmond Gdns. *Pud* —6A **28**
Richmond Gro. *Gom* —6D **46**
Richmond Hill. —6B 32
Richmond Hill App. *Leeds* —6A **32**
Richmond Hill Clo. *Leeds* —6A **32**
Richmond Ho. Leeds —1D **22**
(off Street La.)
Richmond Mt. *Leeds* —1C **30**
Richmond Rd. *Fars* —3E **27**
Richmond Rd. *Leeds* —1C **30**
Richmond St. *Leeds* —6A **32**
Richmond Ter. *Guis* —4F **7**
Richmond Ter. *Pud* —6A **28**
Rickard St. *Leeds* —1D **40**
Rider Rd. *Leeds* —1F **31**
Rider St. *Leeds* —5A **32** (4H **5**)
Ridge Clo. *Guis* —5E **7**
Ridge Gro. *Leeds* —6E **21**
Ridge Mt. *Leeds* —1E **31**
Ridge Rd. *Leeds* —1F **31**
Ridge Ter. *Leeds* —6C **20**
Ridge Vw. *Leeds* —5C **28**
Ridgeway. *Guis* —5D **6**
Ridge Way. *Leeds* —5B **22**
Ridge Way Clo. *Leeds* —5B **22**
Ridgeway Ter. Leeds —1E **31**
(off Delph La.)
Ridings Clo. *Loft* —5D **58**
Ridings Ct. *Loft* —5D **58**
Ridings Gdns. *Loft* —5D **58**
Ridings La. *Loft* —5D **58**
Ridings M. *Loft* —5D **58**
Ridings Way. *Loft G* —5D **58**
Rigton App. *Leeds* —5A **32**
Rigton Clo. *Leeds* —5B **32**
Rigton Dri. *Leeds* —5A **32**
Rigton Grn. *Leeds* —5A **32**

Rigton Lawn. *Leeds* —5A **32**
Rigton M. *Leeds* —5A **32**
Rillbank La. *Leeds* —4D **30**
Rillbank St. *Leeds* —4D **30**
(off Rillbank La.)
Rillington Mead. *B'frd* —5A **16**
Rimswell Holt. *B'frd* —5A **16**
Ring Rd. Adel. *Adel* —1B **20**
Ring Rd. Beeston. *Leeds* —3A **40**
Ring Rd. Beeston Pk. *Leeds* —1E **51**
Ring Rd. Bramley. *Bmly* —5D **28**
Ring Rd. Cross Gates. *Leeds* —2C **34**
Ring Rd. Farnley. *Leeds* —6D **28**
Ring Rd. Farsley. *Far* —3D **26**
Ring Rd. Halton. *Leeds* —4C **34**
Ring Rd. Horsforth. *H'fth* —3E **19**
Ring Rd. Lwr. Wortley. *Lwr W*
—1F **39**
Ring Rd. Meanwood. *Mean* —1C **20**
Ring Rd. Middleton. *Midd* —4H **51**
Ring Rd. Moortown. *Moort* —1E **21**
Ring Rd. Seacroft. *Leeds* —3H **23**
Ring Rd. Seacroft. *Seac* —6B **24**
Ring Rd. Shadwell. *Shad* —6E **15**
Ring Rd. Weetwood. *Weet* —2H **19**
Ring Rd. W. Pk. *W Park* —2F **19**
Ringwood Av. *Leeds* —3H **23**
Ringwood Ct. *Out* —6F **59**
Ringwood Cres. *Leeds* —2A **24**
Ringwood Dri. *Leeds* —3A **24**
Ringwood Gdns. *Leeds* —3A **24**
Ringwood Mt. *Leeds* —3A **24**
Ripley La. *Guis* —2G **7**
Ripon Ho. *Far* —2F **27**
Rise, The. *Leeds* —6G **19**
Riverside Ct. *Leeds* —6F **5**
River Vw. *H'fth* —2B **18**
Riviera Gdns. *Leeds* —5G **21**
Roans Brae. *B'frd* —5A **16**
Robb Av. *Leeds* —6E **41**
Robb St. *Leeds* —6E **41**
Roberts Av. *Leeds* —3D **32**
Roberts Ct. *Leeds* —3D **32**
Robertsgate. *Loft* —2D **58**
Robertsgate Sq. Loft —2D **58**
(off Robertsgate)
Roberts Gro. *Leeds* —4D **32**
Roberts St. *W'ford* —3C **54**
Robin Chase. *Pud* —6H **27**
Robin Hood. —6D 52
Robin La. *Pud* —6G **27**
Robin's Gro. *Rothw* —4H **53**
Robinwood Ct. *Leeds* —2C **22**
Rocheford Clo. *Leeds* —4B **42**
Rocheford Ct. *Leeds* —4B **42**
Rocheford Gdns. *Leeds* —4B **42**
Rocheford Gro. *Leeds* —4B **42**
Rocheford Wlk. *Leeds* —4B **42**
Rochester Gdns. *Leeds* —2H **27**
Rochester Rd. *Birs* —6G **47**
Rochester Ter. *Leeds* —1B **30**
Rochester Wynd. *Leeds* —5C **14**
Rockery Cft. *H'fth* —1C **18**
Rockery Rd. *H'fth* —1C **18**
Rockfield. Yead —2E **9**
(off Rockfield Ter.)
Rockfield Ter. *Yead* —2E **9**
Rockingham Clo. *Leeds* —2F **35**
Rockingham Rd. *Leeds* —2F **35**
Rockingham Way. *Leeds* —2F **35**
Rock La. *Leeds* —1B **28**
Rock Ter. *Leeds* —5H **33**
Rock Ter. *Morl* —4H **49**
Rockville Ter. Yead —3E **9**
(off S. View Ter.)
Rockwood Cres. *C'ley* —3C **26**
Rockwood Gro. *C'ley* —2D **26**
Rockwood Hill Ct. *C'ley* —3C **26**
Rockwood Rd. *C'ley* —2C **26**
Roderick La. *Leeds* —6H **29**
Rodley. —6G 17
Rodley La. *C'ley* —5E **17**
Rodley La. *Rod* —1A **28**
Rods Vw. *Morl* —6H **49**
Rogers Ct. *Stan* —5H **59**
Rogers Pl. *Pud* —5H **27**
Rokeby Gdns. *B'frd* —5A **16**
Rokeby Gdns. *Leeds* —6A **20**
Roker La. *Pud* —2H **37**
Roker Lane Bottom. —3B 38
Roman Av. *Leeds* —1C **22**
Romanby Shaw. *B'frd* —5A **16**

Roman Ct. *Leeds* —1D **22**
Roman Cres. *Leeds* —1D **22**
Roman Dri. *Leeds* —1C **22**
Roman Gdns. *Leeds* —1C **22**
Roman Gro. *Leeds* —1C **22**
Roman Mt. *Leeds* —1C **22**
Roman Pl. *Leeds* —1D **22**
Roman Ter. *Leeds* —1C **22**
Roman Vw. *Leeds* —1D **22**
Rombalds Av. *Leeds* —5A **30**
Rombalds Ct. *Men* —1B **6**
Rombalds Cres. *Leeds* —4A **30**
Rombalds Gro. *Leeds* —5A **30**
Rombalds Pl. *Leeds* —4A **30**
Rombalds St. *Leeds* —4A **30**
Rombalds Ter. *Leeds* —5A **30**
Rombalds Vw. *Leeds* —4A **30**
Romford Av. *Morl* —6G **49**
Romney Mt. *Pud* —2A **38**
Romsey Gdns. *B'frd* —4A **36**
Romsey Rd. *B'frd* —4A **36**
Rona Cft. *Rothw* —4A **54**
Rook's Nest Rd. *Out & Stan* —6F **59**
Rookwith Pde. *Leeds* —5A **16**
Rookwood Av. *Leeds* —5E **33**
Rookwood Cres. *Leeds* —6E **33**
Rookwood Cft. *Leeds* —6E **33**
Rookwood Gdns. *Leeds* —6E **33**
Rookwood Hill. *Leeds* —5E **33**
Rookwood Mt. *Leeds* —5E **33**
Rookwood Pde. *Leeds* —5F **33**
Rookwood Pl. *Leeds* —5E **33**
Rookwood Rd. *Leeds* —5E **33**
Rookwood Sq. *Leeds* —5F **33**
Rookwood St. *Leeds* —6E **33**
Rookwood Ter. *Leeds* —5E **33**
Rookwood Va. *Leeds* —6E **33**
Rookwood Vw. *Leeds* —5E **33**
Rookwood Wlk. *Leeds* —5E **33**
Rooms. —1F 49
Rooms Fold. *Morl* —3G **49**
Rooms La. *Morl* —1F **49**
Roper Av. *Leeds* —3B **22**
Roper Gro. *Leeds* —3B **22**
Roscoe St. *Leeds* —3H **31** (1H **5**)
Roscoe Ter. *Leeds* —6H **29**
Roseate Grn. *Morl* —6A **50**
Rose Av. *H'fth* —4B **18**
Rosebank Cres. *Leeds* —3D **30**
Rosebank Gdns. *Leeds* —4D **30**
Rosebank Ho. Leeds —3D **30**
(off Belle Vue Rd.)
Rosebank Rd. *Leeds* —4D **30**
Rosebank Row. *Leeds* —4D **30**
Rosebery St. *Pud* —5E **27**
Rosebery Ter. *S'ley* —3H **27**
Rosebud Wlk. *Leeds* —3A **32**
Rosecliffe Mt. *Leeds* —2B **28**
Rosecliffe Ter. *Leeds* —3C **28**
Rosedale. *Rothw* —3H **53**
Rosedale Bank. *Leeds* —6H **41**
Rosedale Gdns. *Leeds* —6H **41**
(in two parts)
Rosedale Grn. *Leeds* —6H **41**
Rosedale Vw. *Leeds* —6H **41**
Rose Gro. *Rothw* —3F **53**
Rosemont Av. *Leeds* —3C **28**
Rosemont Av. *Pud* —5H **27**
Rosemont Dri. *Pud* —5H **27**
Rosemont Gro. *Leeds* —3C **28**
Rosemont Pl. *Leeds* —3C **28**
Rosemont Rd. *Leeds* —3C **28**
Rosemont St. *Leeds* —3C **28**
Rosemont Ter. *Leeds* —3C **28**
Rosemont Ter. *Pud* —5H **27**
Rosemont Vw. *Leeds* —3B **28**
Rosemont Vs. *Pud* —5H **27**
Rosemont Wlk. *Leeds* —3C **28**
Rose Mt. *B'frd* —1C **46**
Rosemount. Leeds —5G **21**
(off Henconner La.)
Rose Mt. Pl. *Leeds* —1B **40**
Roseneath Pl. *Leeds* —1B **40**
Roseneath St. *Leeds* —1B **40**
Roseneath Ter. *Leeds* —1B **40**
Rose St. *H'fth* —3B **18**
Rose Ter. *H'fth* —3A **18**
Roseville Av. *Leeds* —3A **32** (1H **5**)
Roseville St. *Leeds* —3A **32**
Roseville Ter. *Leeds* —2D **34**
(off Church La.)

Roseville Way. *Leeds* —3A **32**
Rosewood Ct. *Rothw* —2H **53**
Rosewood Gro. *B'frd* —2A **36**
Rosgill Dri. *Leeds* —6H **23**
Rosgill Grn. *Leeds* —6A **24**
Rosgill Wlk. *Leeds* —6H **23**
Rossall Rd. *Leeds* —1B **32**
Rossefield App. *Leeds* —4D **28**
Rossefield Av. *Leeds* —3D **28**
Rossefield Chase. *Leeds* —3D **28**
Rossefield Clo. *Leeds* —3D **28**
Rossefield Dri. *Leeds* —3D **28**
Rossefield Gdns. *Leeds* —3D **28**
Rossefield Gth. *Leeds* —3D **28**
Rossefield Grn. Leeds —3D **28**
(off Rossefield Dri.)
Rossefield Lawn. *Leeds* —3D **28**
Rossefield Pde. Leeds —3D **28**
(off Rossefield Gro.)
Rossefield Pl. *Leeds* —3D **28**
Rossefield Ter. *Leeds* —3D **28**
Rossefield Vw. *Leeds* —3D **28**
Rossefield Wlk. *Leeds* —3D **28**
Rossefield Way. *Leeds* —3D **28**
Ross Gro. *Leeds* —1A **28**
Rossington Gro. *Leeds* —1A **32**
Rossington Pl. *Leeds* —1A **32**
Rossington Rd. *Leeds* —6C **22**
Rossington St. *Leeds* —5F **31** (4D **4**)
Ross Ter. *Leeds* —1A **28**
Rothbury Gdns. *Leeds* —6H **11**
Rothwell. —4G 53
Rothwell Haigh. —2G 53
Rothwell La. *Oult* —3A **54**
Roundhay. —2C 22
Roundhay Av. *Leeds* —6B **22**
Roundhay Cvn. & Camping Pk. *Leeds*
—3F **23**
Roundhay Cres. *Leeds* —6B **22**
Roundhay Gdns. *Leeds* —6B **22**
Roundhay Gro. *Leeds* —6B **22**
Roundhay Mt. *Leeds* —1B **32**
Roundhay Park. —3E **23**
Roundhay Pk. La. *Leeds* —4D **14**
Roundhay Pl. *Leeds* —6B **22**
Roundhay Rd. *Leeds* —3H **31** (1H **5**)
Roundhay Vw. *Leeds* —6B **22**
Roundhead Fold. *App B* —3A **16**
Roundway, The. *Morl* —5E **49**
Roundwood Av. *B'frd* —6A **16**
Roundwood Glen. *B'frd* —6A **16**
Roundwood Vw. *B'frd* —5A **16**
Rowan Av. *B'frd* —6A **26**
Rowan Ct. *Rawd* —4D **8**
Rowan Ct. *Rothw* —3E **55**
Rowans, The. *Leeds* —2H **27**
Rowland Pl. *Leeds* —4F **41**
Rowland Rd. *Leeds* —4F **41**
Rowland Ter. *Leeds* —4F **41**
Rowlestone Ri. *B'frd* —6A **16**
Row, The. *Rawd* —5C **8**
Rowton Thorpe. *B'frd* —5A **16**
Roxby Clo. *Leeds* —4A **32**
Roxholme Av. *Leeds* —6A **22**
Roxholme Gro. *Leeds* —6A **22**
Roxholme Pl. *Leeds* —6A **22**
Roxholme Rd. *Leeds* —6A **22**
Roxholme Ter. *Leeds* —6A **22**
Royal Armouries Museum. —1H **41**
Royal Clo. *Leeds* —5H **41**
Royal Ct. *Leeds* —5H **41**
Royal Dri. *Leeds* —5H **41**
Royal Gdns. *Leeds* —5H **41**
Royal Gro. *Leeds* —5H **41**
Royal Pk. Av. *Leeds* —3D **30**
Royal Pk. Gro. *Leeds* —2D **30**
Royal Pk. Mt. *Leeds* —2D **30**
Royal Pk. Rd. *Leeds* —3D **30**
Royal Pk. Ter. *Leeds* —3D **30**
Royal Pk. Vw. *Leeds* —2D **30**
Royal Pl. *Leeds* —5H **41**
Royds Av. *B'shaw* —4D **46**
Royds Clo. *Leeds* —3A **40**
Royds Ct. Rothw —4H **53**
(off Marsh St.)
Royds Farm Rd. *Leeds* —5A **40**
Royds Gro. *Wake* —6E **59**
Royds Hall Rd. *Leeds* —4A **40**
Royds La. *Leeds* —3A **40**
Royds La. *Rothw* —5H **41**
Roydstone Rd. *B'frd* —5A **26**

Roydstone Ter.—Saw Mill St.

Roydstone Ter. *B'frd* —5A **26**
Royd Vw. *Pud* —1E **37**
Royston Clo. *E Ard* —5H **57**
Royston Hill. *E Ard* —5H **57**
Ruby St. *Leeds* —4A **32** (2H **5**)
Rufford Av. *Yead* —3D **8**
Rufford Bank. *Yead* —3E **9**
Rufford Clo. *Yead* —3E **9**
Rufford Cres. *Yead* —3E **9**
Rufford Dri. *Yead* —3E **9**
Rufford Park. —3E 9
Rufford Ridge. *Yead* —3E **9**
Rufford Ri. *Yead* —3D **8**
Rugby League Hall of Fame. —5C **54**
Runswick Av. *Leeds* —2D **40**
Runswick Pl. *Leeds* —2D **40**
Runswick St. *Leeds* —2D **40**
Runswick Ter. *Leeds* —2E **41**
Rushmoor Rd. *B'frd* —4A **36**
Rusholme Dri. *Fars* —2E **27**
Rushton Av. *B'frd* —5A **26**
Rushton Rd. *B'frd* —5A **26**
Rushton St. *C'ley* —5D **16**
Rushton Ter. *B'frd* —6A **26**
Ruskin Cres. *Guis* —1B **8**
Ruskin St. *S'ley* —4E **27**
Russell Gro. *B'shaw* —4D **46**
Russell Gro. *Leeds* —1B **32**
Russell St. *Leeds* —5F **31** (5D **4**)
Ruswarp Cres. *B'frd* —5A **16**
Ruthven Vw. *Leeds* —2C **32**
Rutland Clo. *W'ford* —3D **54**
*Rutland Ct. Pud —5G 27
  (off Richardshaw La.)*
Rutland Mt. *Leeds* —5D **30** (4A **4**)
Rutland St. *Leeds* —5E **31** (4A **4**)
Rutland Ter. *Leeds* —5D **30** (4A **4**)
Ryan Pl. *Leeds* —1C **32**
Rycroft Av. *Leeds* —4A **28**
Rycroft Clo. *Leeds* —4B **28**
Rycroft Ct. *Leeds* —4B **28**
Rycroft Dri. *Leeds* —4B **28**
Rycroft Grn. *Leeds* —4B **28**
Rycroft Pl. *Leeds* —4B **28**
Rycroft Sq. *Leeds* —4B **28**
Rycroft Towers. *Leeds* —4A **28**
Rydal Dri. *Morl* —4B **50**
Rydall Pl. *Leeds* —2D **40**
Rydall St. *Leeds* —2D **40**
Rydall Ter. *Leeds* —2D **40**
Ryder Gdns. *Leeds* —4C **22**
Ryecroft Clo. *Wake* —6E **59**
Ryedale Av. *Leeds* —3H **39**
Ryedale Ct. *Leeds* —6H **23**
Ryedale Holt. *Leeds* —2A **40**
Ryedale Way. *Ting* —4C **56**
Rye Pl. *Leeds* —4H **33**
Ryton Dale. *B'frd* —5A **16**

Sackville App. *Leeds* —2G **31**
Sackville St. *Leeds* —3G **31**
Sackville Ter. *Leeds* —3G **31**
Sadler Clo. *Leeds* —5A **12**
Sadler Copse. *Leeds* —5A **12**
Sadler Way. *Leeds* —5A **12**
*Sagar Pl. Leeds —1B 30
  (off St Michael's Rd.)*
St Alban App. *Leeds* —4E **33**
St Alban Clo. *Leeds* —4E **33**
St Alban Cres. *Leeds* —4E **33**
St Alban Gro. *Leeds* —4E **33**
St Alban Mt. *Leeds* —4E **33**
St Alban Rd. *Leeds* —4E **33**
St Alban's Pl. *Leeds* —4G **31** (3F **5**)
St Alban Vw. *Leeds* —4E **33**
St Andrews Av. *Morl* —6E **49**
St Andrew's Clo. *Leeds* —6G **17**
St Andrews Clo. *Morl* —6E **49**
St Andrew's Clo. *Yead* —1E **9**
*St Andrew's Ct. Leeds —5D 30
  (off Cavendish St.)*
*St Andrew's Ct. Yead —1E 9
  (off St Andrew's Rd.)*
St Andrew's Cft. *Leeds* —5F **13**
St Andrews Dri. *Leeds* —5G **13**
St Andrews Gro. *Morl* —6F **49**
St Andrew's Pl. *Leeds* —5D **30**
St Andrew's Rd. *Yead* —1E **9**
St Andrews Wlk. *Leeds* —5G **13**
St Anne's Dri. *Leeds* —1A **30**

St Anne's Grn. *Leeds* —1A **30**
St Anne's Rd. *Leeds* —6A **20**
St Ann's Av. *Leeds* —3B **30**
St Ann's Clo. *Leeds* —2A **30**
St Ann's Gdns. *Leeds* —2A **30**
St Ann's La. *Leeds* —1A **30**
St Ann's Mt. *Leeds* —2B **30**
St Ann's Ri. *Leeds* —2H **29**
St Ann's Sq. *Head* —2A **30**
St Ann St. *Leeds* —5F **31** (4D **4**)
St Ann's Way. *Leeds* —2A **30**
St Anthony's Dri. *Leeds* —5D **40**
St Anthony's Rd. *Leeds* —5D **40**
St Anthony's Ter. *Leeds* —6C **40**
*St Augustines Ct. Leeds —2B 32
  (off Harehills Pl.)*
St Barnabas Rd. *Leeds* —1F **41**
St Bartholomews Clo. *Leeds* —6A **30**
St Catherines Cres. *Leeds* —1D **28**
St Catherine's Dri. *Leeds* —1D **28**
St Catherines Grn. *Leeds* —1D **28**
St Catherine's Hill. *Leeds* —1D **28**
St Catherines Wlk. *Leeds* —5C **22**
St Chad's Av. *Leeds* —5A **20**
St Chad's Dri. *Leeds* —5A **20**
St Chad's Gro. *Leeds* —5A **20**
St Chads Pl. *Leeds* —5B **20**
St Chad's Ri. *Leeds* —5A **20**
St Chads Rd. *Leeds* —5B **20**
St Chad's Vw. *Leeds* —6A **20**
St Christopher's Av. *Rothw* —4H **53**
St Clare's Av. *B'frd* —3A **26**
St Clements Av. *Rothw* —5G **53**
St Clements Clo. *Rothw* —5F **53**
St Clements Ri. *Rothw* —4F **53**
St Cyprian's Gdns. *Leeds* —3D **32**
St Elmo Gro. *Leeds* —5C **32**
St Francis Pl. *Leeds* —1F **41**
St George's Av. *Rothw* —2E **53**
St George's Cres. *Rothw* —2E **53**
St George's Rd. *Leeds*
            —4F **31** (3C **4**)
St Helens App. *Leeds* —6B **12**
St Helens Clo. *Leeds* —6B **12**
  (in two parts)
St Helens Cft. *Leeds* —6A **12**
St Helens Gdns. *Leeds* —6A **12**
St Helens Gro. *Leeds* —6A **12**
St Helens La. *Leeds* —6H **11**
St Helen's St. *Leeds* —2H **41**
St Helens Way. *Leeds* —6B **12**
St Hilda's Av. *Leeds* —1B **42**
St Hilda's Cres. *Leeds* —1B **42**
St Hilda's Gro. *Leeds* —1B **42**
St Hilda's Mt. *Leeds* —1B **42**
St Hilda's Pl. *Leeds* —1B **42**
St Hilda's Rd. *Leeds* —1B **42**
St Hilda's Ter. *B'frd* —5A **26**
St Ives Gro. *Leeds* —5G **29**
St Ives Mt. *Leeds* —5G **29**
St James App. *Leeds* —1A **34**
St James Clo. *Leeds* —5F **29**
St James Cres. *Pud* —6D **26**
St James Dri. *H'fth* —2D **18**
St James M. *Leeds* —5F **29**
St James's Ct. *Leeds* —3A **32**
St James Ter. *H'fth* —2D **18**
St James Wlk. *H'fth* —2D **18**
St John's Av. *Fars* —3F **27**
St John's Av. *Leeds* —3D **30**
St John's Cen. *Leeds* —5G **31** (4E **5**)
St John's Clo. *Leeds* —3D **30**
St John's Ct. *Leeds* —1H **31**
St John's Ct. *Yead* —3C **8**
St John's Dri. *Yead* —3C **8**
St John's Gro. *Leeds* —3D **30**
St John's Pk. *Men* —1B **6**
St John's Pl. *B'shaw* —3C **46**
St John's Rd. *Leeds* —4D **30**
St John's Rd. *Yead* —3C **8**
St John's Ter. *Leeds* —3D **30**
St John's Way. *Yead* —3C **8**
St John's Yd. *Oult* —4C **54**
St Lawrence Clo. *Pud* —6F **27**
St Lawrence Ter. *Pud* —6G **27**
St Luke's Cres. *Leeds* —3E **41**
St Luke's Grn. *Leeds* —3E **41**
St Luke's Rd. *Leeds* —3E **41**
St Luke's St. *Leeds* —3E **41**

St Luke's Vw. *Leeds* —3E **41**
St Margaret's Av. *B'frd* —5A **36**
St Margaret's Av. *H'fth* —2B **18**
St Margaret's Av. *Leeds* —5C **22**
St Margaret's Clo. *H'fth* —1B **18**
St Margaret's Dri. *H'fth* —1B **18**
St Margaret's Dri. *Leeds* —5C **22**
St Margaret's Gro. *Leeds* —5C **22**
St Margaret's Rd. *H'fth* —1B **18**
St Margaret's Vw. *Leeds* —5C **22**
St Mark's Av. *Leeds* —3E **31**
*St Mark's Flats. Leeds —2E 31
  (off Low Clo. St.)*
St Mark's Rd. *Leeds* —2E **31**
  (in two parts)
St Mark's St. *Leeds* —3E **31**
St Martin's Av. *Leeds* —6G **21**
St Martin's Cres. *Leeds* —6H **21**
St Martin's Dri. *Leeds* —5H **21**
St Martin's Gdns. *Leeds* —6G **21**
St Martin's Gro. *Leeds* —6H **21**
St Martin's Rd. *Leeds* —6H **21**
St Martin's Ter. *Leeds* —6H **21**
St Martin's Vw. *Leeds* —6H **21**
St Mary's Av. *Swil* —6G **45**
St Mary's Clo. *Leeds* —1B **40**
St Mary's Clo. *Pott* —6H **21**
St Mary's Ct. *Leeds* —5H **21**
St Mary's Pk. App. *Leeds* —5F **29**
St Mary's Pk. Ct. *Leeds* —5F **29**
St Mary's Pk. Cres. *Leeds* —5F **29**
St Mary's Pk. Grn. *Leeds* —5F **29**
St Mary's Rd. *Leeds* —6H **21**
St Mary's Sq. *Morl* —5G **49**
St Mary's St. *Leeds* —5H **31** (4H **5**)
St Matthew's St. *Leeds* —2E **41**
St Matthews Wlk. *Leeds* —3G **21**
St Matthias Gro. *Leeds* —3B **30**
St Matthias St. *Leeds* —4B **30**
  (in two parts)
St Matthias Ter. *Leeds* —3B **30**
St Michael Ct. *Leeds* —2C **28**
St Michael's Ct. *Leeds* —6B **20**
St Michael's Cres. *Leeds* —1B **30**
St Michael's Gro. *Leeds* —1B **30**
St Michael's La. *Leeds* —2A **30**
St Michael's Rd. *Leeds* —1B **30**
St Michael's Ter. *Leeds* —1B **30**
*St Michael's Vs. Leeds —1B 30
  (off St Michael's Cres.)*
St Oswald's Gth. *Guis* —4H **7**
St Oswald's Ter. *Guis* —4G **7**
St Paul's Pl. *Leeds* —5F **31** (5C **4**)
St Paul's Rd. *B'shaw* —4D **46**
St Paul's St. *Leeds* —5E **31** (5B **4**)
St Paul's St. *Morl* —6H **49**
St Peter's Av. *Rothw* —4H **53**
St Peter's Ct. *Leeds* —3G **41**
  (LS11)
St Peter's Ct. *Leeds* —2D **28**
  (LS13)
St Peter's Cres. *Morl* —3G **49**
St Peter's Gdns. *Leeds* —2C **28**
St Peter's Mt. *Leeds* —3C **28**
St Peter's Pl. *Leeds* —5H **31** (5H **5**)
St Peter's Sq. *Leeds* —5H **31** (5H **5**)
St Peter's St. *Leeds* —5H **31** (5G **5**)
St Peter's Way. *Men* —1B **6**
St Philip's Av. *Leeds* —4F **51**
St Philip's Clo. *Leeds* —4F **51**
St Stephen's Ct. *Leeds* —5B **32**
St Stephen's Rd. *C'ley* —4C **16**
St Stephen's Rd. *Leeds* —5B **32**
St Thomas Row. *Leeds*
            —4H **31** (3G **5**)
St Vincent Rd. *Pud* —1G **37**
St Wilfrid's Av. *Leeds* —1C **32**
St Wilfrid's Cir. *Leeds* —2D **32**
St Wilfrid's Cres. *Leeds* —1D **32**
St Wilfrid's Dri. *Leeds* —1C **32**
St Wilfrid's Gth. *Leeds* —2D **32**
St Wilfrid's Gro. *Leeds* —1C **32**
St Wilfrid's St. *C'ley* —4D **16**
Salcombe Pl. *B'frd* —5A **36**
Salem Pl. *Leeds* —1G **41**
Salisbury Av. *Leeds* —5A **30**
Salisbury Ct. *H'fth* —2D **18**
Salisbury Gro. *Leeds* —5A **30**
Salisbury M. *H'fth* —2D **18**
Salisbury Pl. *C'ley* —4C **16**
Salisbury Rd. *Leeds* —5A **30**

Salisbury St. *C'ley* —5C **16**
Salisbury St. *Rawd* —5D **8**
Salisbury Ter. *Leeds* —5A **30**
Salisbury Vw. *H'fth* —2D **18**
Salisbury Vw. *Leeds* —5A **30**
Salmon Cres. *H'fth* —2C **18**
Samuel Dri. *Stan* —6G **59**
Sandacre Clo. *B'frd* —2A **26**
Sandbed Ct. *Leeds* —2D **34**
Sandbed La. *Leeds* —2D **34**
Sandbed Lawns. *Leeds* —2D **34**
Sanderling Gth. *Leeds* —4H **51**
Sanderling Way. *Leeds* —4H **51**
Sandfield Av. *Leeds* —5C **20**
Sandfield Gth. *Leeds* —5C **20**
*Sandfield Vw. Leeds —5C 20
  (off Sandfield Av.)*
Sandford. —6E 19
Sandford Pl. *Kirks* —1G **29**
Sandford Rd. *Leeds* —2H **29**
Sandgate Wlk. *B'frd* —6B **36**
Sandhill Ct. *Leeds* —6H **13**
Sandhill Cres. *Leeds* —5A **14**
Sandhill Dri. *Leeds* —5H **13**
Sandhill Gro. *Leeds* —4A **14**
Sand Hill La. *Leeds* —6H **13**
Sandhill Lawns. *Leeds* —6H **13**
Sandhill Mt. *Leeds* —4A **14**
Sandhill Oval. *Leeds* —4A **14**
Sandhurst Av. *Leeds* —2C **32**
Sandhurst Gro. *Leeds* —2C **32**
Sandhurst Mt. *Leeds* —1C **32**
Sandhurst Pl. *Leeds* —2C **32**
Sandhurst Rd. *Leeds* —2C **32**
Sandhurst St. *C'ley* —5C **16**
Sandhurst Ter. *Leeds* —2C **32**
Sandiford Clo. *Leeds* —2D **34**
Sandiford Ter. *Leeds* —2D **34**
Sandleas Way. *Leeds* —3F **35**
Sandlewood Clo. *Leeds* —2E **41**
Sandlewood Grn. *Leeds* —2F **41**
Sandmead Clo. *B'frd* —4A **36**
Sandmead Clo. *Morl* —3G **49**
Sandmead Cft. *Morl* —3G **49**
Sandmead Way. *Morl* —3G **49**
Sandmoor Av. *Leeds* —3H **13**
Sandmoor Chase. *Leeds* —4H **13**
Sandmoor Clo. *Leeds* —4H **13**
Sandmoor Ct. *Leeds* —4H **13**
Sandmoor Dri. *Leeds* —3H **13**
Sandmoor Grn. *Leeds* —3G **13**
Sandmoor La. *Leeds* —3H **13**
Sandmoor M. *Leeds* —4H **13**
Sandon Gro. *Leeds* —5A **42**
Sandon Mt. *Leeds* —5A **42**
Sandon Pl. *Leeds* —5A **42**
Sandpiper App. *Morl* —6A **50**
Sandringham App. *Leeds* —6A **14**
Sandringham Av. *Pud* —1G **37**
Sandringham Clo. *Morl* —4A **50**
Sandringham Ct. *Morl* —4A **50**
Sandringham Cres. *Leeds* —6H **13**
Sandringham Dri. *Leeds* —6H **13**
Sandringham Gdns. *Leeds* —6H **13**
Sandringham Grn. *Leeds* —5A **14**
Sandringham Mt. *Leeds* —6A **14**
Sandringham Way. *Leeds* —6H **13**
Sandstone Dri. *Leeds* —6C **28**
Sandway. *Leeds* —3B **34**
Sandway Gdns. *Leeds* —3B **34**
Sandway Gro. *Leeds* —3B **34**
Sandyacres. *Rothw* —3H **53**
Sandyacres Cres. *Rothw* —3H **53**
Sandyacres Dri. *Rothw* —3H **53**
Sandy Bank Av. *Rothw* —3H **53**
Sandygate Ter. *B'frd* —2A **36**
Sandy Gro. *Rothw* —3H **53**
Sandy Way. *Yead* —2D **8**
Sandywood Ct. *H'fth* —4C **18**
Sarah St. *E Ard* —3H **57**
Sardinia St. *Leeds* —2H **41**
Savile Av. *Leeds* —2H **31**
Savile M. *Leeds* —2H **31**
Savile Pk. Rd. *Cleck* —6A **46**
Savile Pl. *Leeds* —2H **31**
Savile Rd. *Leeds* —2H **31**
Saville Clo. *Loft* —2E **59**
Saville Grn. *Leeds* —5B **32**
*Saville's Sq. Morl —5G 49
  (off Queen St.)*
Saw Mill St. *Leeds* —1F **41**

Saxon Ct.—Somerville Grn.

Saxon Ct. *Leeds* —6F **13**
Saxon Ga. *Leeds* —1F **21**
Saxon Grn. *Leeds* —1E **21**
Saxon Gro. *Leeds* —6E **13**
Saxon Mt. *Leeds* —6F **13**
Saxon Rd. *Leeds* —1E **21**
Saxton Ho. *Yead* —3D *8*
 (off Well La.)
Saxton La. *Leeds* —6A **32** (6H **5**)
Sayers Clo. *Leeds* —1H **29**
Sayner La. *Leeds* —1H **41**
Sayner Rd. *H'let* —1H **41**
Scarborough Junct. *Leeds* —4C **28**
Scarborough La. *Ting* —2B **56**
Scarborough St. *Ting* —2B **56**
Scarcroft Vw. *Leeds* —3H **15**
Scargill Clo. *Leeds* —4B **32**
Scargill Grange. *Leeds* —5B **32**
Scarth Av. *Leeds* —3C **32**
Scatcherd La. *Morl* —6F **49**
Schofield Ct. *Morl* —5G **49**
 (off Queensway)
Scholebrook. —4E 37
Scholebrooke Ct. B'frd —6A 36
 (off Broadfield Clo.)
Scholebrook La. *B'frd & Pud* —4E **37**
Scholes. —5F 25
Scholes La. *Whinm* —3E **25**
School Clo. *Leeds* —4D **38**
School Cft. *Rothw* —3G **53**
School La. *Chap A* —5G **21**
School La. *Colt* —1E **45**
School La. *Halt* —5A **34**
School La. *Leeds* —5C **20**
School La. *Wike* —1D **14**
School Pl. *S'ley* —3H **27**
School St. *Chur* —1A **50**
School St. *Far* —2F **27**
School St. *Morl* —5H **49**
School St. *Pud* —1F **37**
 (in two parts)
School St. *Ting* —6B **56**
School Vw. *Leeds* —2C **30**
Scotch Pk. Ind. Est. *Leeds* —5B **30**
Scotland. —4B 10
Scotland Clo. *H'fth* —6B **10**
Scotland La. *H'fth* —1A **10**
Scotland Mill La. *Leeds* —1D **20**
Scotland Way. *H'fth* —5A **10**
Scotland Wood Rd. *Leeds* —1D **20**
Scott Bldgs. Leeds —5B 20
 (off Oddy Pl.)
Scott Clo. *Swil* —6G **45**
Scott Green. —2B 48
Scott Grn. *Gild* —1B **48**
Scott Grn. Cres. *Gild* —1B **48**
Scott Grn. Dri. *Gild* —1B **48**
Scott Grn. Gro. *Gild* —1C **48**
Scott Grn. Mt. *Gild* —1B **48**
Scott Grn. Vw. *Gild* —1C **48**
Scott Hall. —6G 21
Scott Hall Av. *Leeds* —6G **21**
Scott Hall Cres. *Leeds* —5F **21**
Scott Hall Dri. *Leeds* —1G **31**
Scott Hall Grn. *Leeds* —6G **21**
Scott Hall Gro. *Leeds* —6G **21**
Scott Hall Pl. *Leeds* —6G **21**
Scott Hall Rd. *Leeds* —4F **21**
Scott Hall Row. *Leeds* —1H **31**
Scott Hall Sq. *Leeds* —6G **21**
Scott Hall St. *Leeds* —1G **31**
Scott Hall Ter. *Leeds* —6G **21**
Scott Hall Wlk. *Leeds* —1G **31**
Scott Hall Way. *Leeds* —5G **21**
Scott La. *Leeds* —1F **39**
Scott La. *Morl* —6D **48**
Scotts Almshouse's. Leeds —6A 42
Scott Sq. *Leeds* —1F **39**
Scott St. *Pud* —1F **37**
Scott Wood La. *Leeds* —6F **21**
 (in three parts)
Scratcherd Gro. *Morl* —5F **49**
Seacroft. —6B 24
Seacroft Av. *Leeds* —6B **24**
Seacroft Cres. *Leeds* —6B **24**
Seacroft Ga. *Leeds* —6B **24**
 (in two parts)
Seacroft Ind. Est. *Leeds* —4B **24**
 (nr. Coal La.)
Seacroft Ind. Est. *Leeds* —4A **24**
 (nr. Ramshead App.)
Seaforth Av. *Leeds* —2C **32**

Seaforth Gro. *Leeds* —2C **32**
Seaforth Mt. *Leeds* —2C **32**
Seaforth Pl. *Leeds* —2C **32**
Seaforth Rd. *Leeds* —2C **32**
Seaforth Ter. *Leeds* —2C **32**
Second Av. *Leeds* —6C **30**
Second Av. *Rawd* —4E **9**
Second Av. *Rothw* —2H **53**
Sedgwick Clo. *Leeds* —6F **33**
Sefton Av. *Leeds* —4E **41**
Sefton St. *Leeds* —4F **41**
Sefton Ter. *Leeds* —4E **41**
Selby Av. *Leeds* —5G **33**
Selby Rd. *Leeds* —5G **33**
Seminary St. *Leeds* —4E **31** (2B **4**)
Servia Dri. *Leeds* —2G **31**
Servia Gdns. *Leeds* —2G **31**
Servia Hill. *Leeds* —2F **31**
Servia Rd. *Leeds* —2F **31**
Service Rd. *Leeds* —5E **43**
Seventh Av. *Rothw* —3A **54**
Severn Rd. *H'let* —4B **42**
Severn Way. *H'let* —3B **42**
Sewage Works Rd. Leeds —4E 43
Shadwell. —5H 15
Shadwell La. *Leeds* —1H **21**
Shadwell Pk. Av. *Leeds* —4E **15**
Shadwell Pk. Clo. *Leeds* —4E **15**
Shadwell Pk. Ct. *Leeds* —5E **15**
Shadwell Pk. Dri. *Leeds* —5E **15**
Shadwell Pk. Gdns. *Leeds* —4E **15**
Shadwell Pk. Gro. *Leeds* —4E **15**
Shadwell Wlk. *Leeds* —6A **14**
Shaftesbury Av. *Leeds* —2C **22**
Shaftesbury Rd. *Leeds* —1C **22**
Shafton La. *Leeds* —2D **40**
Shafton Pl. *Leeds* —2D **40**
Shafton St. *Leeds* —2D **40**
Shafton Vw. *Leeds* —2D **40**
Shakespeare App. *Leeds* —4B **32**
Shakespeare Av. *Leeds* —4B **32**
Shakespeare Clo. *Guis* —1B **8**
Shakespeare Clo. *Leeds* —4B **32**
Shakespeare Ct. *Leeds* —4B **32**
Shakespeare Gdns. *Leeds* —4B **32**
Shakespeare Grange. *Leeds* —4B **32**
Shakespeare Lawn. *Leeds* —4B **32**
Shakespeare Rd. *Guis* —1A **8**
Shakespeare St. *Leeds* —3B **32**
Shakespeare Towers. *Leeds* —4B **32**
Shakespeare Va. *Leeds* —4B **32**
Shakespeare Wlk. *Leeds* —4B **32**
Shannon Rd. *Leeds* —5A **32**
Shannon St. *Leeds* —5A **32**
Sharp Ho. Rd. *Leeds* —5A **52**
Sharp La. *Leeds & Rob H* —4A **52**
 (nr. Throstle Ro.)
Sharp La. *Leeds* —4H **51**
 (nr. Town St.)
Sharp M. *Leeds* —6D **20**
Sharp Row. *Pud* —1G **37**
Shaw Clo. *Guis* —1B **8**
Shaw Lane. —1C 8
Shaw La. *Guis* —4H **7**
Shaw La. *Leeds* —6B **20**
Shaw La. Gdns. *Guis* —4H **7**
Shaw Leys. *Yead* —1C **8**
Shaw Royd. *Yead* —1C **8**
Shaw Royd Ct. Yead —1C 8
 (off Shaw Royd)
Shaw Vs. *Guis* —4H **7**
Shayfield La. *Carl* —6F **53**
Shay La. *H Wd* —4B **36**
Shay St. *Leeds* —2F **31**
Sheaf St. *Leeds* —1H **41**
Shear's Yd. *Leeds* —6G **5**
Sheepscar. —3H 31
Sheepscar Ct. *Leeds* —3H **31** (1G **5**)
Sheepscar Gro. Leeds
 —4H **31** (2G **5**)
Sheepscar Row. Leeds
 —3H **31** (1H **5**)
Sheepscar St. N. *Leeds* —2G **31**
Sheepscar St. S. Leeds
 —3H **31** (1H **5**)
Sheepscar Way. *Leeds* —1F **31**
Shelldrake Dri. *Leeds* —4H **51**
Shelley Clo. *W'ford* —6C **54**
Shelley Cres. *Oult* —6C **54**
Shelley Wlk. *Stan* —5G **59**

Shell La. *C'ley* —5D **16**
 (in two parts)
Shepcote Clo. *Leeds* —6F **11**
Shepcote Cres. *Leeds* —6F **11**
Shepherd's Gro. *Leeds* —1A **32**
Shepherd's La. *Leeds* —1A **32**
Shepherd's Pl. *Leeds* —1B **32**
Sherbrooke Av. *Leeds* —6H **33**
Sherburn App. *Leeds* —5C **24**
Sherburn Clo. *B'shaw* —3D **46**
Sherburn Clo. Leeds —5C 24
 (off Sherburn Pl.)
Sherburn Ct. Leeds —5C 24
 (off York Rd.)
Sherburn Gro. *B'shaw* —3D **46**
Sherburn Pl. *Leeds* —5C **24**
Sherburn Rd. *Leeds* —5C **24**
Sherburn Rd. N. *Leeds* —3B **24**
Sherburn Row. Leeds —5C 24
 (off York Rd.)
Sherburn Sq. *Leeds* —5C **24**
 (off Sherburn Pl.)
Sherburn Wlk. *Leeds* —5C **24**
 (off York Rd.)
Sheridan Clo. *Pud* —1H **37**
Sheridan Ct. *Pud* —1H **37**
Sheridan St. *Out* —6E **59**
Sheridan Way. *Pud* —1H **37**
Sherwood Grn. *Rob H* —6C **52**
Sherwood Ind. Est. *Rob H* —6D **52**
Shetcliffe La. *B'frd* —6A **36**
Shield Clo. *Leeds* —2E **35**
Shipton M. *Morl* —6H **49**
Ship Yd. *Leeds* —5E **5**
Shire Oak Rd. *Leeds* —6C **20**
Shire Oak St. *Leeds* —6B **20**
Shires Gro. *Stan* —6H **59**
Shirley Dri. *Leeds* —1C **28**
Shirley Rd. *B'frd* —6A **36**
Sholebroke Av. *Leeds* —1H **31**
Sholebroke Ct. *Leeds* —1H **31**
Sholebroke Mt. *Leeds* —1G **31**
Sholebroke Pl. *Leeds* —1H **31**
Sholebroke St. *Leeds* —1G **31**
Sholebroke Ter. *Leeds* —6H **21**
Sholebroke Vw. *Leeds* —1H **31**
Shop La. *Loft* —3D **58**
Shoreham Rd. *Leeds* —6A **30**
Short La. *Leeds* —4G **21**
Short Way. *S'ley* —4C **26**
Siddall St. *Leeds* —1F **41**
Sidings, The. *Guis* —4F **7**
Sidney St. *Leeds* —5G **31** (5F **5**)
Siegen Clo. *Morl* —5G **49**
Siegen Mnr. Morl —5G 49
 (off Wesley St.)
Silk Mill App. *Leeds* —1E **19**
Silk Mill Av. *Leeds* —6D **10**
Silk Mill Bank. *Leeds* —1D **18**
Silk Mill Clo. *Leeds* —6D **10**
Silk Mill Dri. *Leeds* —1D **18**
Silk Mill Gdns. *Leeds* —1D **18**
Silk Mill Grn. *Leeds* —1E **19**
Silk Mill M. *Leeds* —1F **19**
Silk Mill Rd. *Leeds* —1D **18**
Silk Mill Way. *Leeds* —1E **19**
Silkstone Ct. *Leeds* —4C **34**
Silkstone Way. *Leeds* —4C **34**
Silver Ct. *Leeds* —4H **27**
Silverdale Av. *Guis* —1A **8**
Silverdale Av. *Leeds* —4D **14**
Silverdale Clo. *Guis* —2A **8**
Silverdale Cres. *Guis* —1A **8**
Silverdale Dri. *Guis* —2A **8**
Silverdale Grange. *Guis* —2A **8**
Silverdale Gro. *Guis* —6F **7**
Silverdale Mt. *Guis* —2A **8**
Silverdale Rd. *Guis* —6F **7**
Silverhill Dri. *B'frd* —4A **26**
Silver La. *Yead* —2D **8**
Silver Royd Clo. *Leeds* —1F **39**
Silver Royd Dri. *Leeds* —1F **39**
Silver Royd Gth. *Leeds* —1F **39**
Silver Royd Gro. *Leeds* —1F **39**
Silver Royd Hill. *Leeds* —1F **39**
Silver Royd Pl. *Leeds* —1F **39**
Silver Royd Rd. *Leeds* —1F **39**
Silver Royd St. *Leeds* —1F **39**
Silver Royd Way. *Leeds* —1F **39**
Silver St. *Bees* —1E **41**
Simmons Ct. *Leeds* —1B **42**

Simon Clo. *B'frd* —5B **36**
Simon Clo. *B'frd* —5B **36**
Simon James St. Leeds —2A 40
 (off Lynwood Gth.)
Simpson Gro. *Leeds* —6B **30**
Simpson St. *E Ard* —3A **58**
Sir George Martin Dri. *Leeds* —5B **12**
Sir Karl Cohen Sq. *Leeds* —6H **29**
Siskin Ct. *Morl* —6H **49**
Sissons Av. *Leeds* —5F **51**
Sissons Cres. *Leeds* —6F **51**
Sissons Dri. *Leeds* —5F **51**
Sissons Grn. *Leeds* —5F **51**
Sissons Gro. *Leeds* —5F **51**
Sissons La. *Leeds* —5F **51**
Sissons Mt. *Leeds* —6E **51**
Sissons Pl. *Leeds* —4F **51**
Sissons Rd. *Leeds* —5E **51**
Sissons Row. *Leeds* —5F **51**
Sissons St. *Leeds* —5F **51**
Sissons Ter. *Leeds* —5E **51**
Sissons Vw. *Leeds* —5F **51**
Sixth Av. *Rothw* —2A **54**
Sizers Ct. *Yead* —4C **8**
Skelton Av. *Leeds* —5D **32**
Skelton Cres. *Leeds* —5D **32**
Skelton Grange Cotts. *Leeds* —4E **43**
Skelton Grange Rd. *Leeds* —5D **42**
Skelton Mt. *Leeds* —5D **32**
Skelton Pl. Leeds —5D 32
 (off Skelton Av.)
Skelton Rd. *Leeds* —5D **32**
Skeltons La. *T'ner* —2B **24**
Skelton St. *Leeds* —5D **32**
Skelton Ter. *Leeds* —5D **32**
Skelwith App. *Leeds* —3A **34**
Skelwith Wlk. *Leeds* —3A **34**
Skinner La. *Leeds* —4H **31** (2G **5**)
Skinner St. *Leeds* —5A **4**
Skye Vw. *Rothw* —4H **53**
Slade Ho. B'frd —3A 26
 (off St Clares Av.)
Slaid Hill. —4E 15
Slaid Hill Ct. *Leeds* —4D **14**
Slaters Rd. *S'ley* —4G **27**
Sledmere Cft. *Leeds* —5C **24**
Sledmere Gth. *Leeds* —5C **24**
Sledmere Grn. Leeds —5C 24
 (off Sledmere Pl.)
Sledmere La. *Leeds* —5C **24**
Sledmere Pl. *Leeds* —5C **24**
Sledmere Sq. Leeds —5C 24
 (off Sledmere Pl.)
Slingsby Clo. *App B* —3A **16**
Smalewell Clo. *Pud* —1F **37**
Smalewell Dri. *Pud* —1E **37**
Smalewell Gdns. *Pud* —1E **37**
Smalewell Grn. *Pud* —1F **37**
Smalewell Rd. *Pud* —1E **37**
Smeaton App. *Leeds* —2E **35**
Smeaton Gro. *Swil* —6G **45**
Smithson St. *Rothw* —5H **53**
Smithy La. *Leeds* —3E **11**
Smithy La. *Ting* —3D **56**
Smithy Mills La. *Leeds* —1B **20**
 (in two parts)
Smools La. *Morl* —2H **49**
Snaith Wood Dri. *Rawd* —2E **17**
Snaith Wood M. *Rawd* —2E **17**
Snake La. *Leeds* —1C **42**
Snowden App. *Leeds* —2E **29**
Snowden Clo. *Leeds* —3D **28**
Snowden Cres. *Leeds* —3D **28**
Snowden Fold. *Leeds* —3D **28**
Snowden Grn. Leeds —3D 28
 (off Aston Rd.)
Snowden Gro. *Leeds* —3D **28**
Snowden Lawn. *Leeds* —3D **28**
Snowden Royd. *Leeds* —2D **28**
Snowden Va. *Leeds* —3D **28**
Snowden Wlk. *Leeds* —3D **28**
Snowden Way. *Leeds* —2D **28**
Somerdale Clo. *Leeds* —4D **28**
Somerdale Gdns. *Leeds* —4D **28**
Somerdale Gro. *Leeds* —4D **28**
Somerdale Wlk. *Leeds* —4D **28**
Somerset Rd. *Pud* —5G **27**
Somers Pl. *Leeds* —5C **4**
Somers St. *Leeds* —5F **31** (5B **4**)
Somerton Dri. *B'frd* —5A **36**
Somerville Av. *Leeds* —3H **33**
Somerville Dri. *Leeds* —3H **33**
Somerville Grn. *Leeds* —3H **33**

Somerville Gro.—Stonebridge Gro.

Somerville Gro. *Leeds* —2H **33**
Somerville Mt. *Leeds* —3H **33**
Somerville Vw. *Leeds* —3H **33**
Soothill La. *Bat* —6A **56**
Soureby Cross Way. *E Bier* —2B **46**
 (in two parts)
S. Accommodation Rd. *Leeds*
—2H **41**
South Clo. *Guis* —5D **6**
S. Croft Av. *B'shaw* —3C **46**
S. Croft Dri. *B'shaw* —2C **46**
S. Croft Ga. *B'shaw* —3C **46**
South Dri. *Fars* —2F **27**
South Dri. *Guis* —5D **6**
S. End Av. *Leeds* —4E **29**
S. End Ct. *Leeds* —3E **29**
S. End Gro. *Leeds* —4E **29**
S. End Mt. *Leeds* —4E **29**
S. End Ter. *Leeds* —4E **29**
S. Farm Cres. *Leeds* —3E **33**
S. Farm Rd. *Leeds* —3E **33**
Southfield Av. *Leeds* —1A **22**
Southfield Dri. *Leeds* —1A **22**
Southfield Mt. *A'ley* —6A **30**
Southfield Mt. Leeds —6A 42
 (off S. View Rd.)
Southfield St. *Leeds* —6A **30**
Southfield Ter. *B'shaw* —3C **46**
Southgate. *Guis* —6D **6**
Southgate. *Oult* —3C **54**
S. Hill Clo. *Leeds* —2B **52**
S. Hill Cft. *Leeds* —2B **52**
S. Hill Gdns. *Leeds* —2B **52**
S. Hill Gro. *Leeds* —2B **52**
S. Hill Ri. *Leeds* —2B **52**
S. Hill Way. *Leeds* —2B **52**
Southlands. *H'fth* —2B **18**
Southlands Av. *Leeds* —3G **21**
Southlands Av. *Rawd* —1F **17**
Southlands Clo. *Leeds* —2G **21**
Southlands Cres. *Leeds* —3G **21**
Southlands Dri. *Leeds* —3G **21**
South Lee. *H'fth* —2B **18**
S. Leeds Bus. Cen. *Leeds* —3G **41**
South Leeds Stadium. —1G **51**
Southleigh Av. *Leeds* —1E **51**
Southleigh Cres. *Leeds* —1E **51**
Southleigh Cft. *Leeds* —1F **51**
Southleigh Dri. *Leeds* —1E **51**
Southleigh Gdns. *Leeds* —1E **51**
Southleigh Gth. *Leeds* —1F **51**
Southleigh Grange. *Leeds* —1F **51**
Southleigh Gro. *Leeds* —1E **51**
Southleigh Rd. *Leeds* —1E **51**
Southleigh Vw. *Leeds* —1E **51**
S. Nelson St. *Morl* —4G **49**
Southolme Clo. *Leeds* —5F **19**
South Pde. *Head* —6B **20**
South Pde. *Leeds* —5F **31** (5D **4**)
South Pde. *Morl* —5H **49**
South Pde. *Pud* —1F **37**
S. Parade Clo. *Pud* —1G **37**
S. Park Ter. *Pud* —3H **37**
S. Parkway. *Leeds* —2G **33**
 (in three parts)
S. Parkway App. *Leeds* —2G **33**
South Pl. Morl —5H 49
 (off South St.)
S. Queen St. *Morl* —6H **49**
South Row. *H'fth* —2C **18**
Southroyd Pde. Pud —2G 37
 (off Fartown)
Southroyd Pk. *Pud* —2G **37**
 (in two parts)
Southroyd Ri. *Pud* —2G **37**
South St. *Morl* —5H **49**
South St. *Rawd* —5D **8**
South Vw. *Far* —4E **27**
South Vw. *Gre* —4A **16**
South Vw. *Guis* —4G **7**
South Vw. *H'fth* —4C **18**
South Vw. Leeds —3C 34
 (off Selby Rd.)
South Vw. *Men* —2C **6**
South Vw. *Morl* —2H **49**
South Vw. *Pud* —6H **27**
South Vw. *Rothw* —3G **53**
South Vw. *Ting* —6B **56**
South Vw. *Yead* —2B **8**
S. View Clo. *B'frd* —2A **46**
S. View Cres. *Yead* —2B **8**

S. View Dri. *B'frd* —2B **46**
S. View Rd. *B'frd* —2B **46**
S. View Rd. *Yead* —2D **8**
S. View Ter. *Yead* —3E **9**
Southwaite Clo. *Leeds* —1H **33**
Southwaite Gth. *Leeds* —1H **33**
Southwaite La. *Leeds* —1H **33**
Southwaite Lawn. *Leeds* —1H **33**
Southwaite Pl. *Leeds* —1H **33**
South Way. *B'frd* —2A **46**
Southway. *Guis* —5C **6**
Southway. *H'fth* —6A **10**
Southwood Cres. *Leeds* —1C **34**
Southwood Cres. *Leeds* —1C **34**
Southwood Ga. *Leeds* —1C **34**
Southwood Rd. *Leeds* —1C **34**
Sovereign Ct. *Leeds* —3A **14**
Sovereign St. *Leeds* —6G **31**
Sowden's Yd. Leeds —5B 20
 (off Moor Rd.)
Sowood St. *Leeds* —3A **30**
Spa Ind. Est. *Leeds* —1G **31**
Speedwell Mt. *Leeds* —2F **31**
Speedwell St. *Leeds* —2F **31**
Spen App. *Leeds* —4F **19**
Spen Bank. *Leeds* —4F **19**
Spence La. *Leeds* —1D **40**
Spenceley St. *Leeds* —2E **31**
 (in two parts)
Spencer Mt. *Leeds* —2A **32**
Spencer Pl. *Leeds* —2A **32**
Spen Cres. *Leeds* —4F **19**
Spen Dri. *Leeds* —3G **19**
Spen Gdns. *Leeds* —3H **19**
Spen Grn. *Leeds* —4F **19**
Spen La. *Leeds* —2G **19**
 (in two parts)
Spen Lawn. *Leeds* —4F **19**
Spen M. *Leeds* —4G **19**
Spennithorne Av. *Leeds* —1G **19**
Spennithorne Dri. *Leeds* —2G **19**
Spen Rd. *Leeds* —3G **19**
Spenser Ri. *Guis* —1B **8**
Spenser Rd. *Guis* —1B **8**
Spen Wlk. *Leeds* —4F **19**
Spibey Cres. *Rothw* —2F **53**
Spibey La. *Rothw* —2F **53**
Spindles, The. *Leeds* —1H **51**
Spinks Gdns. *Leeds* —1B **34**
Spink Well La. *Wake* —2D **56**
Spinners Chase. *Pud* —6G **27**
Spinneyfield Ct. *Leeds* —6A **32**
Spinney, The. *Leeds* —6A **32**
Spinney, The. *Moort* —1A **22**
Spinney, The. *Rawd* —1C **16**
Spring Av. *Gild* —2C **48**
Spring Bank. *Kirks* —1G **29**
Springbank Av. *Fars* —2G **27**
Springbank Av. *Gild* —2C **48**
Springbank Clo. *Fars* —2F **27**
Springbank Cres. *Gild* —1C **48**
Spring Bank Cres. *Leeds* —1C **30**
Springbank Dri. *Fars* —2G **27**
Springbank Dri. *Fars* —2G **27**
Springbank M. *Loft* —4B **58**
Springbank Rd. *Fars* —2G **27**
Springbank Rd. *Fars* —2F **27**
Spring Bank Ter. *Guis* —4G **7**
Spring Clo. Av. *Leeds* —1B **42**
Spring Clo. Gdns. *Leeds* —1B **42**
Spring Clo. St. *Leeds* —1A **42**
Spring Clo. Wlk. *Leeds* —1B **42**
Springfield Av. *Morl* —3F **49**
Springfield Clo. *H'fth* —2E **19**
Springfield Commercial Cen. *Far*
—1G **27**
Springfield Ct. *Yead* —1C **8**
Springfield Cres. *Morl* —3G **49**
Springfield Gdns. *H'fth* —2D **18**
Springfield Gdns. *Pud* —1H **37**
Springfield Grn. *Leeds* —5A **42**
Springfield La. *B'frd* —5H **37**
Springfield La. *Morl* —3G **49**
Springfield Mt. *A'ley* —5G **29**
Springfield Mt. *Leeds* —4E **31** (2A **4**)
Springfield Pl. *Leeds* —6H **31**
Springfield Pl. *H'let* —5C **42**
Springfield Pl. *Leeds* —5A **42**
Springfield Ri. *H'fth* —2D **18**
Springfield Ri. *Rothw* —5H **53**

Springfield Rd. *Guis* —1A **8**
Springfield Rd. *Morl* —3F **49**
Springfield St. *Rothw* —5H **53**
Springfield Ter. *Guis* —1A **8**
Springfield Ter. *Leeds* —5C **14**
Springfield Ter. *S'ley* —4F **27**
Springfield Vs. *Gild* —1B **48**
Springfield Wlk. *H'fth* —2D **18**
Spring Gardens. —3H 47
Spring Gdns. *Dlgtn* —3H **47**
Spring Gdns. *Morl* —2F **49**
Spring Gro. *Leeds* —3C **30**
Spring Gro. Av. *Leeds* —3C **30**
Spring Gro. Vw. *Leeds* —3C **30**
Spring Gro. Wlk. *Leeds* —3C **30**
Springhead Rd. *Rothw* —3A **54**
Spring Hill. *Leeds* —5C **12**
Springhill Clo. *Out* —6C **58**
Spring Hill Cotts. Leeds —5C 20
 (off Monk Bri. Ter.)
Springhills. *Out* —6C **58**
Spring Hill Ter. Leeds —5C 20
 (off Monk Bri. Rd.)
Spring Rd. *Leeds* —1C **30**
Springs Rd. *Yead* —3A **8**
Spring Valley. *S'ley* —4G **27**
Spring Valley Av. *Leeds* —4C **28**
Spring Valley Clo. *Leeds* —4C **28**
Spring Valley Ct. *Leeds* —4C **28**
Spring Valley Cres. *Leeds* —4C **28**
Spring Valley Cft. *Leeds* —4C **28**
Spring Valley Dri. *Leeds* —4C **28**
Spring Valley Vw. *Leeds* —4C **28**
Spring Valley Wlk. *Leeds* —4C **28**
Spring Vw. *Gild* —1D **48**
Springwell Av. *Swil* —6G **45**
Springwell Clo. *Yead* —3E **9**
Springwell Ct. *Leeds* —1D **40**
Springwell Ct. *Ting* —2C **56**
Springwell Rd. *Leeds* —1D **40**
Springwell Rd. *Swil* —6G **45**
Springwell St. *Leeds* —1D **40**
Springwell Ter. *Yead* —3E **9**
Springwell Vw. *Leeds* —1E **41**
Springwood Ct. Leeds —5D 22
 (off Bk. Wetherby Rd.)
Springwood Gdns. *Leeds* —5D **22**
Springwood Gro. *Leeds* —5E **23**
Springwood Rd. *Leeds* —5D **22**
Springwood Rd. *Rawd* —6C **8**
Spur Dri. *Leeds* —2E **35**
Stadium Way. *Leeds* —4C **40**
Stafford St. *Leeds* —3A **42**
Stainbeck Av. *Leeds* —5D **20**
Stainbeck Gdns. *Leeds* —5F **21**
Stainbeck La. *Leeds* —4E **21**
Stainbeck Rd. *Leeds* —5D **20**
Stainbeck Wlk. *Leeds* —5F **21**
Stainburn Av. *Leeds* —2A **22**
Stainburn Cres. *Leeds* —2H **21**
Stainburn Dri. *Leeds* —2H **21**
Stainburn Gdns. *Leeds* —2A **22**
Stainburn Mt. *Leeds* —2H **21**
Stainburn Pde. *Leeds* —2H **21**
Stainburn Rd. *Leeds* —3H **21**
Stainburn Ter. *Leeds* —3H **21**
Stainburn Vw. *Leeds* —2A **22**
Stainmore Clo. *Leeds* —2A **34**
Stainmore Pl. *Leeds* —2A **34**
Stainton La. *Carl* —5F **53**
Stairfoot Clo. *Leeds* —4B **12**
Stair Foot La. *Leeds* —4B **12**
Stairfoot Vw. *Leeds* —4B **12**
Stairfoot Wlk. *Leeds* —4B **12**
Staithe Av. *Leeds* —4H **51**
Staithe Clo. *Leeds* —4H **51**
Staithe Gdns. *Leeds* —4H **51**
Standale Av. *Pud* —5F **27**
Standale Cres. *Pud* —5F **27**
Standale Ri. *Pud* —5F **27**
Standard Vs. *Leeds* —3H **39**
Stanhall M. *S'ley* —4F **27**
Stanhope Av. *H'fth* —1C **18**
Stanhope Clo. *H'fth* —1C **18**
Stanhope Dri. *H'fth* —4B **18**
Stanhope Gdns. *Wake* —2A **58**
Stanhope Rd. *Thpe* —2A **58**
Stanks. —6D 24
Stanks App. *Leeds* —1D **34**
Stanks Av. *Leeds* —1D **34**
Stanks Clo. *Leeds* —1E **35**
Stanks Cross. *Leeds* —1E **35**

Stanks Dri. *Leeds* —5C **24**
Stanks Gdns. *Leeds* —6D **24**
Stanks Gth. *Leeds* —1E **35**
Stanks Grn. *Leeds* —1E **35**
Stanks Gro. *Leeds* —1D **34**
Stanks La. N. *Leeds* —5C **24**
Stanks La. S. *Leeds* —1D **34**
Stanks Pde. *Leeds* —1D **34**
Stanks Ri. *Leeds* —1E **35**
Stanks Rd. *Leeds* —1D **34**
Stanks Way. *Leeds* —1D **34**
Stanley. —6G 53
Stanley Av. *Leeds* —3B **32**
Stanley Dri. *Leeds* —1D **22**
Stanley Gro. *Guis* —1A **8**
Stanley Pl. *Leeds* —3C **32**
Stanley Rd. *Leeds* —2H **31**
 (LS7)
Stanley Rd. *Leeds* —3B **32**
 (LS9)
Stanley St. *Gre* —4A **16**
Stanley Ter. *A'ley* —6A **30**
Stanley Ter. *Leeds* —3C **32**
 (in two parts)
Stanley Vw. *Leeds* —6A **30**
Stanmoor Dri. *Stan* —5G **59**
Stanmore Av. *Leeds* —2A **30**
Stanmore Cres. *Leeds* —2A **30**
Stanmore Gro. *Leeds* —2A **30**
Stanmore Hill. *Leeds* —2B **30**
Stanmore Mt. *Leeds* —2A **30**
Stanmore Pl. *Leeds* —2A **30**
Stanmore St. *Leeds* —2A **30**
Stanmore Ter. *Leeds* —2A **30**
Stanmore Vw. *Leeds* —2A **30**
Stanningley. —3H 27
Stanningley By-Pass. *S'ley* —4D **26**
Stanningley Fld. Clo. *Leeds* —4A **28**
Stanningley Ind. Est. *S'ley* —4F **27**
Stanningley Rd. *Leeds* —4E **29**
Stanningley Rd. *S'ley* —3H **27**
Stathers Gdns. *Fars* —3F **27**
Station Av. *Leeds* —3B **28**
Station Ct. *Leeds* —4C **34**
Station Cres. *Leeds* —6H **29**
Station La. *B'shaw* —3C **46**
Station La. *Thpe* —2H **57**
Station La. *Ting* —2C **56**
Station La. *W'ford* —2D **54**
Station Mt. *Leeds* —3B **28**
Station Pde. *Leeds* —1H **29**
Station Pl. *Leeds* —3C **28**
Station Rd. *A'ley* —6H **29**
Station Rd. *Dlgtn* —4G **47**
Station Rd. *Guis* —4F **7**
Station Rd. *H'fth* —1C **18**
Station Rd. *Leeds* —3C **34**
Station Rd. *Men* —1D **6**
Station Rd. *Meth* —6H **55**
Station Rd. *Morl* —4H **49**
Station Rd. *Scholes* —4F **25**
Station St. *Pud* —1F **37**
Station Ter. *Leeds* —4C **28**
Station Vw. *Leeds* —4C **34**
Station Way. *Leeds* —6H **29**
Stead Rd. *B'frd* —1A **46**
Steads Yd. *H'fth* —1C **18**
Steel Ter. Rothw —4H 53
 (off Blackburn Ct.)
Stephenson Dri. *Leeds* —4D **38**
Stephenson Way. *Leeds* —4D **38**
Stephenson Way. *Wake I* —6B **58**
Stile Hill Way. *Colt* —6F **35**
Stirling Cres. *B'frd* —4A **36**
Stirling Cres. *H'fth* —5A **10**
Stockhill La. *Scholes* —2F **25**
Stockhill Fold. *B'frd* —3A **16**
 (in two parts)
Stockhill Rd. *B'frd* —4A **16**
Stocks App. *Leeds* —1B **34**
Stocks Hill. *Leeds* —2E **41**
 (LS11)
Stocks Hill. *Leeds* —5A **30**
 (LS12)
Stocks Hill. *Men* —1B **6**
Stocks Ri. *Leeds* —1B **34**
Stocks Rd. *Leeds* —1C **34**
Stocks St. *Leeds* —2G **31**
Stonebridge App. *Leeds* —1E **39**
Stonebridge Av. *Leeds* —1F **39**
Stonebridge Gro. *Leeds* —1E **39**

90 A-Z Leeds

Stonebridge La.—Tenterfields

Stonebridge La. *Leeds* —2E **39**
Stone Brig Grn. *Rothw* —5F **53**
Stone Brig La. *Rothw* —5F **53**
Stonechat Ri. *Morl* —5A **50**
Stonecliffe Bank. *Leeds* —1E **39**
Stonecliffe Clo. *Leeds* —1E **39**
Stonecliffe Cres. *Leeds* —1E **39**
Stonecliffe Dri. *Leeds* —1E **39**
Stonecliffe Gdns. *Leeds* —1E **39**
Stonecliffe Gth. *Leeds* —1E **39**
Stonecliffe Grn. *Leeds* —1E **39**
Stonecliffe Gro. *Leeds* —1E **39**
Stonecliffe Lawn. *Leeds* —1E **39**
Stonecliffe Mt. *Leeds* —1E **39**
Stonecliffe Pl. Leeds —2E 39
 (off Stonecliffe Way)
Stonecliffe Ter. *Leeds* —1E **39**
Stonecliffe Vw. *Leeds* —1E **39**
Stonecliffe Wlk. *Leeds* —2E **39**
Stonecliffe Way. *Leeds* —1E **39**
Stonecroft. *Stan* —1D **52**
Stonefield Ter. *Chur* —1A **50**
Stonegate. *Leeds* —2G **31**
 (in two parts)
Stonegate App. *Leeds* —5D **20**
Stonegate Chase. *Leeds* —4D **20**
Stonegate Clo. *Leeds* —6H **13**
Stonegate Cres. *Mean* —4E **21**
Stonegate Dri. *Leeds* —4E **21**
Stonegate Edge. *Leeds* —4E **21**
Stonegate Farm Clo. *Leeds* —4D **20**
Stonegate Gdns. *Leeds* —4D **20**
Stonegate Grn. *Leeds* —5D **20**
Stonegate Gro. *Leeds* —4D **20**
 (in two parts)
Stonegate La. *Mean* —4D **20**
Stonegate M. *Leeds* —5D **20**
Stonegate Pl. *Leeds* —5D **20**
Stonegate Rd. *Leeds* —4D **20**
Stonegate Vw. *Leeds* —4D **20**
Stonegate Wlk. *Leeds* —5E **21**
Stonehurst. *Leeds* —1D **34**
Stonelea Ct. *Head* —6B **20**
Stonelea Ct. *Mean* —4E **21**
Stone Mill App. *Leeds* —4C **20**
Stone Mill Ct. *Leeds* —4C **20**
Stone Mill Way. *Leeds* —4C **20**
Stone Pits La. *Gild* —3D **48**
Stone Vs. *Leeds* —5B **20**
Stoneycroft. *H'fth* —3B **18**
Stoneycroft. Rawd —5E 9
 (off Batter La.)
Stoneyhurst Sq. *B'frd* —4A **36**
Stoneyhurst Way. *B'frd* —4A **36**
Stoney La. *E Ard* —6G **57**
Stoney La. *H'fth* —3B **18**
Stoney Ri. *H'fth* —3B **18**
Stoney Rock Ct. *Leeds* —4B **32**
Stoney Rock Gro. *Leeds* —4B **32**
Stoney Rock La. *Leeds* —4B **32**
Stoneythorpe. *H'fth* —3B **18**
Stony Royd. *Fars* —2E **27**
Storey Pl. *Leeds* —4G **33**
Stott Rd. *Leeds* —2C **30**
Stott St. *Leeds* —6B **30**
Stourton. —6C 42
Stowe Gro. *Leeds* —5E **33**
Strafford Way. *App B* —3A **16**
Stratford Av. *Leeds* —4E **41**
Stratford Ct. *Leeds* —4G **21**
Stratford St. *Leeds* —5F **41**
Stratford Ter. *Leeds* —4F **41**
Strathmore Av. *Leeds* —3C **32**
Strathmore Dri. *Leeds* —2C **32**
Strathmore St. *Leeds* —3D **32**
Strathmore Ter. *Leeds* —3C **32**
Strathmore Vw. *Leeds* —3C **32**
Stratton Vw. *B'frd* —3A **36**
Strawberry La. *Leeds* —6A **30**
 (in two parts)
Strawberry Rd. *Leeds* —6A **30**
Streamside. *Leeds* —5C **20**
Street La. *Leeds* —1C **22**
 (LS8)
Street La. *Leeds* —1G **21**
 (LS17)
Street La. *Morl* —4C **48**
Strickland Av. *Leeds* —5H **15**
Strickland Clo. *Leeds* —5H **15**
Strickland Cres. *Leeds* —5H **15**
Stubbs La. *Wake* —4A **58**
Studfold Vw. *Leeds* —3A **34**

Studio Rd. *Leeds* —4C **30**
Studley Pl. *Pud* —5G **27**
Styebank La. *Rothw* —3H **53**
Suffolk Ct. *Yead* —2D **8**
Sugar Hill Clo. *Oult* —6C **54**
Sugar Well App. *Leeds* —6E **21**
Sugar Well Mt. *Leeds* —6E **21**
Sugar Well Rd. *Leeds* —6E **21**
Sulby Gro. *B'frd* —4A **16**
Summerbridge Dri. *B'frd* —6A **16**
Summerfield Av. *Leeds* —2A **28**
Summerfield Dri. *Leeds* —2A **28**
Summerfield Gdns. *Leeds* —2A **28**
Summerfield Grn. *Leeds* —2A **28**
Summerfield Pl. *Leeds* —2A **28**
Summerfield Pl. Pud —5G 27
 (off Richardshaw La.)
Summerfield Rd. *Leeds* —2A **28**
Summerfield Wlk. *Leeds* —2A **28**
Summerhill Gdns. *Leeds* —1D **22**
Summerhill Pl. *Leeds* —1D **22**
Summerseat. *Rawd* —6F **9**
Summersgill Sq. *H'fth* —3B **18**
Summerville Rd. *S'ley* —4E **27**
Sunbeam Av. *Leeds* —4F **41**
Sunbeam Gro. *Leeds* —4F **41**
Sunbeam Pl. *Leeds* —4F **41**
Sunbeam Ter. *Leeds* —4F **41**
Sun Fld. *S'ley* —4F **27**
Sunfield Clo. *S'ley* —3F **27**
Sunfield Dri. *S'ley* —3F **27**
Sunfield Gdns. *S'ley* —3F **27**
Sunfield Pl. *S'ley* —4F **27**
Sunningdale Av. *Leeds* —5E **13**
Sunningdale Clo. *Leeds* —5E **13**
Sunningdale Dri. *Leeds* —5E **13**
Sunningdale Grn. *Leeds* —5E **13**
Sunningdale Wlk. *Leeds* —5E **13**
Sunningdale Way. *Leeds* —5E **13**
Sunny Bank. *Leeds* —6B **22**
Sunnybank Av. *H'fth* —4B **18**
Sunnybank Av. *Thornb* —4B **26**
Sunnybank Ct. *Yead* —2F **9**
Sunnybank Cres. *Yead* —2F **9**
Sunny Bank Gro. *Leeds* —6B **22**
Sunnybank Gro. *Thornb* —4B **26**
Sunnybank La. *Thornb* —4B **26**
Sunny Bank Mills. *Far* —2F **27**
Sunnybank Rd. *H'fth* —4B **18**
Sunnybank St. *H'fth* —4B **18**
Sunnybank Ter. *H'fth* —4B **18**
Sunny Bank Vw. *Leeds* —6B **22**
Sunnydene. *Leeds* —4H **33**
Sunnyfield. *E Ard* —4G **57**
Sunny Gro. *Chur* —1A **50**
Sunnyridge Av. *Pud* —5D **26**
Sunnyside Av. *Leeds* —4B **28**
Sunnyview. *E Ard* —4G **57**
Sunnyview Av. *Leeds* —4D **40**
Sunnyview Gdns. *Leeds* —4D **40**
Sunnyview Ter. *Leeds* —4D **40**
Sunset Av. *Leeds* —3C **20**
Sunset Dri. *Leeds* —4C **20**
Sunset Hilltop. *Leeds* —3C **20**
Sunset Mt. *Leeds* —4C **20**
Sunset Ri. *Leeds* —3C **20**
Sunset Rd. *Leeds* —3C **20**
Sunset Vw. *Leeds* —3C **20**
Sunshine Mills. *Leeds* —6H **29**
Sun St. *S'ley* —4G **27**
Sun St. *Yead* —2E **9**
Surrey Gro. *Pud* —5G **27**
Surrey Rd. *Pud* —5G **27**
Sussex App. *Leeds* —4B **42**
Sussex Av. *Leeds* —4B **42**
Sussex Av. *Leeds* —4B **42**
Sussex Gdns. *Leeds* —4B **42**
Sussex Grn. *Leeds* —4B **42**
Sussex Pl. *Leeds* —4B **42**
Sussex St. *Leeds* —6A **32**
Sutherland Av. *Leeds* —2C **22**
Sutherland Cres. *Leeds* —1C **22**
Sutherland Mt. *Leeds* —3C **32**
Sutherland Rd. *Leeds* —3C **32**
Sutherland St. *Leeds* —1C **40**
Sutherland Ter. *Leeds* —3C **32**
Sutton App. *Leeds* —4G **33**
Sutton Cres. *B'frd* —3A **36**
Sutton Cres. *Leeds* —4G **33**
Sutton Gro. *B'frd* —2A **36**
Sutton Gro. *Morl* —6G **49**

Sutton Ho. *B'frd* —2A **36**
Sutton Rd. *B'frd* —2A **36**
Sutton St. *Leeds* —1D **40**
Swaine Hill Cres. *Yead* —2C **8**
Swaine Hill St. *Yead* —2C **8**
Swaine Hill Ter. *Yead* —2C **8**
Swallow Av. *Leeds* —1G **39**
Swallow Clo. *Leeds* —5B **14**
Swallow Cres. *Leeds* —1F **39**
Swallow Dri. *Leeds* —5B **14**
Swallow Mt. *Leeds* —1G **39**
Swallow Va. *Morl* —5B **50**
Swan St. *Leeds* —5E **5**
Swarcliffe. —1C 34
Swarcliffe App. *Leeds* —1C **34**
Swarcliffe Av. *Leeds* —1C **34**
Swarcliffe Bank. *Leeds* —6C **24**
Swarcliffe Dri. *Leeds* —6C **24**
Swarcliffe Dri. E. *Leeds* —1D **34**
Swarcliffe Grn. *Leeds* —1D **34**
Swarcliffe Pde. *Leeds* —1C **34**
Swarcliffe Rd. *Leeds* —6C **24**
Swarcliffe Towers. *Leeds* —6D **24**
Swardale Grn. *Leeds* —1C **34**
Swardale Rd. *Leeds* —1C **34**
Sweet St. *Leeds* —1F **41**
Sweet St. W. *Leeds* —1E **41**
 (in two parts)
Swillington. —5G 45
Swillington La. *Swil & Leeds*
 —6F **45**
Swincar Av. *Yead* —2C **8**
Swincliffe. —5C 46
Swincliffe Clo. *Gom* —5C **46**
Swincliffe Cres. *Gom* —6C **46**
Swinegate. *Leeds* —6G **31** (6E **5**)
Swinnow. —4A 28
Swinnow Av. *Leeds* —4A **28**
Swinnow Clo. *Leeds* —4A **28**
Swinnow Cres. *S'ley* —3A **28**
Swinnow Dri. *Leeds* —4A **28**
Swinnow Gdns. *Leeds* —4A **28**
Swinnow Gth. *Leeds* —5A **28**
Swinnow Grn. *Pud* —4H **27**
Swinnow Gro. *Leeds* —4A **28**
Swinnow La. *Leeds & S'ley* —3A **28**
Swinnow Moor. —5A 28
Swinnow Pl. *S'ley* —3A **28**
Swinnow Rd. *Pud & Leeds* —5H **27**
Swinnow Vw. *Leeds* —4A **28**
Swinnow Wlk. *Leeds* —4A **28**
Swithen's Ct. *Rothw* —5H **53**
Swithen's Dri. *Rothw* —5G **53**
Swithen's Gro. *Rothw* —5G **53**
Swithen's La. *Rothw* —5H **53**
Swithen's St. *Rothw* —5H **53**
Sycamore Av. *C'gts* —5A **34**
Sycamore Av. *Leeds* —6B **22**
Sycamore Chase. *Pud* —6H **27**
Sycamore Clo. *Leeds* —1E **31**
Sycamore Clo. *Mean* —4D **20**
Sycamore Cft. *Leeds* —4F **41**
Sycamore Fld. *Leeds* —4F **41**
Sycamore Row. *Leeds* —1A **28**
Sycamores, The. *Guis* —3G **7**
Sycamore Wlk. *Fars* —3F **27**
Sydenham Rd. *Leeds* —1D **40**
Sydenham St. *Leeds* —1D **40**
Sydney St. *Fars* —3F **27**
Sydney St. *W'ford* —3D **54**
Syke Av. *Ting* —4B **56**
Syke Clo. *Ting* —4A **56**
Syke Gdns. *Ting* —4B **56**
Syke La. *S'cft* —2H **15**
Syke Rd. *Ting* —4B **56**
Syke Ter. *Ting* —4A **56**
Sylvan Av. *H'fth* —2C **18**
Syrett Gro. *Leeds* —5G **29**

Talbot Av. *Leeds* —2A **30**
Talbot Av. *Moort & Round* —1A **22**
Talbot Ct. *Leeds* —2B **22**
Talbot Cres. *Leeds* —1B **22**
Talbot Fold. *Leeds* —2B **22**
Talbot Gdns. *Leeds* —1B **22**
Talbot Gro. *Leeds* —1B **22**
Talbot Mt. *Leeds* —2A **30**
Talbot Ri. *Leeds* —1B **22**
Talbot Rd. *Leeds* —1B **22**
Talbot Ter. *Leeds* —2A **30**
Talbot Ter. *Rothw* —5G **53**

Talbot Vw. *Leeds* —2A **30**
Tamworth St. *B'frd* —1A **36**
Tandy Trad. Est. Leeds —4B 30
 (off Canal Rd.)
Tanhouse Hill. *H'fth* —3E **19**
Tan Ho. Yd. *Morl* —6A **40**
Tarn La. *Leeds* —3E **15**
Tarnside Dri. *Leeds* —2H **33**
Tarn Vw. Rd. *Yead* —2F **9**
Tatham Way. *Leeds* —5E **23**
Taverngate. *Guis* —5A **6**
Tawny Clo. *Morl* —5B **50**
Taylor La. *Bar E* —5H **25**
Taylors Clo. *Leeds* —5H **15**
Tealby Clo. *Leeds* —1E **19**
Teal Dri. *Morl* —5B **50**
Teal M. *Leeds* —4H **51**
Techno Cen. *H'fth* —1C **18**
Telephone Pl. *Leeds* —4H **31** (2H **5**)
Telford Clo. *Leeds* —5A **42**
Telford Gdns. *Leeds* —5A **42**
Telford Pl. *Leeds* —5A **42**
Telford St. *Leeds* —5A **42**
Telford Ter. *Leeds* —5A **42**
Telford Wlk. *Leeds* —5A **42**
Telford Way. *Wake I* —6B **58**
Telscombe Dri. *B'frd* —5A **36**
Temperance St. *H'fth* —3B **18**
Temperance St. *S'ley* —4G **27**
Tempest Pl. *Leeds* —4E **41**
Tempest Rd. *Leeds* —4E **41**
Templar La. *Leeds* —5H **31** (4G **5**)
 (LS2)
Templar La. *Leeds* —1D **34**
 (LS15)
Templar Pl. *Leeds* —5H **31** (5G **5**)
Templar St. *Leeds* —5G **31** (4F **5**)
Templar Ter. *Morl* —6H **49**
Temple Av. *Leeds* —1A **44**
Temple Av. *Rothw* —2H **53**
Temple Clo. *Leeds* —1A **44**
Temple Ct. *Leeds* —6H **33**
Temple Ct. *Rothw* —7H **53**
Temple Cres. *Leeds* —4E **41**
Temple Ga. *Leeds* —6B **34**
Templegate Av. *Leeds* —1A **44**
Templegate Clo. *Leeds* —6B **34**
Templegate Cres. *Leeds* —1B **44**
Temple Ga. Dri. *Leeds* —6B **34**
Templegate Grn. *Leeds* —6B **34**
Templegate Ri. *Leeds* —1A **44**
Templegate Rd. *Leeds* —1A **44**
Templegate Vw. *Leeds* —1A **44**
Templegate Wlk. *Leeds* —1A **44**
Templegate Way. *Leeds* —1B **44**
Temple Grn. *Rothw* —2A **54**
Temple Gro. *Leeds* —6A **34**
Temple La. *Leeds* —6B **34**
Temple Lawn. *Rothw* —2A **54**
Temple Lea. *Leeds* —6A **34**
Temple Newsam Country Park.
 —2B **44**
Templenewsam Rd. *Leeds* —6H **33**
Templenewsam Vw. *Leeds* —1H **43**
Temple Pk. Clo. *Leeds* —6A **34**
Temple Pk. Gdns. *Leeds* —6A **34**
Temple Pk. Grn. *Leeds* —6A **34**
Temple Ri. *Leeds* —1A **44**
Temple Row. *Leeds* —1E **45**
Temple Row Clo. *Leeds* —1E **45**
Templestowe Cres. *Leeds* —4C **34**
Templestowe Dri. *Leeds* —5C **34**
Templestowe Gdns. *Leeds* —5B **34**
Templestowe Hill. *Leeds* —4B **34**
Temple Vw. *Loft* —2E **59**
Temple Vw. Gro. *Leeds* —6C **32**
 (in two parts)
Temple Vw. Pl. *Leeds* —6B **32**
Temple Vw. Rd. *Leeds* —5B **32**
Temple Vw. Ter. *Leeds* —6B **32**
Temple Wlk. *Leeds* —5A **34**
Tenbury Fold. *B'frd* —4A **36**
Tennis Av. *B'frd* —2D **36**
Tennyson Av. *Stan* —5G **59**
Tennyson Clo. *Pud* —1H **37**
Tennyson St. *Far* —3F **27**
Tennyson St. *Guis* —1B **8**
Tennyson St. *Morl* —5H **49**
Tennyson St. *Pud* —1H **37**
Tennyson Ter. *Morl* —5H **49**
Tenterden Way. *Leeds* —2F **35**
Tenterfields. *App B* —3A **16**

Tenter La.—Tyersal Gro.

Tenter La. *Leeds* —6G **31**
(off Bridge End)
Terminus Pde. *Leeds* —3C **34**
(off Farm Rd.)
Terrace, The. *Pud* —3G **37**
Tetley Dri. *B'shaw* —5C **46**
Tetley's Brewery Wharf. —6H **31**
Texas St. *Morl* —1A **56**
Thackeray Rd. *B'frd* —1A **26**
Thackeray's Medical Museum.
—3B **32**
Thackray St. *Morl* —6G **49**
Thane Way. *Leeds* —2E **35**
Theaker La. *Leeds* —5H **29**
Thealby Clo. *Leeds* —5A **32** (4H **5**)
Thealby Lawn. *Leeds* —4A **32**
Thealby Pl. *Leeds* —5A **32** (4H **5**)
Theodore St. *Leeds* —6E **41**
Third Av. *Leeds* —1B **40**
Third Av. *Rothw* —2H **53**
Thirlmere Clo. *Leeds* —1C **50**
Thirlmere Dri. *Ting* —3E **57**
Thirlmere Gdns. *Leeds* —1C **50**
Thirsk Row. *Leeds* —6F **31** (6C **4**)
Thistle Way. *Gild* —4D **48**
Thistlewood Rd. *Out* —6F **59**
Thomas St. *Leeds* —2E **31**
Thoresby Pl. *Leeds* —5F **31** (4C **4**)
Thornbury. —5A 26
Thornbury Av. *B'frd* —5A **26**
Thornbury Cres. *B'frd* —5A **26**
Thornbury Dri. *B'frd* —5A **26**
Thornbury Gro. *B'frd* —5A **26**
Thornbury Rd. *B'frd* —6A **26**
Thornbury St. *B'frd* —5A **26**
Thorn Clo. *Leeds* —2D **32**
Thorn Cres. *Leeds* —2C **32**
Thorn Cross. *Leeds* —1E **33**
Thorndene Way. *B'frd* —2C **46**
Thorn Dri. *Leeds* —2C **32**
Thorne Clo. *Pud* —5D **26**
Thornefield Cres. *Ting* —3B **56**
Thorne Gro. *Rothw* —3H **53**
Thorner La. *T'ner* —1E **25**
Thornfield Av. *Fars* —2E **27**
Thornfield Ct. *Leeds* —3B **34**
Thornfield Dri. *Leeds* —3B **34**
Thornfield M. *Leeds* —3B **34**
Thornfield Rd. *Leeds* —3H **19**
Thornfield Way. *Leeds* —3B **34**
Thorn Gro. *Leeds* —2D **32**
Thornhill Clo. *C'ley* —4D **16**
Thornhill Ct. *Leeds* —1A **40**
Thornhill Cft. *Leeds* —1H **39**
Thornhill Dri. *C'ley* —3B **16**
Thornhill Gro. *C'ley* —4D **16**
Thornhill Ho. *B'frd* —5A **26**
(off Thornhill Pl.)
Thornhill Pl. *B'frd* —5A **26**
Thornhill Pl. *Leeds* —1H **39**
Thornhill Rd. *Leeds* —1H **39**
Thornhill St. *C'ley* —4D **16**
Thornhill St. *Leeds* —1H **39**
Thornhill Ter. *B'frd* —5A **26**
Thorn La. *Leeds* —4B **22**
Thornlea Clo. *Yead* —4B **8**
Thornleigh Gdns. *Leeds* —1B **42**
Thornleigh Gro. *Leeds* —1B **42**
Thornleigh Mt. *Leeds* —1B **42**
Thornleigh St. *Leeds* —1B **42**
Thornleigh Vw. *Leeds* —1B **42**
Thorn Mt. *Leeds* —1E **33**
Thorn Royd Dri. *B'frd* —5B **36**
Thorn Ter. *Leeds* —1D **32**
Thornton Av. *Leeds* —6G **29**
Thornton Clo. *Birs* —6H **47**
Thornton Gdns. *Leeds* —6G **29**
Thornton Gro. *Leeds* —6G **29**
Thornton's Arc. *Leeds*
—5G **31** (5E **5**)
Thorn Vw. *Leeds* —2E **33**
Thornville. *Morl* —2H **49**
Thornville Av. *Leeds* —3C **30**
Thornville Ct. *Leeds* —3C **30**
(off Thornville Rd.)
Thornville Cres. *Leeds* —2C **30**
Thornville Gro. *Leeds* —3C **30**
Thornville Mt. *Leeds* —3C **30**
Thornville Pl. *Leeds* —3C **30**
Thornville Rd. *Leeds* —3C **30**
Thornville Row. *Leeds* —3C **30**
Thornville St. *Leeds* —3C **30**

Thornville Ter. *Leeds* —3C **30**
Thornville Vw. *Leeds* —3C **30**
Thorn Wlk. *Leeds* —2E **33**
Thorpe Clo. *Guis* —5D **6**
Thorpe Ct. *Leeds* —6G **51**
Thorpe Cres. *Leeds* —6G **51**
Thorpe Dri. *Guis* —4E **7**
Thorpe Gdns. *Leeds* —5G **51**
Thorpe Gth. *Leeds* —6F **51**
Thorpe Gro. *Leeds* —5G **51**
Thorpe La. *Guis* —5C **6**
Thorpe La. *Ting* —2C **56**
(in two parts)
Thorpe Lwr. La. *Rob H* —1B **58**
Thorpe Mt. *Leeds* —6F **51**
Thorpe on the Hill. —1A 58
Thorpe Rd. *E Ard & Leeds* —4G **57**
Thorpe Rd. *Leeds* —5G **51**
Thorpe Rd. *Pud* —5F **27**
Thorpe Sq. *Leeds* —5H **51**
Thorpe St. *Halt* —5A **34**
Thorpe St. *Leeds* —5G **51**
Thorpe Vw. *Leeds* —6G **51**
Thorverton Dri. *Leeds* —1A **46**
Thorverton Gro. *Leeds* —1A **46**
Threelands Grange. *B'shaw* —1C **46**
Threshfield Cres. *B'shaw* —3C **46**
Throstle Av. *Leeds* —6F **51**
Throstle Dri. *Leeds* —6E **51**
Throstle Gdns. *Leeds* —6G **51**
Throstle Hill. *Leeds* —6F **51**
Throstle La. *Leeds* —6F **51**
Throstle Nest Vw. *H'fth* —4C **18**
Throstle Pde. *Leeds* —6F **51**
Throstle Pl. *Leeds* —6F **51**
Throstle Rd. *Leeds* —4A **52**
(nr. Ring Rd. Middleton)
Throstle Rd. *Leeds* —6G **51**
(nr. Thorpe La.)
Throstle Row. *Leeds* —6F **51**
Throstle Sq. *Leeds* —6H **51**
Throstle St. *Leeds* —6F **51**
Throstle Ter. *Leeds* —6G **51**
Throstle Vw. *Leeds* —6H **51**
Throstle Wlk. *Leeds* —6F **51**
Thwaite Gate. —4C 42
Thwaite Ga. *Leeds* —4B **42**
Thwaite La. *Leeds* —4C **42**
Thwaite Mills Museum. —4D **42**
Tilbury Av. *Leeds* —3D **40**
Tilbury Gro. *Leeds* —3D **40**
Tilbury Mt. *Leeds* —3D **40**
Tilbury Pde. *Leeds* —3D **40**
Tilbury Rd. *Leeds* —3D **40**
Tilbury Row. *Leeds* —3D **40**
Tilbury Ter. *Leeds* —3D **40**
Tilbury Vw. *Leeds* —3D **40**
Tile La. *Leeds* —6B **12**
(in two parts)
Tingley. —2C 56
Tingley Av. *Ting* —2C **56**
Tingley Comn. *Morl* —1A **56**
Tingley Cres. *Ting* —2A **56**
Tinshill. —5E 11
Tinshill Av. *Leeds* —6E **11**
Tinshill Clo. *Leeds* —6E **11**
Tinshill Cres. *Leeds* —5E **11**
Tinshill Dri. *Leeds* —4E **11**
Tinshill Gth. *Leeds* —5E **11**
Tinshill Gro. *Leeds* —5E **11**
Tinshill La. *Leeds* —4E **11**
Tinshill Moor. —4E 11
Tinshill Mt. *Leeds* —5E **11**
Tinshill Rd. *Leeds* —6D **10**
Tinshill Vw. *Leeds* —5E **11**
Tinshill Wlk. *Leeds* —4E **11**
Tiverton Wlk. *B'frd* —5A **36**
Toftshaw Bottom *B'frd* —1A **46**
Toftshaw La. *B'frd* —1A **46**
Toftshaw New Rd. *B'frd* —1A **46**
Tofts Ho. Clo. *Pud* —6G **27**
Tofts Rd. *Pud* —6F **27**
Toft St. *Leeds* —1B **40**
Tonbridge St. *Leeds* —4E **31** (2B **4**)
Tong. —5G 37
Tong App. *Leeds* —1D **38**
Tong Dri. *Leeds* —6D **28**
Tong Ga. *Leeds* —6D **28**
Tong Grn. *Leeds* —6D **28**
Tong Hall Bus. Pk. *B'frd* —5F **37**
Tong Ho. *B'frd* —5G **37**

Tong La. *B'frd* —1E **47**
Tong Rd. *Leeds* —3B **38**
Tong Street. —6A 36
Tong St. *B'frd* —6A **36**
Tongue La. *Leeds* —3D **20**
Tong Wlk. *Leeds* —6D **28**
Tong Way. *Leeds* —6D **28**
Topcliffe. —1A 56
Topcliffe Av. *Morl* —5B **50**
Topcliffe Ct. *Morl* —5B **50**
Topcliffe Fold. *Morl* —1A **56**
Topcliffe Grn. *Morl* —5B **50**
Topcliffe Gro. *Morl* —1A **56**
Topcliffe La. *Ting* —6B **50**
Topcliffe Mead. *Morl* —5B **50**
Topcliffe M. *Morl* —5B **50**
Top Fold. *Leeds* —1H **39**
Top Moor Side. *Leeds* —2E **41**
Tordoff Pl. *Kirks* —1G **29**
Tordoff Ter. *Leeds* —1G **29**
Toronto Pl. *Leeds* —5H **21**
Toronto Pl. Hyde *P* —3C **30**
(off Queen's Rd.)
Toronto St. *Leeds* —5F **31** (5D **4**)
Torre Clo. *Leeds* —5C **32**
Torre Cres. *Leeds* —5D **32**
Torre Dri. *Leeds* —4C **32**
Torre Gdns. *Leeds* —5B **32**
Torre Grn. *Leeds* —5B **32**
Torre Gro. *Leeds* —4C **32**
Torre Hill. *Leeds* —5D **32**
Torre La. *Leeds* —5D **32**
Torre Mt. *Leeds* —4C **32**
Torre Pl. *Leeds* —5C **32**
Torre Rd. *Leeds* —5B **32**
Torre Vw. *Leeds* —4D **32**
Torre Wlk. *Leeds* —4D **32**
Tower Ct. *Leeds* —5B **30**
Tower Gro. *Leeds* —5G **29**
Tower Ho. St. *Leeds* —4G **31** (3F **5**)
Tower La. *Leeds* —5F **29**
(in two parts)
Tower Pl. *Leeds* —5F **29**
Tower Rd. *Leeds* —3F **43**
Towers Sq. *Leeds* —3E **21**
Towers Way. *Leeds* —3E **21**
Tower Works. *Leeds* —6F **31**
Town Clo. *H'fth* —2B **18**
Town End. —3E 29
(nr. Bramley)
Town End. —5G 49
(nr. Morley)
Town End. —2E 59
(nr. Rothwell)
Town End. *Leeds* —2D **48**
Town End. *Morl* —5H **49**
(off Middleton Rd.)
Town End Clo. *Leeds* —4E **29**
Townend Pl. *Pud* —5H **27**
Townend Rd. *Leeds* —2H **39**
Town End Yd. *Leeds* —4D **28**
Town Ga. *C'ley* —4D **16**
Town Ga. *Guis* —4G **7**
Town Ga. Clo. *Guis* —4G **7**
Town Hall Sq. *Yead* —2D **8**
Town St. *Bees* —6C **40**
Town St. *B'shaw* —3C **46**
Town St. *Bmly* —2C **28**
Town St. *C'ley* —5D **16**
Town St. *Carl* —6F **53**
Town St. *Chap A* —4H **21**
Town St. *Far* —2F **27**
Town St. *Gild* —2C **48**
Town St. *Guis* —4G **7**
Town St. *H'fth* —3B **18**
Town St. *Midd* —4F **51**
Town St. *Rawd* —6F **9**
Town St. *Rod* —6G **17**
Town St. *S'ley* —4G **27**
Town St. *Yead* —2D **8**
Town St. M. *Leeds* —4H **21**
Town St. Wlk. *Leeds* —4H **21**
Town Wells Dri. *C'ley* —5D **16**
Trafalgar Gdns. *Morl* —6G **49**
Trafalgar St. *Leeds* —5H **31** (4G **5**)
Trafford Av. *Leeds* —3D **32**
Trafford Gro. *Leeds* —2C **32**
Trafford Ter. *Leeds* —3D **32**
Tranbeck Rd. *Guis* —4D **6**
Tranfield Av. *Guis* —4E **7**

Tranfield Clo. *Guis* —4E **7**
Tranfield Ct. *Guis* —4E **7**
Tranfield Gdns. *Guis* —4E **7**
Tranmere Dri. *Guis* —4E **7**
Tranmere Park. —5D 6
Tranquility. *Leeds* —3C **34**
Tranquility Av. *Leeds* —3C **34**
Tranquility Ct. *Leeds* —3C **34**
(off Tranquility Av.)
Tranquility Wlk. *Leeds* —3C **34**
Tranter Gro. *B'frd* —2A **36**
Tranter Pl. *Leeds* —5G **33**
Treefield Ind. Est. *Gild* —3D **48**
Trelawn Av. *Leeds* —6B **20**
Trelawn Cres. *Leeds* —6B **20**
Trelawn Pl. *Leeds* —6B **20**
Trelawn St. *Leeds* —6B **20**
Trelawn Ter. *Leeds* —6B **20**
Tremont Gdns. *Leeds* —5A **42**
Trenic Cres. *Leeds* —2B **30**
Trenic Dri. *Leeds* —2B **30**
Trentham Av. *Leeds* —4F **41**
Trentham Gro. *Leeds* —4F **41**
Trentham Pl. *Leeds* —4F **41**
Trentham Row. *Leeds* —4F **41**
Trentham St. *Leeds* —4F **41**
Trentham Ter. *Leeds* —4F **41**
Trent Rd. *Leeds* —5B **32**
Trent St. *Leeds* —2F **41**
Trescoe Av. *Leeds* —4E **29**
Trevelyan Sq. *Leeds* —6G **31** (6E **5**)
Trevor Ter. *Carr G* —5A **58**
Trinity St. *Leeds* —5G **31** (5E **5**)
Trinity St. Arc. *Leeds* —6G **31** (6E **5**)
Tropical World. —2D **22**
Troughton Pl. *Pud* —2H **37**
Troughton St. *Pud* —2H **37**
Troy. —1C 18
Troydale. —1B 38
Troydale Gdns. *Pud* —2B **38**
Troydale Gro. *Pud* —2B **38**
Troydale La. *Pud* —1A **38**
Troy Hill. —4G 49
Troy Hill. *H'fth* —1C **18**
Troy Hill. *Morl* —4G **49**
Troy Ri. *Morl* —4H **49**
Troy Rd. *H'fth* —1C **18**
Troy Rd. *Morl* —5G **49**
Truro Clo. *Leeds* —5A **30**
Tudor Clo. *Fars* —3E **27**
Tudor Gdns. *Leeds* —5C **40**
Tudor Lawns. *Carr G* —6A **58**
Tulip Retail Pk. *H'let* —4H **41**
Tulip St. *Leeds* —4H **41**
Tunstall Grn. *B'frd* —4A **36**
Tunstall Rd. *Leeds* —4G **41**
Turbary Av. *Fars* —3G **27**
Turkey Hill. *Pud* —1H **37**
(in two parts)
Turks Head Yd. *Leeds* —5E **5**
Turnberry Av. *Leeds* —5F **13**
Turnberry Clo. *Leeds* —5F **13**
Turnberry Dri. *Ting* —3B **56**
Turnberry Dri. *Leeds* —5F **13**
Turnberry Dri. *Ting* —3B **56**
Turnberry Gdns. *Ting* —3B **56**
Turnberry Gro. *Leeds* —5F **13**
Turnberry Pl. *Leeds* —5F **13**
Turnberry Ri. *Leeds* —5F **13**
Turnberry Vw. *Leeds* —5F **13**
Turnbull Ct. *Leeds* —6F **23**
Turner Clo. *Ting* —3C **56**
Turner Dri. *Ting* —3C **56**
Turner Ho. *Kirks* —1F **29**
Turner St. *Fars* —2F **27**
Turner's Yd. *Fars* —2F **27**
Turner's Yd. *Leeds* —3D **28**
Turnstone Ct. *Leeds* —4H **51**
Turnways, The. *Leeds* —1A **30**
Turton Grn. *Gild* —2D **48**
Turton Va. *Gild* —3D **48**
Tyas Gro. *Leeds* —6D **32**
Tyersal. —1A 36
Tyersal Av. *B'frd* —1B **36**
Tyersal Clo. *B'frd* —1B **36**
Tyersal Ct. *B'frd* —1B **36**
Tyersal Cres. *B'frd* —1B **36**
Tyersal Dri. *B'frd* —1B **36**
Tyersal Gth. *B'frd* —1B **36**
Tyersal Gate. —3A 36
Tyersal Grn. *B'frd* —1B **36**
Tyersal Gro. *B'frd* —1B **36**

Tyersal La.—Well Clo.

Tyersal La. *B'frd* —3A **36** (in two parts)
Tyersal Pk. *B'frd* —1B **36**
Tyersal Rd. *Leeds* —1A **36**
Tyersal Ter. *B'frd* —1A **36**
Tyersal Vw. *B'frd* —1A **36**
Tyersal Wlk. *B'frd* —1B **36**
Tynedale Ct. *Leeds* —5E **21**
Tynwald Clo. *Leeds* —1E **21**
Tynwald Dri. *Leeds* —6E **13**
Tynwald Gdns. *Leeds* —1E **21**
Tynwald Grn. *Leeds* —6E **13**
Tynwald Hill. *Leeds* —1E **21**
Tynwald Mt. *Leeds* —6E **13**
Tynwald Rd. *Leeds* —1E **21**
Tynwald Wlk. *Leeds* —6E **13**

Ullswater Cres. *Leeds* —6G **33**
Ullswater Cres. *W'ford* —3C **54**
Underwood Dri. *Rawd* —1D **16**
Union Pl. *Leeds* —1F **41**
Union St. *Chur* —1A **50**
Union St. *Leeds* —5G **31** (5F **5**)
Union Ter. *Leeds* —5G **21**
Unity Clo. *Leeds* —1F **31**
Unity St. *Carl* —6F **53**
University Rd. *Leeds* —3E **31** (1A **4**)
Upland Cres. *Leeds* —6C **22**
Upland Gdns. *Leeds* —1C **32**
Upland Gro. *Leeds* —6C **22**
Upland Rd. *Leeds* —1C **32**
Up. Accommodation Rd. *Leeds* —5A **32**
Upper Armley. —4G 29
Up. Basinghall St. *Leeds* —5F **31** (4D **4**)
Up. Carr La. *C'ley* —5C **16**
Upper Fagley. —2A 26
Up. Fountaine St. *Leeds* —5F **31** (4E **5**)
Upper Green. —4B 56
Up. Green Av. *Ting* —4B **56**
Up. Green Clo. *Ting* —4C **56**
Up. Green Dri. *Ting* —4C **56**
Up. Green Way. *Ting* —4B **56**
Up. Lombard St. *Rawd* —5C **8**
Uppermoor. *Pud* —6E **27**
Uppermoor Clo. *Pud* —1F **37**
Upper Moor Side. —5C 38
Up. North St. *Leeds* —4F **31** (3D **4**)
Up. Rushton Rd. *B'frd* —4A **26**
Up. Town St. *Leeds* —2C **28**
Up. Westlock Av. *Leeds* —4C **32**
*Up. Woodview Pl. Leeds —5F **41** (off Woodview St.)*
Up. Wortley Dri. *Leeds* —6H **29**
Up. Wortley Rd. *Leeds* —6H **29**

Vale Av. *Leeds* —1C **22**
Valentine M. *Loft* —3E **59**
Vale, The. *Leeds* —6D **20**
Valley Clo. *Leeds* —4E **13**
Valley Dri. *Leeds* —4A **34**
Valley Farm Rd. *Leeds* —6C **42**
Valley Farm Way. *Leeds* —6C **42**
Valley Gdns. *Leeds* —3G **21**
Valley Grn. *Pud* —1H **37**
Valley Gro. *Pud* —1H **37**
Valley Mills. *Dlgtn* —1B **48**
Valley Mills Ind. Est. *B'frd* —3A **26**
Valley Mt. *Leeds* —5A **28**
Valley Ri. *Leeds* —6C **18**
Valley Rd. *Leeds* —6C **18**
Valley Rd. *Morl* —4H **49**
Valley Rd. *Pud* —1G **37**
Valley Sq. *Pud* —1H **37**
Valley Ter. *Leeds* —6B **14**
Valley, The. *Leeds* —3E **13**
Vancouver Pl. *Leeds* —5A **22**
Varley St. *S'ley* —4F **27**
(in two parts)
Varleys Yd. *Pud* —6H **27**
Verity Spur. *Leeds* —5G **33**
Verity St. *B'frd* —2B **46**
Verity Vw. *Leeds* —4G **33**
Vermont St. *Leeds* —3A **28**
Vernon Pl. *S'ley* —4E **27**
Vernon Rd. *Leeds* —4F **31** (2C **4**)
Vernon St. *Leeds* —4F **31** (3D **4**)
Vesper Clo. *Leeds* —5F **19**

Vesper Ct. *Leeds* —5E **19**
Vesper Ct. Dri. *Leeds* —5E **19**
Vesper Gdns. *Leeds* —6F **19**
Vesper Ga. Cres. *Leeds* —6F **19**
Vesper Ga. Dri. *Leeds* —5E **19**
Vesper Ga. Mt. *Leeds* —6F **19**
Vesper Gro. *Leeds* —1G **29**
Vesper La. *Leeds* —6F **19**
Vesper Mt. *Leeds* —1G **29**
Vesper Pl. *Leeds* —1G **29**
Vesper Ri. *Leeds* —5E **19**
Vesper Rd. *Leeds* —5D **18**
Vesper Ter. *Leeds* —1G **29**
Vesper Wlk. *Leeds* —6F **19**
Vesper Way. *Leeds* —5E **19**
Viaduct Rd. *Leeds* —4B **30**
Viaduct St. *S'ley* —4F **27**
Vicarage Av. *Gild* —3C **48**
Vicarage Av. *Leeds* —1H **29**
Vicarage Clo. *Wake* —6D **58**
Vicarage Dri. *Pud* —6F **27**
Vicarage Gdns. *B'shaw* —4C **46**
Vicarage Pl. *Leeds* —1H **29**
Vicarage Rd. *Leeds* —3D **30**
Vicarage Ter. *Leeds* —1H **29**
Vicarage Ter. *Leeds* —1F **29**
Vicarage Vw. *Leeds* —1H **29**
Vicar La. *Leeds* —5G **31** (6F **5**)
Vicars Rd. *Leeds* —1B **32**
Vicars Ter. *Leeds* —1B **32**
Vickers Av. *Leeds* —2F **29**
Vickersdale. *S'ley* —3G **27**
*Vickersdale Gro. S'ley —3G **27** (off Haydn's Ter.)*
Vickers Pl. *S'ley* —3G **27**
Vickers Rd. *Morl* —6F **49**
(in two parts)
Vickers Yd. *S'ley* —4F **27**
Victor Dri. *Guis* —1A **8**
Victoria Av. *H'fth* —4A **18**
Victoria Av. *Leeds* —5C **32**
Victoria Av. *Morl* —4G **49**
Victoria Av. *Rothw* —5G **53**
Victoria Av. *Yead* —3F **9**
Victoria Clo. *H'fth* —4A **18**
Victoria Clo. *Yead* —2F **9**
Victoria Ct. *Morl* —4G **49**
Victoria Ct. M. *Leeds* —2C **30**
Victoria Cres. *H'fth* —4A **18**
Victoria Cres. *Pud* —6E **27**
Victoria Dri. *H'fth* —4A **18**
Victoria Dri. *Morl* —4H **49**
Victoria Gdns. *H'fth* —4B **18**
Victoria Gdns. *Pud* —6E **27**
Victoria Grange Dri. *Morl* —4G **49**
Victoria Grange Way. *Morl* —4G **49**
Victoria Gro. *H'fth* —5A **18**
Victoria Gro. *Leeds* —5D **32**
Victoria Ho. *Pud* —6E **27**
Victoria Ho. *Kirks* —1G **29**
Victoria M. *H'fth* —4A **18**
Victoria M. *Morl* —4G **49**
Victoria Mt. *H'fth* —3A **18**
Victoria Pk. Av. *Bmly & Kirks* —2E **29**
Victoria Pk. Gro. *Bmly* —2E **29**
Victoria Pk. Gro. *Kirks* —2F **29**
Victoria Pl. *Pud* —2C **8**
Victoria Quarter. *Leeds* —5G **31** (5F **5**) (LS1)
Victoria Quarter. *Leeds* —5C **32** (LS9)
Victoria Ri. *Pud* —6E **27**
Victoria Rd. *Guis* —5F **7**
Victoria Rd. *Kirks* —1G **29**
Victoria Rd. *Leeds* —2C **30** (LS6)
Victoria Rd. *Leeds* —1F **41** (LS11)
Victoria Rd. *Morl* —4G **49**
Victoria Rd. *Pud* —3F **27**
(nr. Northcote St.)
Victoria Rd. *Pud* —6E **27**
(nr. Uppermoor)
Victoria Rd. *Yead* —2C **8**
Victoria Rd. *Rothw* —3F **53**
Victoria Sq. *Leeds* —5F **31** (4C **4**)
Victoria St. *C'ley* —5C **16**
Victoria St. *Chur* —2A **50**
Victoria St. *Leeds* —4D **30** (LS3)
Victoria St. *Leeds* —4H **21** (LS7)

Victoria St. *Morl* —4F **49**
*Victoria Ter. Guis —4G **7** (off Lands La.)*
Victoria Ter. *Head* —5B **20**
Victoria Ter. *Leeds* —4D **30** (3A **4**)
Victoria Ter. *Morl* —6E **49**
Victoria Ter. *S'ley* —3H **27**
Victoria Ter. *Yead* —2E **9**
Victoria Vs. *S'ley* —4G **27**
Victoria Wlk. *H'fth* —4A **18**
Victor St. *B'frd* —6A **26**
Viewlands Clo. *Men* —1F **7**
Viewlands Mt. *Men* —1F **7**
Viewlands Ri. *Men* —1F **7**
View, The. *Alw* —3D **12**
View, The. *Round* —3B **22**
Village Av. *Leeds* —1D **28**
Village Gdns. *Leeds* —1D **44**
(in two parts)
Village Pl. *Leeds* —3B **30**
Village St., The. *Leeds* —3B **30**
Village Ter. *Leeds* —3B **30**
Vine Ct. *Guis* —1A **8**
Vinery Av. *Leeds* —5C **32**
Vinery Gro. *Leeds* —5C **32**
Vinery Mt. *Leeds* —6C **32**
Vinery Pl. *Leeds* —6C **32**
Vinery Rd. *Leeds* —3B **30**
Vinery St. *Leeds* —5C **32**
Vinery Ter. *Leeds* —6C **32**
Vinery Vw. *Leeds* —6C **32**
Virginia Clo. *Loft* —5C **58**
Virginia Ct. *Loft* —5C **58**
Virginia Dri. *Loft* —5C **58**
Virginia Gdns. *Loft* —5C **58**
Vulcan St. *B'frd* —6A **36**

Wade La. *Leeds* —5G **31** (4E **5**)
Wade St. *Fars* —2F **57**
Wadlands Clo. *Fars* —2F **27**
Wadlands Dri. *Fars* —2E **27**
Wadlands Gro. *Fars* —1E **27**
Wadlands Ri. *Fars* —2E **27**
Waincliffe Cres. *Leeds* —6D **40**
Waincliffe Dri. *Leeds* —1D **50**
Waincliffe Gth. *Leeds* —6D **40**
Waincliffe Mt. *Leeds* —6D **40**
Waincliffe Pl. *Leeds* —6D **40**
Waincliffe Sq. *Leeds* —6D **40**
Waincliffe Ter. *Leeds* —1D **50**
*Wainfleet Ho. B'frd —5A **26** (off Rushton Rd.)*
Waites Cft. *K'gte* —2F **57**
Wakefield 41 Ind. Pk. *Wake* —5B **58**
Wakefield Av. *Leeds* —4H **33**
Wakefield Rd. *Dlgtn* —3H **47**
(in two parts)
Wakefield Rd. *Leeds* —5B **42**
Wakefield Rd. *Morl* —4C **48**
Wakefield Rd. *Oult* —6C **54**
Wakefield Rd. *Rothw* —4D **52**
Wakefield Rd. *W'ford & Gar* —1E **55**
Walesby Ct. *Leeds* —1E **19**
Walford Av. *Leeds* —5C **32**
Walford Gro. *Leeds* —5C **32**
Walford Mt. *Leeds* —5C **32**
Walford Rd. *Leeds* —5C **32**
Walford Ter. *Leeds* —5C **32**
Walker Ho. *Kirks* —1F **29**
Walker Pl. *Morl* —2H **49**
Walker Rd. *H'fth* —2B **18**
Walker Rd. *Men* —1B **6**
Walkers Rd. *Leeds* —6D **20**
Walker's La. *Leeds* —3A **40**
Walker's La. *Leeds* —3A **40**
(in two parts)
Walkers Mt. *Leeds* —6D **20**
Walkers Row. *Yead* —2C **8**
Walk, The. *Fars* —3E **27**
Wallace Gdns. *Loft G* —5D **58**
Walmer Gro. *Pud* —2H **37**
Walmsley Rd. *Leeds* —2C **30**
Walnut Clo. *S'cft* —3D **24**
Walsh La. *Leeds* —5C **38**
Walter Cres. *Leeds* —6B **32**
Walter Pl. *Leeds* —1F **39**
Walter St. *Leeds* —4B **30**
Walton Dri. *Dlgtn* —3H **47**
Walton Gth. *Dlgtn* —4H **47**
Walton St. *Leeds* —1F **41**
Wansford Clo. *B'frd* —5A **36**

Wareham Corner. *B'frd* —5A **36**
Warley Vw. *Leeds* —1B **28**
Warm La. *Yead* —4C **8**
Warnford Gro. *B'frd* —4A **36**
Warrel's Av. *Leeds* —2C **28**
Warrel's Ct. *Leeds* —3C **28**
Warrel's Gro. *Leeds* —3C **28**
Warrel's Mt. *Leeds* —3C **28**
Warrel's Pl. *Leeds* —2C **28**
Warrel's Rd. *Leeds* —2C **28**
Warrel's Row. *Leeds* —3C **28**
Warrel's St. *Leeds* —3C **28**
Warrel's Ter. *Leeds* —3C **28**
Warren Ho. La. *Yead* —1F **9**
Warrens La. *Bat* —6F **47**
Warrens La. *Dlgtn* —4G **47**
Warwick Ct. *H'fth* —4C **18**
Washington Pl. *Leeds* —5A **28**
Washington St. *Leeds* —5C **30** (LS3)
Washington St. *Leeds* —5A **28** (LS13)
Washington Ter. *Leeds* —5A **28**
Waterfront M. *App B* —3A **16**
Water Ho. Ct. *H'fth* —4B **18**
*Waterhouse Ct. Leeds —3H **41** (off Oval, The)*
Waterhouse Dri. *E Ard* —4F **57**
Watering La. *Morl* —5B **50**
Water La. *Fars* —2F **27**
Water La. *H'bck* —1E **41**
Water La. *H'fth* —2H **17**
Water La. *Leeds* —6D **28** (LS12)
*Water La. Leeds —6G **31** (off Meadow La.)*
Waterloo Cres. *B'frd* —3B **16**
Waterloo Cres. *Leeds* —2D **28**
Waterloo Gro. *Pud* —6D **26**
Waterloo La. *Leeds* —2D **28**
Waterloo Mt. *Pud* —5D **26**
Waterloo Rd. *Leeds* —3A **42**
Waterloo Rd. *Pud* —5D **26**
Waterloo St. *Leeds* —6G **31**
Waterloo Way. *Leeds* —2D **28**
Waterside Ind. Pk. *Leeds* —4D **42**
Waterside Rd. *Leeds* —5D **42**
Waterwood Clo. *Ting* —4D **56**
Watson Rd. *Leeds* —4H **33**
Watson St. *Morl* —6F **49**
Watt St. *B'frd* —2A **36**
Waveney Rd. *Leeds* —1A **40**
Waverley Gth. *Leeds* —3F **41**
Wayland App. *Leeds* —5B **12**
Wayland Clo. *Leeds* —5B **12**
Wayland Cft. *Leeds* —5B **12**
Wayland Dri. *Leeds* —5B **12**
Weaver Gdns. *Morl* —6B **50**
Weaver Grn. *Pud* —6G **27**
Weavers Ct. *Leeds* —6H **29**
Weavers Ct. *Pud* —2H **37**
Weavers Cft. *Pud* —1F **37**
Weavers Grange. *Guis* —3G **7**
Weavers Row. *Pud* —1H **37**
Weaver St. *Leeds* —4B **30**
Weaverthorpe Rd. *B'frd* —6A **36**
Webster Row. *Leeds* —1H **39**
Webton Ct. *Leeds* —4H **21**
Wedgewood Ct. *Leeds* —2C **22**
Wedgewood Dri. *Leeds* —3C **22**
Wedgewood Gro. *Leeds* —3C **22**
Weetwood. —3A 20
Weetwood Av. *Leeds* —4B **20**
Weetwood Ct. *Leeds* —3A **20**
Weetwood Cres. *Leeds* —3B **20**
Weetwood Grange Gro. *Leeds* —3H **19**
Weetwood Ho. Ct. *Leeds* —3H **19**
Weetwood La. *Leeds* —2A **20**
Weetwood Mnr. *Leeds* —3A **20**
Weetwood Mill La. *Leeds* —3B **20**
Weetwood Pk. Dri. *Leeds* —3H **19**
Weetwood Rd. *Leeds* —3H **19**
Weetwood Ter. *Leeds* —3B **20**
Weetwood Wlk. *Leeds* —3A **20**
Welbeck Rd. *Birs* —6H **47**
Welbeck Rd. *Leeds* —6C **22**
Welburn Av. *Leeds* —4H **19**
Welburn Dri. *Leeds* —4H **19**
Welburn Gro. *Leeds* —4H **19**
Well Clo. *Rawd* —6E **9**

A-Z Leeds 93

Well Clo. Ri.—Whingate

Well Clo. Ri. Leeds —3G **31** (1E **5**)
Wellcroft Gro. Ting —4D **56**
Wellfield Pl. Leeds —6B **20**
 (off Chapel St.)
Wellfield Ter. Gild —2C **48**
Well Gth. Leeds —3C **34**
Well Gth. Bank. Leeds —1B **28**
Well Gth. Mt. Leeds —3C **34**
Well Gth. Vw. Leeds —1C **28**
Well Grn. Ct. B'frd —2A **46**
Well Hill. Yead —2D **8**
Well Hill Ct. Yead —3D **8**
 (off Well Hill)
Well Holme Mead. Leeds —4E **39**
Well Ho. Av. Leeds —6C **22**
Well Ho. Cres. Leeds —6C **22**
Well Ho. Dri. Leeds —6C **22**
Well Ho. Gdns. Leeds —6C **22**
Well Ho. Rd. Leeds —6C **22**
Wellington Bri. Ind. Est. Leeds
 —6D **30**
Wellington Bri. St. Leeds
 —5D **30** (5A **4**)
Wellington Ct. B'shaw —3C **46**
Wellington Gdns. Leeds —2D **28**
Wellington Gth. Leeds —1D **28**
Wellington Gro. Leeds —1D **28**
Wellington Gro. Pud —6E **27**
Wellington Hill. —3H 23
Wellington Hill. Leeds —1A **24**
Wellington Mt. Leeds —1D **28**
Wellington Rd. Leeds —1C **40** (6A **4**)
Wellington St. Lais —1A **36**
Wellington St. Leeds —5D **30** (5A **4**)
 (in two parts)
Wellington St. Morl —5G **49**
Wellington Ter. Leeds —1D **28**
Well La. Guis —4G **7**
Well La. Leeds —4H **21**
Well La. Rawd —6E **9**
Well La. Yead —3D **8**
Wells Ct. Yead —3D **8**
 (off Well La.)
Wells Cft. Leeds —4C **20**
Wells Gro. Guis —4G **7**
Wells Mt. Guis —4G **7**
Wells Rd. Guis —4G **7**
Wells St. Guis —4G **7**
Wellstone Av. Leeds —4B **28**
Wellstone Dri. Leeds —4B **28**
Wellstone Gdns. Leeds —5B **28**
Wellstone Gth. Leeds —5B **28**
Wellstone Grn. Leeds —4B **28**
Wellstone Ri. Leeds —5B **28**
Wellstone Rd. Leeds —5B **28**
Wellstone Way. Leeds —5B **28**
Well St. Fars —2F **27**
Well Ter. Guis —4G **7**
 (off Well St.)
Well Vw. Guis —4G **7**
Welton Clo. Leeds —2C **30**
Welton Mt. Leeds —2C **30**
Welton Pl. Leeds —2C **30**
Welton Rd. Leeds —2C **30**
Wenborough La. B'frd —4B **36**
Wendover Ct. Leeds —6B **12**
Wensley Av. Leeds —4G **21**
Wensley Cres. Leeds —4G **21**
Wensleydale Av. Leeds —3F **29**
Wensleydale Clo. Leeds —3F **29**
Wensleydale Ct. Leeds —4G **21**
 (off Stainbeck La.)
Wensleydale Cres. Leeds —3F **29**
Wensleydale Dri. Leeds —3F **29**
Wensleydale M. Leeds —3F **29**
Wensleydale Ri. Leeds —3F **29**
Wensleydale Rd. B'frd —4A **26**
Wensley Dri. Leeds —3F **21**
Wensley Gdns. Leeds —3F **21**
Wensley Grn. Leeds —4F **21**
Wensley Gro. Leeds —4G **21**
Wensley Lawn. Midd —5G **51**
Wensley Rd. Leeds —3F **21**
Wensley Vw. Leeds —4G **21**
Wentworth Av. Leeds —5F **13**
Wentworth Clo. Men —1C **6**
Wentworth Cres. Leeds —5G **13**
Wentworth Farm Res. Pk. Leeds
 —5D **38**
Wentworth Ter. Rawd —6F **9**
 (off Town St.)
Wentworth Way. Leeds —5G **13**

Wepener Mt. Leeds —4D **32**
Wepener Pl. Leeds —4D **32**
Wesley App. Leeds —5D **40**
Wesley Av. Leeds —6A **30**
Wesley Clo. Leeds —4D **40**
Wesley Ct. Leeds —5D **40**
 (LS11)
Wesley Ct. Leeds —2E **31**
 (off Woodhouse St.)
Wesley Cft. Leeds —4D **40**
Wesley Gth. Leeds —4D **40**
Wesley Grn. Leeds —5D **40**
Wesley Ho. Leeds —5D **40**
Wesley Pl. Leeds —6A **32**
 (LS9)
Wesley Pl. Leeds —6A **30**
 (LS12)
Wesley Rd. Leeds —6A **30**
Wesley Rd. S'ley —4E **27**
Wesley Row. Pud —5G **27**
Wesley Sq. Pud —6G **27**
Wesley St. Far —2F **27**
Wesley St. Leeds —4D **40**
Wesley St. Morl —6G **49**
Wesley St. Rod —6H **17**
Wesley St. S'ley —4F **27**
Wesley Ter. Leeds —2D **28**
Wesley Ter. Pud —6G **27**
Wesley Ter. Rod —6H **17**
Wesley Vw. Leeds —6H **17**
Wesley Vw. Pud —6G **27**
West Ardsley. —3C 56
West Av. Round —3E **23**
Westbourne Av. Leeds —4F **41**
Westbourne Dri. Guis —4E **7**
Westbourne Dri. Men —1C **6**
Westbourne Mt. Leeds —4F **41**
Westbourne Pl. Leeds —4F **41**
Westbourne Pl. S'ley —4F **27**
Westbourne St. Leeds —4F **41**
Westbrook Clo. H'fth —1B **18**
Westbrook La. H'fth —1B **18**
Westbury Gro. Leeds —5B **42**
Westbury Mt. Leeds —6B **42**
Westbury Pl. N. Leeds —5B **42**
Westbury Pl. S. Leeds —6B **42**
Westbury St. Leeds —6B **42**
Westbury Ter. Leeds —6B **42**
W. Chevin Rd. Men & Otley —1F **7**
Westcombe Av. Leeds —1C **22**
West Ct. Bmly —4C **28**
West Ct. Leeds —3E **23**
Westdale Dri. Pud —5F **27**
Westdale Gdns. Pud —5F **27**
Westdale Gro. Pud —5F **27**
Westdale Ri. Pud —5F **27**
Westdale Rd. Pud —5F **27**
West Dene. Leeds —4B **14**
West End. —2H 17
West End. Gild —2C **48**
West End. Leeds —4D **49**
W. End App. Morl —6E **49**
W. End Clo. H'fth —2H **17**
W. End Dri. H'fth —2H **17**
W. End Gro. H'fth —2H **17**
W. End La. H'fth —2H **17**
W. End Ri. H'fth —2H **17**
W. End Rd. C'ley —5D **16**
W. End Ter. Guis —4E **7**
W. End Ter. Leeds —1D **30**
Westerly Cft. Leeds —5A **30**
Westerly Ri. Leeds —5A **30**
 (off Stocks Hill)
Western Gro. Leeds —2H **39**
Western Mt. Leeds —2H **39**
Western Rd. Leeds —2H **39**
Western St. Leeds —2H **39**
Westerton. —4D 56
Westerton Clo. Ting —3F **57**
Westerton Rd. Ting —4B **56**
Westerton Wlk. Ting —3F **57**
W. Farm Av. Leeds —4F **51**
Westfield. —3B 8
Westfield. Leeds —4G **21**
Westfield. S'ley —4F **27**
Westfield Av. Leeds —5F **29**
Westfield Av. Yead —3B **8**
Westfield Clo. Rothw —5E **53**
Westfield Clo. Yead —3B **8**
Westfield Ct. Leeds —4D **30**
 (off Westfield Rd.)
Westfield Ct. Rothw —5E **53**

Westfield Cres. Leeds —4D **30**
 (in two parts)
Westfield Dri. Yead —3A **8**
Westfield Grn. B'frd —3A **36**
Westfield Gro. Yead —3A **8**
Westfield Ind. Est. Yead —3C **8**
Westfield Mt. Leeds —4B **8**
Westfield Oval. Yead —3A **8**
Westfield Pl. Morl —5G **49**
Westfield Rd. Leeds —4D **30**
Westfield Rd. Morl —5G **49**
Westfield Rd. Rothw & Carl —6E **53**
Westfield Ter. Leeds —4G **21**
 (LS3)
Westfield Ter. Leeds —4G **21**
 (LS7)
Westfield Yd. Leeds —2H **39**
Westgate. Guis —5C **6**
Westgate. Leeds —5E **31** (5A **4**)
 (in two parts)
Westgate. —3E 59
Westgate Clo. Loft —3E **59**
Westgate Ct. Loft —3E **59**
Westgate Gro. Loft —3E **59**
Westgate Hill. —1C 46
Westgate Hill St. B'frd —1B **46**
Westgate La. Loft —3D **58**
Westgate Pl. B'frd —1C **46**
Westgate Ter. B'frd —1C **46**
W. Grange Clo. Leeds —6H **41**
W. Grange Dri. Leeds —6H **41**
W. Grange Fold. Leeds —6H **41**
W. Grange Gdns. Leeds —6H **41**
W. Grange Gth. Leeds —6H **41**
W. Grange Grn. Leeds —6H **41**
W. Grange Rd. Leeds —1H **51**
W. Grange Wlk. Leeds —6H **41**
W. Grove St. S'ley —4F **27**
W. Hill Av. Leeds —4G **21**
W. Hill Ter. Leeds —4G **21**
Westland Ct. Leeds —1F **51**
Westland Rd. Leeds —6F **41**
Westland Sq. Leeds —1F **51**
W. Lea Clo. Leeds —2F **21**
W. Lea Cres. Ting —4B **56**
W. Lea Cres. Yead —3B **8**
W. Lea Dri. Leeds —2F **21**
W. Lea Dri. Ting —4B **56**
W. Lea Gdns. Leeds —2F **21**
W. Lea Gth. Leeds —2F **21**
W. Lea Gro. Yead —3B **8**
Westlock Av. Leeds —4C **32**
W. Lodge Gdns. Leeds —5G **21**
Westmead. S'ley —4C **26**
Westminster Clo. Rod —1H **27**
Westminster Cres. Leeds —6G **33**
Westminster Cft. Rod —1H **27**
Westminster Rd. Rod —1H **27**
Westmoor Pl. Leeds —2B **28**
Westmoor Ri. Leeds —2B **28**
Westmoor Rd. Leeds —2B **28**
Westmoor St. Leeds —2B **28**
Westmoreland Mt. Leeds —1D **28**
W. Mount St. Leeds —4E **41**
Westover Av. Leeds —2C **28**
Westover Clo. Leeds —2D **28**
Westover Gdns. Pud —6E **27**
Westover Grn. Leeds —2C **28**
Westover Gro. Leeds —2C **28**
Westover Mt. Leeds —2C **28**
Westover Rd. Leeds —2C **28**
Westover St. Leeds —2C **28**
Westover Ter. Leeds —2C **28**
Westover Vw. Leeds —2C **28**
West Pde. Leeds —4G **7**
West Pde. Leeds —3G **19**
West Pde. Rothw —4H **53**
West Park. —3G 19
West Pk. Guis —3E **7**
West Pk. Pud —6F **27**
W. Park Av. Leeds —6D **14**
W. Pk. Chase. Leeds —6C **14**
W. Park Clo. Leeds —6C **14**
W. Park Ct. Leeds —6C **14**
W. Park Cres. Leeds —1D **22**
W. Park Dri. Leeds —3G **19**
W. Park Dri. E. Leeds —6C **14**
W. Park Dri. W. Leeds —6B **14**
W. Park Gro. Leeds —6C **14**
W. Park Pl. Leeds —1D **22**
W. Park Rd. Leeds —1D **22**

W. Pasture Clo. H'fth —2H **17**
West Rd. Leeds —4E **43**
W. Road N. Leeds —4E **43**
Westroyd. Pud —1E **37**
Westroyd Av. Cleck —6A **46**
Westroyd Av. Pud —1E **37**
Westroyd Cres. Pud —1E **37**
Westroyd Gdns. Pud —1E **37**
Westroyd Hill. —1E 37
W. Side Retail Pk. Guis —2B **8**
West St. Dlgtn —4G **47**
West St. Guis —4G **7**
West St. Leeds —5D **30** (5A **4**)
West St. Morl —6H **49**
West St. S'ley —5G **27**
W. Terrace St. S'ley —4F **27**
West Va. Leeds —2C **40**
Westvale M. Leeds —4E **29**
West Vw. B'shaw —5D **46**
West Vw. Fars —3F **27**
 (off New St.)
West Vw. Leeds —4E **41**
West Vw. W'ford —4C **54**
West Vw. Yead —2B **8**
W. View Ct. Yead —2B **8**
W. Villa Rd. Guis —4G **7**
Westway. Fars —2E **27**
Westway. Guis —5D **6**
Westways Dri. Leeds —4E **23**
West Winds. Men —1A **6**
Westwinn Gth. Leeds —3C **24**
Westwinn Vw. Leeds —2C **24**
Westwood Clo. Morl —3H **49**
W. Wood Ct. Leeds —4E **51**
Westwood Ri. Morl —4H **49**
W. Wood Rd. Morl —5D **50**
Westwood Side. Morl —2G **49**
W. Yorkshire Ind. Est. B'frd —1A **46**
West Yorkshire Playhouse.
 —5H **31** (5H **5**)
Wetherby Gro. Leeds —3A **30**
Wetherby Pl. Leeds —3B **30**
Wetherby Rd. Leeds —5D **22**
Wetherby Rd. S'cft & Leeds —4G **23**
Wetherby Ter. Leeds —3A **30**
Whack Ho. Yead —3B **8**
 (off Whack Houses)
Whack Ho. Clo. Yead —3C **8**
Whack Ho. La. Yead —3C **8**
Wharfe Clo. Leeds —5B **12**
Wharfedale Av. Leeds —1F **31**
Wharfedale Ct. Leeds —6H **23**
Wharfedale Gro. Leeds —1F **31**
Wharfedale Mt. Leeds —1F **31**
Wharfedale Pl. Leeds —1F **31**
Wharfedale Ri. Ting —4B **56**
Wharfedale St. Leeds —1F **31**
Wharfedale Vw. Leeds —1F **31**
Wharfedale Vw. Men —1C **6**
Wharf St. Leeds —6H **31** (6G **5**)
Wharncliffe Cres. B'frd —1A **26**
Wharncliffe Dri. B'frd —1A **26**
Wharncliffe Gro. B'frd —1A **26**
Wheatfield Ct. Pud —1F **37**
Wheatlands. Fars —2E **27**
Wheaton Av. Leeds —5A **34**
Wheaton Ct. Leeds —5A **34**
 (off Wheaton Av.)
Wheelwright Av. Leeds —2G **39**
Wheelwright Clo. Leeds —2G **39**
 (in two parts)
Whimbrel M. Morl —6A **50**
Whinberry Pl. Birs —6H **47**
Whinbrook Ct. Leeds —2G **21**
Whinbrook Cres. Leeds —2G **21**
Whinbrook Gdns. Leeds —2G **21**
Whinbrook Gro. Leeds —2G **21**
Whincover Bank. Leeds —2F **39**
Whincover Clo. Leeds —2F **39**
Whincover Cross. Leeds —2F **39**
Whincover Dri. Leeds —2E **39**
Whincover Gdns. Leeds —2F **39**
Whincover Grange. Leeds —2F **39**
Whincover Gro. Leeds —2F **39**
Whincover Hill. Leeds —2F **39**
Whincover Mt. Leeds —2F **39**
Whincover Rd. Leeds —2E **39**
Whincover Vw. Leeds —2F **39**
Whincup Gdns. Leeds —5A **42**
 (off Woodhouse Hill Rd.)
Whinfield. Leeds —5H **11**
Whingate. Leeds —5G **29**

Whingate Av.—Woodlea Lawn

Whingate Av. *Leeds* —6G **29**
Whingate Clo. *Leeds* —6G **29**
Whingate Grn. *Leeds* —6G **29**
Whingate Gro. *Leeds* —6G **29**
Whingate Rd. *Leeds* —6G **29**
Whinmoor. —3B 24
Whinmoor Ct. *Leeds* —2A **24**
Whinmoor Cres. *Leeds* —2A **24**
Whinmoor Gdns. *Leeds* —2H **23**
Whinmoor La. *Leeds* —1H **23**
Whinmoor Way. *Leeds* —4C **24**
  (in four parts)
Whinn Wood Grange. *Leeds* —3B **24**
Whisperwood Clo. *Out* —6F **59**
Whisperwood Rd. *Out* —6F **59**
Whitaker St. *Fars* —4F **27**
Whitebeam La. *Leeds* —1H **51**
Whitebridge Av. *Leeds* —5G **33**
Whitebridge Cres. *Leeds* —4G **33**
Whitebridge Spur. *Leeds* —4G **33**
Whitebridge Vw. *Leeds* —4G **33**
Whitechapel Clo. *Leeds* —5D **22**
Whitechapel Way. *Leeds* —5D **22**
Whitecliffe Cres. *Swil* —6G **15**
Whitecliffe Dri. *Swil* —5G **45**
Whitecliffe La. *Swil* —5G **45**
Whitecliffe Ri. *Swil* —5G **45**
Whitecote. —6C 18
Whitecote Gdns. *Leeds* —1B **28**
Whitecote Hill. *Leeds* —1B **28**
Whitecote Ho. *Leeds* —6B **18**
Whitecote La. *Leeds* —1B **28**
Whitecote Ri. *Leeds* —1B **28**
White Cross. —4D 6
White Gro. *Leeds* —3C **22**
Whitehall Cft. *Rothw* —4H **53**
Whitehall Est. *Leeds* —3F **39**
Whitehall Gro. *B'shaw* —4D **46**
Whitehall Gro. *Dlgtn* —3F **47**
Whitehall Pk. *Leeds* —3G **39**
Whitehall Rd. *Dlgtn* —3F **47**
Whitehall Rd. *Leeds* —3H **39** (6B **4**)
Whitehall Rd. E. *B'shaw* —5C **46**
Whitehall Rd. W. *Cleck & B'shaw*
    —6A **46**
Whitehouse La. *W'ford* —4H **3**
Whitehouse La. *Yead* —1G **9**
Whitehouse St. *Leeds* —2H **41**
White Laithe App. *Leeds* —3B **24**
White Laithe Av. *Leeds* —3B **24**
White Laithe Ct. *Leeds* —3B **24**
White Laithe Cft. *Leeds* —3B **24**
White Laithe Gdns. *Leeds* —2B **24**
White Laithe Gth. *Leeds* —2B **24**
White Laithe Grn. *Leeds* —3C **24**
Whitelaithe Gro. *Leeds* —3C **24**
White Laithe Rd. *Leeds* —3B **24**
White Laithe Wlk. *Leeds* —3C **24**
Whitelands. *Pud* —5H **27**
White Lands. *Rawd* —5C **8**
Whitelock St. *Leeds* —4H **31** (2G **5**)
White Rose Shop. Cen., The. *Leeds*
    —2C **50**
Whitestone Cres. *Yead* —2D **8**
White St. *W'ford* —3D **54**
Whitfield Av. *Leeds* —3A **42**
Whitfield Gdns. *Leeds* —3A **42**
Whitfield Pl. *Leeds* —3A **42**
Whitfield Sq. *Leeds* —3A **42**
Whitfield St. *H'let* —3A **42**
Whitfield. —2B **32**
Whitfield Way. *Leeds* —3A **42**
Whitkirk. —4B 34
Whitkirk Clo. *Leeds* —5E **35**
Whitkirk La. *Leeds* —5D **34**
Whitkirk Lane End. —6D 34
Whitley Gdns. *Leeds* —2A **32**
  (off Bayswater Pl.)
Wickets, The. *Colt* —6E **35**
Wickets, The. *Leeds* —4D **20**
Wicket, The. *C'ley* —4D **16**
Wickham St. *Leeds* —4E **41**
Wide La. *Morl* —6H **49**
Wigeon App. *Morl* —5A **50**
Wigton Chase. *Leeds* —4C **14**
Wigton Ga. *Leeds* —3A **14**
Wigton Grn. *Leeds* —3B **14**
Wigton Gro. *Leeds* —3A **14**
Wigton La. *Leeds* —3A **14**
Wigton Pk. Clo. *Leeds* —3B **14**
Wike. —1F 15

Wike Ridge Av. *Leeds* —4D **14**
Wike Ridge Clo. *Leeds* —3D **14**
Wike Ridge Ct. *Leeds* —3D **14**
Wike Ridge Fold. *Leeds* —3C **14**
Wike Ridge Gdns. *Leeds* —4D **14**
Wike Ridge Gro. *Leeds* —4D **14**
Wike Ridge La. *Leeds* —4D **14**
Wike Ridge M. *Leeds* —4D **14**
Wike Ridge Mt. *Leeds* —4D **14**
Wike Ridge Vw. *Leeds* —4D **14**
Wild Gro. *Pud* —6C **26**
Wilfred Av. *Leeds* —5B **34**
Wilfred St. *Leeds* —5B **34**
Wilfred Ter. *Leeds* —3G **33**
William Av. *Leeds* —5G **33**
William Hey Ct. *Leeds* —3D **32**
William Ri. *Leeds* —5G **33**
Williams Ct. *Fars* —2F **27**
William St. *Chur* —1A **50**
William St. *Leeds* —2C **30**
William St. *S'ley* —4F **27**
  (nr. Sun Fld.)
William St. *S'ley* —3H **27**
  (nr. Town St.)
William St. *Tong* —6A **36**
William Vw. *Leeds* —5G **33**
Willians St. *Rothw* —2G **53**
Willis St. *Leeds* —6A **32**
Willoughby Ter. *Leeds* —2D **40**
Willow App. *Leeds* —4C **30**
Willow Av. *Leeds* —4C **30**
Willow Clo. *Guis* —4G **7**
Willow Clo. *Leeds* —4C **30**
Willow Cres. *Leeds* —6H **33**
Willow Ct. *Men* —1C **6**
Willow Gdns. *Guis* —4G **7**
Willow Gth. *Leeds* —4C **30**
Willow Gth. Av. *Leeds* —3B **24**
Willow Gth. Clo. *Leeds* —3B **24**
Willow La. *Guis* —6B **6**
Willow Rd. *Fars* —3E **27**
Willow Rd. *Leeds* —4C **30**
  (LS4)
Willow Rd. *Leeds* —6C **30**
  (LS12)
Willow Sq. *Oult* —4C **54**
Willows, The. *Leeds* —1G **21**
Willow Ter. *Leeds* —4E **31** (2B **4**)
Willow Weld Clo. *Leeds* —5H **33**
Wills Gill. *Guis* —4H **7**
Wilmington Gro. *Leeds* —2G **31**
Wilmington St. *Leeds* —3G **31**
Wilmington Ter. *Leeds* —3G **31**
Wilsons Yd. *S'ley* —4F **27**
Wilson Yd. *Leeds* —5A **28**
Wilton Gro. *Leeds* —5C **20**
Winchester St. *Leeds* —6B **30**
Winden Clo. *Loft* —6E **59**
Winden Gro. *Loft* —6D **58**
Windermere Dri. *Leeds* —3D **12**
Winders Dale. *Morl* —3F **49**
Winding Way. *Leeds* —4F **13**
Windmill App. *Leeds* —1A **52**
Windmill Chase. *Rothw* —5G **53**
Windmill Clo. *Leeds* —2A **52**
Windmill Cotts. *Colt* —6D **34**
  (off Colton La.)
Windmill Ct. *Leeds* —5B **24**
Windmill Fld. Rd. *Rothw* —5G **53**
Windmill Fold. *Yead* —2E **9**
  (off Windmill La.)
Windmill Grn. *Rothw* —5G **53**
Windmill Hill. —1E 37
Windmill Hill. *Pud* —1E **37**
Windmill La. *Gild* —3D **48**
Windmill La. *Men* —1F **7**
Windmill La. *Rothw* —5G **53**
Windmill La. *Yead* —3E **9**
Windmill Pl. *Yead* —3E **9**
  (off Windmill La.)
Windmill Rd. *Leeds* —1A **52**
Windsor Av. *Leeds* —5B **34**
Windsor Ct. *Leeds* —1A **22**
Windsor Ct. *Morl* —5G **49**
Windsor Cres. *Rothw* —3G **53**
Windsor Mt. *Leeds* —5B **34**
Windsor Ter. *Gild* —2D **48**
Winfield Dri. *E Bier* —3A **46**
Winfield Gro. *Leeds* —1C **4**
Winfield Pl. *Leeds* —3F **31**
Winnipeg Pl. *Leeds* —5H **21**
Winrose App. *Leeds* —2A **52**

Winrose Av. *Leeds* —1H **51**
Winrose Cres. *Leeds* —1H **51**
Winrose Dri. *Leeds* —1H **51**
Winrose Gth. *Leeds* —1A **52**
Winrose Gro. *Leeds* —1A **52**
Winrose Hill. *Leeds* —6A **42**
Winslow Rd. *B'frd* —1A **26**
Winstanley Ter. Leeds —2C **30**
  (off Victoria Rd.)
Winston Gdns. *Leeds* —6A **20**
Winston Mt. *Leeds* —6A **20**
Winterbourne Av. *Morl* —3H **49**
Winthorpe Av. *Thpe* —1H **57**
Winthorpe Cres. *Thpe* —1H **57**
Winthorpe St. *Leeds* —5D **20**
Winthorpe Vw. *Wake* —1A **58**
Wintoun St. *Leeds* —4H **31** (2G **5**)
Wira Ho. *Leeds* —2F **19**
Withens Rd. *Birs* —6G **47**
Wolley Av. *Leeds* —4D **38**
Wolley Ct. *Leeds* —4D **38**
Wolley Dri. *Leeds* —4D **38**
Wolley Gdns. *Leeds* —4D **38**
Wolseley Rd. *Leeds* —4B **30**
  (in two parts)
Wolston Clo. *B'frd* —5A **36**
Womersley Pl. *Pud* —1F **37**
Womersley Pl. *S'ley* —4D **28**
Woodbine Ter. *Bmly* —2C **28**
Woodbine Ter. H'tth —4C **18**
  (off Wood La.)
Woodbine Ter. *Leeds* —5C **20**
Woodbottom. —3G 17
Woodbourne. *Leeds* —4E **23**
Woodbourne Av. *Leeds* —2G **21**
Woodbridge Clo. *Leeds* —6H **19**
Woodbridge Cres. *Leeds* —5G **19**
Woodbridge Fold. *Leeds* —6G **19**
Woodbridge Gdns. *Leeds* —6G **19**
Woodbridge Gth. *Leeds* —6H **19**
Woodbridge Grn. *Leeds* —6H **19**
Woodbridge Lawn. *Leeds* —6G **19**
Woodbridge Pl. *Leeds* —6G **19**
Woodbridge Rd. *Leeds* —6G **19**
Woodbridge Va. *Leeds* —6G **19**
Wood Clo. *Leeds* —4G **21**
Wood Clo. *Rothw* —3F **53**
Wood Clo. *S'ley* —3C **28**
Wood Ct. *Chur* —1B **50**
Wood Cres. *Rothw* —3F **53**
Woodcross. *Morl* —3G **49**
Woodcross End. *Morl* —2G **49**
Woodcross Fold. *Morl* —3G **49**
Woodcross Gdns. *Morl* —3G **49**
Woodcross Gth. *Morl* —G **49**
Wood Dri. *Rothw* —3E **53**
Woodfield Ter. Pud —1H **37**
  (off Sheridan Way)
Woodgarth Gdns. *B'frd* —4B **36**
Wood Gro. *Leeds* —6D **28**
Woodhall. —3C 26
Woodhall Av. *B'frd* —5B **26**
Woodhall Av. *Leeds* —5E **19**
Woodhall Clo. *S'ley* —3C **26**
Woodhall Ct. *C'ley* —6C **16**
Woodhall Ct. *Leeds* —1D **44**
Woodhall Cft. *S'ley* —3C **26**
Woodhall Dri. *Leeds* —5E **19**
Woodhall Hills. —2C 26
Woodhall Hills. *C'ley* —2B **26**
Woodhall La. *S'ley* —3C **26**
Woodhall Park. —3D 26
Woodhall Pk. Av. *S'ley* —3C **26**
Woodhall Pk. Cres. E. *S'ley* —4D **26**
Woodhall Pk. Cres. W. *S'ley* —4C **26**
Woodhall Pk. Dri. *S'ley* —4C **26**
Woodhall Pk. Gdns. *S'ley* —4D **26**
Woodhall Pk. Gro. *S'ley* —4C **26**
Woodhall Pk. Mt. *S'ley* —4C **26**
Woodhall Pl. *B'frd* —4A **26**
Woodhall Rd. *B'frd* —4A **26**
Woodhall Rd. *C'ley* —1C **26**
Woodhall Ter. *B'frd* —4A **26**
Woodhall Vw. *B'frd* —4B **26**
Woodhams Clo. *Yead* —3E **9**
Woodhead. *I'ly* —1A **6**
Woodhead La. *Gild* —2C **48**
Woodhead Rd. *Bat* —6B **48**
Wood Hill. *Rothw* —3F **53**
Wood Hill Cres. *Leeds* —5D **10**
Wood Hill Cres. *Leeds* —6C **10**
Wood Hill Gdns. *Leeds* —5D **10**
Wood Hill Gth. *Leeds* —5D **10**

Wood Hill Gro. *Leeds* —6C **10**
Woodhill Ri. *App B* —3A **16**
Wood Hill Ri. *Leeds* —5D **10**
Wood Hill Rd. *Leeds* —6D **10**
Woodhouse. —3E 31 (1A 4)
Woodhouse Carr. —2E 31
Woodhouse Cliff. —1E 31
Woodhouse Cliff. *Leeds* —1E **31**
Woodhouse Clo. *E Ard* —5F **57**
Woodhouse Hill. —5A 42
Woodhouse Hill Av. *Leeds* —5A **42**
Woodhouse Hill Gro. *Leeds* —5A **42**
Woodhouse Hill Pl. *Leeds* —5A **42**
Woodhouse Hill Rd. *Leeds* —5A **42**
  (in two parts)
Woodhouse La. *Leeds*
    —2E **31** (1C **4**)
Woodhouse Sq. *Leeds*
    —5E **31** (4B **4**)
Woodhouse St. *Leeds* —2E **31**
Woodkirk. —4A 56
Woodkirk Av. *Ting* —3A **56**
Woodkirk Gdns. *Dew* —5A **56**
Woodkirk Gro. *Wake* —3B **56**
Woodland Av. *Swil* —6G **45**
Woodland Clo. *Leeds* —5C **34**
Woodland Ct. *Leeds* —6C **22**
Woodland Cres. *Rothw* —3F **53**
Woodland Cres. *Swil* —6G **45**
Woodland Cft. *H'tth* —1C **18**
Woodland Dri. *Leeds* —4H **21**
Woodland Dri. *Swil* —6F **45**
Woodland Gro. *Leeds* —1A **32**
Woodland Gro. *Swil* —6G **45**
Woodland Hill. *Leeds* —5B **34**
Woodland La. *Leeds* —4H **21**
Woodland Mt. *Leeds* —1A **32**
Woodland Pk. *W'ford* —5C **54**
Woodland Pk. Rd. *Leeds* —6C **20**
Woodland Ri. *Leeds* —5C **34**
Woodland Rd. *Leeds* —5B **34**
Woodlands. *E Ard* —4G **57**
Woodlands. *Leeds* —1A **22**
Woodlands Av. *S'ley* —4E **27**
Woodlands Clo. *App B* —2B **16**
Woodlands Clo. *E Ard* —4G **57**
Woodlands Ct. *Leeds* —2H **19**
Woodlands Ct. *Pud* —2G **37**
Woodlands Dri. *B'frd & Rawd*
    —2B **16**
Woodlands Dri. *E Ard* —4F **57**
Woodlands Dri. *Morl* —3F **49**
Woodlands Fold. *B'shaw* —4D **46**
Woodlands Gro. *S'ley* —4E **27**
Woodlands Pk. Gro. *Pud* —2F **37**
Woodlands Pk. Rd. *Pud* —2F **37**
Woodland Sq. *Leeds* —5F **29**
Woodlands Ter. *S'ley* —4E **27**
Woodland Ter. *Leeds* —4E **27**
Woodland Vw. *C'ley* —4C **16**
Woodland Vw. *Leeds* —4H **21**
Wood Land Vs. *Leeds* —1D **34**
Wood La. *Bmly* —1C **28**
Wood La. *Chap A* —4G **21**
  (in two parts)
Wood La. *Head* —6B **20**
Wood La. *H'tth* —4C **18**
Wood La. *Leeds* —5D **28**
Wood La. *N Farm* —5D **38**
Wood La. *Pud* —4D **16**
Wood La. *Rothw* —2D **52**
Wood La. *Scholes* —6E **25**
Wood La. *Leeds* —6C **20**
Woodlea App. *Mean* —2D **20**
Woodlea App. *Yead* —3B **8**
Woodlea Chase. *Mean* —3D **20**
Woodlea Clo. *Yead* —4B **8**
Woodlea Ct. *Leeds* —5D **14**
Woodlea Ct. *Mean* —3D **20**
Woodlea Cft. *Mean* —2D **20**
Woodlea Dri. *Mean* —2D **20**
Woodlea Dri. *Yead* —4B **8**
Woodlea Gdns. *Mean* —2D **20**
Woodlea Gth. *Mean* —2D **20**
Woodlea Grn. *Mean* —2D **20**
Woodlea Gro. Leeds —4D **40**
  (off Woodlea St.)
Woodlea Gro. *Mean* —2D **20**
Woodlea Gro. *Yead* —3B **8**
Woodlea Holt. *Leeds* —2D **20**
Woodlea La. *Mean* —2D **20**
Woodlea Lawn. *Mean* —2D **20**

Woodlea Mt.—York Rd.

Woodlea Mt. *Leeds* —4D **40**
Woodlea Mt. *Yead* —3B **8**
Woodlea Pk. *Mean* —2D **20**
Woodlea Pl. *Leeds* —4E **41**
Woodlea Pl. *Mean* —2D **20**
Woodlea Rd. *Yead* —3B **8**
Woodlea Sq. *Mean* —3D **20**
Woodlea St. *Leeds* —4D **40**
Woodlea Vw. *Mean* —3D **20**
Woodlea Vw. *Yead* —4B **8**
Woodlesford. —2C 54
Woodliffe Ct. *Leeds* —4G **21**
Woodliffe Cres. *Leeds* —4G **21**
Woodliffe Dri. *Leeds* —4G **21**
Woodman St. *Leeds* —5A **34**
Wood Mt. *Rothw* —3E **53**
Woodnook Clo. *Leeds* —1D **18**
Woodnook Dri. *Leeds* —1D **18**
Woodnook Gth. *Leeds* —1D **18**
Woodnook Rd. *Leeds* —6D **10**
Wood Nook Ter. *S'ley* —4E **27**
Wood Row. —6H 55
Wood Row. *Meth* —6H **55**
Woodrow Cres. *Meth* —6G **55**
Woodside Av. *Leeds* —3A **30**
Woodside Av. *Mean* —4D **20**
Woodside Clo. *Morl* —3G **49**
Woodside Ct. *H'fth* —3E **19**
Woodside Ct. *Leeds* —2F **19**
Woodside Dri. *Morl* —2G **49**
Woodside Gdns. *Morl* —2G **49**
Woodside Hill Clo. *H'fth* —3E **19**
Woodside La. *Morl* —2G **49**
Woodside M. *Mean* —4D **20**
Woodside Pk. Av. *H'fth* —3D **18**
Woodside Pk. Dri. *H'fth* —3D **18**
Woodside Pl. *Leeds* —3A **30**
Woodside Ter. *Leeds* —3A **30**
Woodside Vw. *Leeds* —2A **30**
Woodsley Grn. *Leeds* —3D **30**
Woodsley Rd. *Leeds* —4C **30** (1A **4**)
Woodsley Ter. *Leeds* —4E **31** (2A **6**)
Woods Row. *S'ley* —4G **27**

Woodstock Clo. *Leeds* —6B **12**
Wood St. *E Ard* —3H **57**
Wood St. *H'tth* —1C **18**
Wood St. *Morl* —4F **49**
Woodthorne Cft. *Leeds* —5C **14**
Woodvale Clo. *B'frd* —2A **36**
Woodvale Ter. *H'fth* —4D **18**
Woodview. *Digtn* —2F **47**
Woodview Clo. *H'fth* —1C **18**
Woodview Gro. *Leeds* —5F **41**
Woodview Mt. *Leeds* —5F **41**
Woodview Pl. *Leeds* —5F **41**
Woodview Rd. *Leeds* —5F **41**
Woodview St. *Leeds* —5F **41**
Wood Vw. Ter. *Chur* —1B **50**
Woodview Ter. *Leeds* —5F **41**
Woodville Av. *H'fth* —3D **18**
Woodville Ct. *Leeds* —2D **22**
Woodville Cres. *H'fth* —3E **19**
Woodville Gro. *H'fth* —3D **18**
Woodville Gro. *Leeds* —6A **42**
Woodville Mt. *Leeds* —6A **42**
Woodville Pl. *H'fth* —3E **19**
Woodville Sq. *Leeds* —6A **42**
Woodville St. *H'fth* —3E **19**
Woodville Ter. *H'fth* —3D **18**
Wood Vine St. *S'ley* —4E **27**
Woodway. *H'tth* —4C **18**
Woodway Dri. *H'fth* —4C **18**
Wooler Av. *Leeds* —5E **41**
Wooler Dri. *Leeds* —5E **41**
Wooler Gro. *Leeds* —5E **41**
Wooler Pl. *Leeds* —5D **40**
Wooler Rd. *Leeds* —5D **40**
Wooler St. *Leeds* —5D **40**
Woolford Way. *Loft* —5F **59**
Woollin Av. *Ting* —6C **56**
Woollin Cres. *Ting* —5C **56**
Worcester Av. *Leeds* —5B **52**
Worcester Dri. *E Ard* —2G **57**
Worcester Dri. *Leeds* —5B **52**
Wordsworth Ct. *W'ford* —6C **54**
Wordsworth Dri. *Oult* —6C **54**

Wordsworth Gro. *Stan* —6G **59**
World's End. *Yead* —2E **9**
Wormald Lea. *B'frd* —4A **36**
(off Stirling Cres.)
Wormald Row. *Leeds* —5G **31** (4E **5**)
Worrall St. *Morl* —6F **49**
Wortley Heights. *Leeds* —1B **40**
Wortley La. *Leeds* —1D **40**
Wortley Moor La. *Leeds* —1H **39**
Wortley Moor La. Trad. Est. *Leeds*
 —1H **39**
Wortley Moor Rd. *Leeds* —6G **29**
Wortley Pk. *Leeds* —1B **40**
Wortley Rd. *Leeds* —6G **29**
Wortley Towers. *Leeds* —1C **40**
(off Tong Rd.)
Wrangthorn Av. *Leeds* —2D **30**
Wrangthorn Pl. *Leeds* —2D **30**
Wrangthorn Ter. *Leeds* —2D **30**
Wrenbury Av. *Leeds* —4D **10**
Wrenbury Cres. *Leeds* —4D **10**
Wrenbury Gro. *Leeds* —4E **11**
Wren Dri. *Morl* —6B **50**
Wycliffe Clo. *Leeds* —6F **17**
Wycliffe Dri. *Leeds* —1H **21**
Wycliffe Rd. *Leeds* —6F **17**
Wycombe Grn. *B'frd* —4A **36**
Wykebeck Av. *Leeds* —6F **33**
Wykebeck Cres. *Leeds* —5F **33**
Wykebeck Gdns. *Leeds* —5F **33**
Wykebeck Gro. *Leeds* —5F **33**
Wykebeck Mt. *Leeds* —6F **33**
Wykebeck Pl. *Leeds* —5G **33**
Wykebeck Rd. *Leeds* —5F **33**
Wykebeck Sq. *Leeds* —5F **33**
Wykebeck St. *Leeds* —5F **33**
Wykebeck Ter. *Leeds* —5F **33**
Wykebeck Valley Rd. *Leeds* —3F **33**
Wykebeck Vw. *Leeds* —5F **33**
Wyncliffe Ct. *Leeds* —1G **21**
Wyncliffe Gdns. *Leeds* —1H **21**
Wynford Av. *Leeds* —2H **19**
Wynford Gro. *Leeds* —2H **19**

Wynford Mt. *Leeds* —2G **19**
Wynford Ri. *Leeds* —2G **19**
Wynford Ter. *Leeds* —2G **19**
Wynyard Dri. *Morl* —5F **49**
Wyther Av. *Kirks* —2F **29**
Wyther Dri. *Wyth I* —2G **29**
Wyther Grn. *Wyth I* —2G **29**
Wyther La. *Leeds* —2F **29**
Wyther La. Ind. Est. *Kirks* —2G **29**
Wyther Pk. Av. *Leeds* —4F **29**
Wyther Pk. Clo. *Leeds* —4F **29**
Wyther Pk. Cres. *Leeds* —4F **29**
Wyther Pk. Gro. *Leeds* —3F **29**
Wyther Pk. Hill. *Leeds* —3F **29**
Wyther Pk. Mt. *Leeds* —4F **29**
(in three parts)
Wyther Pk. Pl. *Leeds* —3F **29**
Wyther Pk. Rd. *Leeds* —4E **29**
(in three parts)
Wyther Pk. Sq. *Leeds* —4E **29**
Wyther Pk. St. *Leeds* —4F **29**
Wyther Pk. Ter. *Leeds* —4F **29**
Wyther Pk. Vw. *Leeds* —3F **29**

Yarn St. *Leeds* —2A **42**
Yarra Ct. *Gild* —2D **48**
Yeadon. —2D 8
Yeadon Moor Rd. *Yead* —3G **9**
(in two parts)
Yeadon Row. *H'tth* —4C **18**
(off South Vw.)
Yeadon Stoops. *Yead* —3F **9**
(off Bayton La.)
Yewdall Rd. *Leeds* —6F **17**
Yew Tree Dri. *Rothw* —3E **55**
Yew Tree La. *Leeds* —6E **35**
York Ga. *Otley* —1G **7**
York Ho. *Far* —3F **27**
(off South Dri.)
York Pl. *Leeds* —5F **31** (5C **4**)
York Rd. *Leeds & Pot* —5A **32**
(in three parts)

Every possible care has been taken to ensure that the information given in this publication is accurate and whilst the publishers would be grateful to learn of any errors, they regret they cannot accept any responsibility for loss thereby caused.

The representation on the maps of a road, track or footpath is no evidence of the existence of a right of way.

The Grid on this map is the National Grid taken from the Ordnance Survey map with the permission of the Controller of Her Majesty's Stationery Office.

Copyright of Geographers' A-Z Map Co. Ltd.

No reproduction by any method whatsoever of any part of this publication is permitted without the prior consent of the copyright owners.